**徐小跃**　南京大学博士，教授，博士生导师。南京大学哲学系原主任，南京图书馆原馆长，现任南京图书馆名誉馆长。曾任江苏省省政府参事，现任江苏省文史研究馆馆员。国家社会科学基金学科评审组专家（哲学）。中央"马工程"（宗教学）首席专家，"核心价值观百场讲坛"演讲专家。国务院政府特殊津贴专家。国家精品课程首席专家。国家高层次特殊人才支持计划暨"万人计划"哲学社会科学领军人才，全国宣传文化系统"四个一批人才"（理论界）。全国一级学会"老子道学文化研究会"会长。出版有《禅与老庄》《禅林宝训释译》《罗教·佛教·禅学》《什么是中华传统美德》《中国传统文化与儒道佛》等专著。

# 君子之学

徐小跃 著

江苏人民出版社

图书在版编目（CIP）数据

君子之学 / 徐小跃著. -- 南京 : 江苏人民出版社,
2024.5

ISBN 978-7-214-28998-8

Ⅰ. ①君… Ⅱ. ①徐… Ⅲ. ①中华文化 – 研究 Ⅳ.
①K203

中国国家版本馆CIP数据核字（2024）第031524号

| 书　　名 | 君子之学 |
| --- | --- |
| 著　　者 | 徐小跃 |
| 责任编辑 | 汪意云　白立业 |
| 责任校对 | 杨忻程 |
| 装帧设计 | 有品堂 |
| 责任监印 | 王　娟 |
| 出版发行 | 江苏人民出版社 |
| 地　　址 | 南京市湖南路1号A楼，邮编：210009 |
| 照　　排 | 江苏凤凰制版有限公司 |
| 印　　刷 | 苏州市越洋印刷有限公司 |
| 开　　本 | 718毫米×1 000毫米　1/16 |
| 印　　张 | 20.5 |
| 字　　数 | 285千字 |
| 版　　次 | 2025年2月第1版 |
| 印　　次 | 2025年2月第1次印刷 |
| 标准书号 | ISBN 978-7-214-28998-8 |
| 定　　价 | 88.00元（精装） |

（江苏人民出版社图书凡印装错误可向承印厂调换）

# 目录
## CONTENTS

# 前　言

　　中华传统的思想观念、人文精神、道德规范是中华优秀传统文化的精髓，君子文化乃是这种精髓的集中体现。研究君子文化就是对中华优秀传统文化精髓的挖掘，就是对中华民族深沉的精神追求、根本的精神基因、独特的精神标识的呈现。一句话，就是对中华优秀传统文化之道的弘扬。

　　作为思想性的中华传统文化有"诸子百家"之称，有"儒道佛三家"之称，有"经史子集"之称，然而儒学乃是中华传统文化的主体性文化体系。儒家及其思想之所以能够成为中华传统文化的主体，不仅是因为它是长期作为统治的思想而存在的，而且是因为它是广泛作为中国人信奉和实践的思想而存在的。所有这些都根源于中国固有的自然环境以及古代社会的经济、政治、文化等社会结构。农业文明、宗法血缘、众多民族、统一政治等社会状况及其结构的形成造成了儒家思想对中国传统社会方方面面的普遍适用性。换句话说，儒家思想的产生和发展乃是适应中国传统社会诸多因素的。适应着中国传统社会的现实，儒家思想最终形成一种文化形态。中国人正是在这种文化形态中创造并进行着他们的"尽心""知性""知天"，"率性""节情""制欲"，"诚意""正心""修身"，"齐家""治国""平天下"，"居处""执事""与人"，"修己""安人""安百姓"，"教以人伦""民德归厚""观乎人文"以及"究天人""通古今"的生存和生活方式。中国人选择儒家文化作为自己的生活方式是中国的历史使然，是中国的社会使然。当然，我之所以强调这一点，并不是否认其他各家思想，尤其是道家和佛家思想对中国社会以及中国人的生活方式的影响。结合我们探讨的君子问题，认识到儒家思想的主体地位，及其对中华传统文化和中华传统文明的价值取向与思维方式所产生的深远影响，是极其重要的。因为就其本质来说，儒学就是君子之学，君子之学就是儒学。

君子是人性光辉的表征，是传统美德的体现，是理想人格的象征，是精神境界的化身，是艺文世界的代表。君子文化反映着中华优秀传统文化的价值取向、思维方式和人生态度。古人所谓君子之道无非儒学之事，君子之学乃是儒学，岂虚言哉？！所以对君子问题的论述也是对儒家文化的具体展现。

"君子"一词广见于先秦典籍。在孔子之前的先秦典籍中"君子"多指君王之子，这主要是在强调地位的崇高。换句话说，"君子"的原义是用来指称统治者和贵族这一特殊阶层的人。不过后来，特别自孔子之后，"君子"一词被赋予了道德的含义，从而具有了德性的意义。

"君子"概念的内涵以及所代表的人物有其历史性。也就是说，君子在不同的历史时期有不同的对象所指，但是，我们在就君子文化展开全面论述时，应确立一个相对稳定的概念框架。具体来说，应在一个较为准确、流行以及更加普遍的意义上对君子文化问题进行论述。所谓准确，就是明确指出一般对"君子"的定义是什么。我们说，最准确的定义就是：所谓君子就是指有德有才的人。所谓流行，就是大家都认可的这个概念。所谓普遍，就是指在人性上、道德上、人格上、理想上、境界上，一句话，在德行上去讨论君子文化问题。换句话说，不宜将君子德行局限在政治领域或一些其他什么特定领域，因为君子之德是具有普遍性的指向和意义的。具体会反映在个人品德、为人处事之上。无论在朝在野、官员或平民，是否能够被称为"君子"，全是依据品行来进行判断的。为官中有君子有小人，平民百姓中也有君子有小人。无论处在何种位置，只有具有君子应该具有的德行才可被称为"君子"，这与在位或不在位没有关系，与有权或没权没有关系。君子之名的"高大上"，全在于其在任何条件下、任何境况下、任何遭遇下都不会改变他们"高大上"的德行！"君子去仁，恶乎成名？君子无终食之间违仁，造次必于是，颠沛必于是"（《论语·里仁》），此之谓也。

由此可见，只有在普遍意义上对君子文化进行论述，才能反映和体现出君子文化的理论价值和现实意义。对"本于性者为君子"的论述是为了实现"心性的呼唤";对"志于道者为君子"的论述是为了保证"方向的确立";对"据于德者为君子"的论述是为了获得"行动的依据";对"依于仁者为君子"的论述是为了入住"亲和的爱宅";对"由于义者为君子"的论述是为了行走"合理的正路";对"立于礼者为君子"的论述是为了进入"能行的敬门";对"乐于智者为君子"的论述是为了培植"判择的善根";对"主于信者为君子"的论述是为了建立"成事的诚体";对"事于孝悌者为君子"的论述是为了奠定"推爱的仁源";对"行于廉耻者为君子"的论述是为了扎牢"防恶的护栏";对"尽于忠者为君子"的论述是为了夯实"众善的基石";对"游于艺者为君子"的论述是为了具备"才能的涵泳";对"君子比德于诸物"的论述是为了具象"拟人的品格";对"与天合一者为君子"的论述是为了达到"成人的至境";对"君子文化的当代意义"的论述是为了给予"现实的关照"。

在儒家经典中虽然对君子之道以及君子之德的内容多有论述,"君子结于一也"(《荀子·劝学》),"君子两进"(《荀子·不苟》),"君子所贵乎道者三"(《论语·泰伯》),"君子道者三"(《论语·宪问》),"侍于君子有三愆""君子有三戒""君子有三畏"(《论语·季氏》),"君子有三变"(《论语·子张》),"君子有三恕""君子有三思"(《荀子·法行》),"君子有三乐"(《孟子·尽心上》),"有君子之道四焉"(《论语·公冶长》),"君子之道四"(《中庸》第十三章),"君子之所以教者五"(《孟子·尽心上》),"君子有九思"(《论语·季氏》),"君子有絜矩之道也""是故君子有大道"(《大学》),"故君子之道忠恕而已矣"(《韩诗外传》),"然则忠恕,君子之道也"(顾炎武《日知录》),但未见对"君子"下过明确的定义。倒是道家的庄子曾经给儒家所崇尚的"君子"下了一个明确的定义,庄子说:"以仁为恩,以义为理,以礼为行,以乐为和,熏然慈仁,谓之君子"(《庄子·天下》)。是儒家形成了君子之道,铸造了君子之德,创立了君子之学,所以,《君子之学》主要是围绕儒家君子之论而展开其论述的。君子有高尚的品德,有大气的胸襟,有上达的境界,因此可以称君子为"高大上"的人。又可以通俗地称君子为"善人""好人""能人"。称为"善人"是因为其心性光明，称为"好人"是因为其道德昌明，称为"能人"是因为其才艺高明。君子厚道宽容，君子修养精进，君子涵养深厚，君子克己奉公，君子正我爱人，君子严于律己，君子宽以待人，君子坦荡干净，君子刚毅坚强，君子不逐名利，君子不慕权情，君子不畏权贵。君子是良心的代表，君子是道德的榜样，君子是修养的楷模，君子是人格的表率，君子是艺文的标兵。于是君子的心性、道德、修养、人格、才艺等问题及其理论意义和现实意义等就成为《君子之学》探讨的重要内容。

君子在以下德行上得到具体体现：君子是"志于道"的，"据于德"的，"依于仁"的，"由于义"的，"立于礼"的，"乐于智"的，"主于信"的，"事于孝悌"的，"行于廉耻"的，"尽于忠"的，"游于艺"的，"合于天"的。

君子有其固有的优良品格、人格、风格：君子尽心、知性以知天事命；君子志道据德以止于至善；君子仁慈宽厚以成己成人；君子义正刚直以重义轻利；君子礼敬谦让以进退有度；君子知是知非以为善去恶；君子信实不欺以待人处事；君子孝亲悌兄以善继人志；君子廉洁清明以奉公守法；君子知耻有耻以勇猛精进；君子忠诚尽心以尽责行事。

君子有自强不息之健；君子有厚德载物之顺；君子有制怒不愠之养；君子有庄重严肃之威；君子有讷言敏行之举；君子有文质彬彬之雅；君子有温文尔雅之风；君子有和而不同之容；君子有周而不比之气；君子有泰而不骄之态；君子有矜而不争之为；君子有群而不党之行；君子有尊贤而容众之心；君子有怀德怀刑之思；君子有坦坦荡荡之怀；君子有固穷守志之念；君子有贵人而贱己之量；君子有先人而后己之度；君子有反求诸己之律；君子有戒慎恐惧之畏；君子有不偏不倚之中；君子有尽己推人及物之道；君子有不忧不惑不惧之德；君子有斯文端庄和顺之情；君子有博学修身端行之质；君子有修己安人安百姓之责；君子有养民裕民惠民之任；君子有惠而不费、劳而不怨、欲而不贪、泰而不骄、威而不猛之美。

君子有温润柔软之和；君子有清澈平静之淡；君子有高洁不染之清；君

子有中空外直之节；君子有清静绝俗之幽；君子有自处不争之操；君子有傲骨独立之魄；君子有天人合一之境；君子有道器不二之能。

在中国几千年的历史中，君子遂成为中国人遵循的道德标准，追求的理想人格，实现的精神境界。简言之，"君子"是对有道德、有才能、有修养、有人格、有境界之人的通称。

君子的品格、修养、境界也是在与小人的对举中得到具体体现的，这应该说是君子文化中一个非常显著的特点。古人喜用"小人反是"（孔子语），"是君子小人之分也""君子，小人之反也"（荀子语）等话语来表示。通过君子与小人之品行的比较，来突出他们价值追求的不同和境界的高下。君子始终表现出向上、向内追求的价值取向，而小人一贯表现出向下、向外追逐的价值取向，"君子上达，小人下达"（《论语·宪问》），此之谓也。

君子懂得道义，小人懂得利益；君子心怀道德法度，小人心怀乡土恩惠；君子以得道为乐，小人以得欲为乐；君子为学以美其身，小人为学以为禽犊；君子克己以成人之美而不成人之恶，小人爱己以成人之恶而不成人之美；君子胸襟宽广坦荡，小人心胸狭窄忧惧；君子安泰而不傲慢，小人傲慢而不安泰；君子团结而不勾结，小人勾结而不团结；君子公心以追求多样性的统一而反对单一性的趋同，小人私意以追求单一性的趋同而反对多样性的统一；君子身处穷困而不渝其志、不失其节，小人身处穷困而泛滥恶行、铤而走险；君子身处安乐而不改初衷、不思淫逸，小人身处安乐而放荡不羁、骄奢淫逸；君子敬畏天道之赋予，敬畏大人之德行，敬畏圣人之言论，小人不屑天道之赋予，狎亵大人之德行，侮慢圣人之言论；君子戒慎恐惧，小人无所忌惮；君子行不过与不及之不极端的中庸之道，小人行过与不及之极端的反中庸之道；君子行有不得而反省自己和厚责自己，小人行有不得而怨天尤人和怪责别人。

君子无时无处不是君子，小人无时无处不是小人。君子如果心往大的方面用，就会敬奉自然而遵循规律，如果心往小的方面用，就会敬畏礼义而有所节制。其中聪明的人就会明白通达而触类旁通，愚钝的人就会端正诚笃而遵守法度。如果被起用，就会恭敬而不放纵，如果不被起用，就会戒慎而齐束自己。高兴的时候，就和顺事理，忧愁的时候，也不违背事理。走运通达的时候，就会温雅而文明，背时困窘的时候，就会恭谨审慎而安详。小人就不是这样了，如果心往大的方面用，就会傲慢而粗暴，如果心往小的方面用，就会淫威而倾轧。其中聪明的人，就会巧取豪夺而投机，愚钝的人，就会狠毒残忍而作乱。如果被起用，就会洋洋自得、傲慢无礼、行为放荡，如果不被起用，就会激愤怨恨、阴险狠毒，甚至无所不用其极。高兴的时候，就会轻浮而浅薄，忧愁的时候，就会恐惧而胆战。走运通达的时候，就会骄横而偏袒，背运困窘的时候，就会自弃而丧气。这也叫作"君子两进，小人两废"（《荀子·不苟》）。也就是说，无论君子身处何种境况，或顺或逆都会循道守义，保持君子之风度，朝着善的方向去行事；而小人无论身处何种境况，或顺或逆都会违道背义，尽显小人之气度，朝着恶的方向去行事。

君子文化懂得，通过对小人言行的揭露和剖析，能够突显出君子德行的特质及其优秀品质。故君子与小人的德行之异不可不察也，不可不辨也。当然更为重要的是，一个文明健康的社会当要提倡君子之行，大行君子之道，同时当要抵制小人之行，不行小人之道！君子之道进则小人之道退，小人之道进则君子之道退。一进一退，此消彼长。进退之间，消长之间，不可不慎也。

总之，尽心知性的心性光明，志道据德的理想归止，居仁由义的道德追求，自强厚德的人格完善，家国天下的责任担当，艰难困苦的意志磨砺，淡然脱俗的精神超越，成人成物的天人和合，器物技术的艺文涵泳等，构成了君子文化的全部内涵及其意义。它体现着中华传统文化的精神，表征着中华传统文明的精华，代表着世界文明的走向和趋势。君子文化所蕴含的思想观念、人文精神和道德规范，君子文化所昭示的价值取向和思维方式，君子文化所反映的文明形态和生活方式，不仅具有历史意义和价值，而且具有当代意义和价值，也当具有未来意义和价值。道理简单且深刻，因为君子文化是一种合乎人性对待的文化，是一种合乎社会进步的文化，是一种合乎世界文明的文化。君子文化是中华优秀传统文化这个大花园中盛开的美丽花朵。在建设中华现代文明的伟大进程中，加强对君子文化的建设乃是不可或缺的重要一环，其理论意义和实践意义都是十分巨大的。

一

# 本于性者为君子

心性的呼唤

赞曰
轍環天下
道不可行
曰歸乎來
修戒典刑
三千其徒
七十高弟
刪述六經
垂憲萬世

删述六经图

　　孔子晚年整理古代文献，以诗书礼乐教育三千弟子，贤者有七十二人（明版彩绘绢本《孔子圣迹图》）

　　君子问题是中华传统文化中一个非常重要的问题，这一重要性主要体现在君子正是人性光辉的表征。通过对君子问题的研究即可呈现中华传统文化以心性、道德、生命和人生为中心的特征。这是一个在君子文化研究中应该被重视的"先立乎其大者"的问题。

　　我们之所以将"君子之学"的第一问题定为"本于性者为君子"，从理论上来说是基于两点：第一点是君子规定了人性；第二点是人性是君子为君子的根据。这样做的目的是要站在人性的高度或基础之上来认识君子的问题。对这一问题论述得最为完备和深刻的当推亚圣孟子。正如同在孔子那里，人性的问题以及仁义等道德的人性论基础问题不曾被论及，至于君子问题，孔子也并未诉诸人性来加以探讨。而到了孟子这里，人性问题、仁义等道德的人性来源问题被广泛提及，君子也与人性问题有了直接的关联性。

### （一）君子规定了人性

　　什么是人性？这一问题在孟子那里是通过君子之口而得到具体阐释的。换句话说，对人性的规定，孟子是借助君子来给予回答的。孟子说："口之于味也，目之于色也，耳之于声也，鼻之于臭也，四肢之于安佚也，性也，有命焉，君子不谓性也。"（《孟子·尽心下》）意思是说，口、目、耳、鼻以及四肢所获得的味、色、声、臭、安佚这些生理上的感受都是天性，都是天地自然赋予的，然而，君子却不把这些感官性的存在称作"性"，也就是不把在人身上的这些属性称为"人性"。那么，在孟子看来，什么样的存在才是君子所称的"人性"呢？孟子明确指出："君子所性，仁义礼智根于心。"（《孟子·尽心上》）就是说，君子是把只能产生出仁义礼智等道德的、属于人所独有的心性称为"人性"。

　　那么，具体而言，什么是人性的内容呢？在君子看来，人性不是指的人的自然生理之性，而是人之为人的德性。而这一人所特有之性所占人身比例虽然很小，但极其可贵，它是最终将人与禽兽区分开来的本质性存在，而君子之所以为君子，也正是保存了它才成为可能的和现实的。孟子说："人之所以异于禽兽者几希，庶民去之，君子存之。"（《孟子·离娄下》）意思是，人和禽兽不同的地方只那么一点点，一般百姓丢弃它，君子保存了它。人之为人的根据就在于这么一点点的"几希"，这个"几希"就是良心，就是德性，就是由心性生出的道德。简言之，人性就是良心及其所生的道德。君子对待良心的态度与一般人是不同的，是要全力地将此保存于身，不至于将其丢失掉。换句话说，在孟子看来，君子之所以为君子，君子与一般人的区别的根本之处就是因为他能够保存住这一人性的根本。孟子说："君子所以异于人者，以其存心也。君子以仁存心，以礼存心。"（《孟子·离娄下》）由此，我们就可以归纳出君子的第一个标准乃是"有良心"。

将"性"只是看作是对"人性"的规定，应该说是儒家的传统。《中庸》就明确地将由天赋予人的叫作"性"，"天命之谓性"，此之谓也。而此性是专就人之为人的属性而言的，要理解这一点，必须了解儒家在论述天地自然派生给人的属性时使用了不同层次的概念来加以表述，例如"性""命""情""欲"等，而孟子又将其统称为"人之有道也"。也就是说，人身上具有多重属性，有情欲方面的物质性、气质性的生命形式，有心性方面的精神性、德性的生命形式。它们都由天地所给予。但是，在天地生万物的过程中，天地只给"人"单独遗传、馈赠了"一点"属性，从而构成人之为人的本质属性。换句话说，天地只给了人而没有给除人以外的任何存在的属性，儒家经典将这一属性叫作"性"。《尚书·大禹谟》将此性叫作"道心"，《大学》将此性叫作"明德"，《中庸》将此性叫作"性"，也叫作"诚"，《孟子》将此性叫作"心""性""良心""良知"。孟子又通过君子之口将其统称为"君子所性"。以后的宋明理学又将此性叫作"天命之性""天地之性""天理"。如果要对天地给人的这份特殊馈赠的"性"起个总名的话，那一定叫作"天"。实际上理解这一点也是十分重要的，对准确理解儒家在人性意义上的天人合一论十分重要。儒家在"人性论"这一概念框架下的"天"就是代表那个天地专给人的"存在"。而天人合一就是人与那个天地专给人的"存在"，即"性"的合一。说到底，天人合一就是讨论人如何完全呈现只属于"性"的那个"人性"的问题的。关于中华传统文化中的天人合一问题，我们在后面有关章节中会进行专门探讨。

人身上的命、情、欲这些存在，孟子又以君子之口将它们排除在性、人性之外，"君子不谓性也"，此之谓也。现在我们明白了，孟子是通过君子规定了人性。

应该这么说，如果按照逻辑学下定义的方式来看，孟子对"人性"概念的规定显然是合乎逻辑的。大家知道，给一个概念下定义是属加种差法。"种差"即被定义为概念与其属概念之下的其他种概念之间在内涵上的差别。例如我们可以找到"人"这种"动物"与猪、狗、牛、羊以及所有飞禽走兽这些"动物"所不同的那些差别是什么，如果找到这个不同属类之间的差别所在，就找到了人的本性，于是也就完成了对"人"的定义工作。当然，有人会从不同方面去给一个概念下定义，或从功能上，或从性质上，或从关系上，或从发生上。也有人对"人"这个概念下定义是采取结合的方式。我们最熟知的"人是能够制造和使用生产工具的动物"，这个定义是从功能和性质上给"人"下的定义。西方著名哲学家亚里士多德认为，人与动物的种差在于人有"理性"，而动物则没有，即人与其他动物之"属"下之"种"的差别就在于人有之而动物无之。换句话说，在亚里士多德看来，人除了与其他动物同样具有的感觉、繁殖等基本生物本能之外，还会推理、判断等思维活动，能探求知识。人还可以用理智去约束欲望与情感，追求道德完美。因此，理性是人的本质，也因为理性才将人与其他动物区分开来。所以亚里士多德就给"人"下了个定义：人是一种有理性的动物。

我们为什么高度重视孟子的人性论，一个重要原因就在于孟子是严格按照上述的逻辑学原理来给"人"下定义的。他找到了与人最相近种类的动物禽兽，并与此进行比较后找到彼此之间的"异"者去给出人的本质规定。站在这个角度再来品味孟子的"人之所以异于禽兽者几希"这句名言，一定会有别样的体会和感受。孟子抓住了人与禽兽的那一点点的"差"，即"异于禽兽者几希"，并告诉世人，人的本质正是体现在那一点点的"几希"。如前述，整个儒家实际上都是在围绕着"道心""明德""心性""良心""良知""天理""天地之性""天命之性"等概念去揭示人的本质并构建他们的思想，从而最终构成人学体系。由此可见，以孟子为代表的儒家给"人"下了个定义：人是有良心（德性）的动物。

### （二）人性论略议

西方文化认为人是有理性的动物，中国文化认为人是有德性的动物。一个是"理性"，一个是"德性"，仅一字之差。然而也正是这一字之差，不仅体现出中西文化的不同的认知方式，更重要的是它决定了中西文化在今后几千年的不同的价值取向和文化形态的形成。西方走上了知识科学的道路，中国走上了心性道德的道路，从而形成了中西不同的两大文明形态。

关于何为人性的问题，从古至今都讨论不断，但至今并没有一个统一的结论。即便在同为儒家的孟子和荀子那里都有着截然相反的结论。孟子主人性本善，荀子主人性本恶。但是我们要认识到的是，其实孟子和荀子之所以产生不同的结论，其根本原因是他们对"人性"概念的定义不一样。诚如上述，孟子是将人与动物禽兽的"种差"突出来对"人性"下定义的。而荀子是将人与动物禽兽的许多共同点突出来对"人性"下定义的。通俗地说，荀子所谓的"今人之性也"的"诸有"，即"生而有好利焉""生而有疾恶焉""生而有耳目之欲，有好声色焉"（《荀子·性恶》），在孟子看来，那些只能叫作"命"，不能够叫作"性""人性"。"君子不谓性也"（《孟子·尽心下》），此之谓也。

综合孟子和荀子以及西方哲学对人性问题的讨论，我在这里提出我的一些认识。我对"人性"的定义是在一个比较宽泛的意义上进行的。人性当然是指人之性，而非其他存在之性。人虽然说是动物，但无论是就其理性、德性来说，还是就其物性来说，实际上都与其他动物存在着差别。所以在我看来，人性简单地说就是指人身上所具有的所有属性。那么人身上有哪些属性呢？答案是：一是自然属性。所谓自然属性是指人天生具有的，是从娘胎里或从天地那里而获得的存在。用中国哲学的术语说就是自然以成，天生天就，不学不虑而有、而能、而知者也。二是社会属性。所谓社会属性是指人后天进入社会以后而有的。也就是说，是后天的社会存在"激活""呈明"了人身上天生的那些属性。换句话说，如果没有后天的"学习""教化"，这些本性就无法呈现出来，例如理性、政治性、社会性、德性。如此一来就有了对人性的不同认知。"人是政治性动物""人是理性动物""人是社会性动物""人是有心的动物"等等。

我这里提出一个概念"人性+"。所谓"人性+"专指人的生理属性在人的理性、认知、反思、德性、良知、反省等参与下产生了与动物禽兽不一样的"动物性"。虽然也是动物性，但它"加上"了人独有的因素的参与、指导、干预，从而使人性中的动物性发生了某种变化。

人身上本有的"好利焉""疾恶焉""好声色焉"，再加上人的其他因素、能力的"参与"，一定会加重这一本属于动物之性的属性。所以，人身上的"动物性"可以表述为既是动物性，又区别于一般的动物性。换句话说，天地给人和其他动植物尤其是动物派生的"共同"属性，在人身上的表现也会与动物有所不同。道理也很简单，这些"共性"的东西是与"理性"和"君子所性"同时存在于人身上的，如此一来势必会对"共性"的东西产生影响，从而表现出又不完全与动物禽兽一样的"属性"。更不要说，当人进入了生产、历史、文化、社会领域以后，或者说进入到人文环境以后，人与动物禽兽的那些共性的东西也会发生一定的变动而呈现出与动物禽兽的不一样。马克思主义认为"人的本质不是单个人所固有的抽象物，在其现实性上，它是一切社会关系的总和"（《关于费尔巴哈的提纲》，《马克思恩格斯文集》第一卷）的论断是十分精辟的。所以对人性问题的揭示和分析需要从多方面、多层次进入，不可仅从某一个方面来论述人性。

人是理性的动物，人是心的动物，人是社会性动物，人是能够制造和使用生产工具的动物，人是环境的产物等思想观念，实际上都是在揭示人可以有意识和有计划地生产自己的生活方式，包括与他人的关系；而动物禽兽始终受到自然必然性的支配，从而千年如一日地保持某种生存方式。跟动物禽兽相比，人的生活世界始终处于变动不居之中。这既是人的独特之处，也是人的可贵之处。人是社会的存在，人是天生的政治动物，是社会动物。

人既以其多重性、独特性而表现出其"最为天下贵也"（荀子语）、"人是万物之灵"、"人是最灵秀的生物"之特性，人又以其有限性以及永远未完成性表现出他的局限性，正是这一有限性和非自足性决定了人必然是对象性的存在者。人与天地万物彼此成为"对象性"的。社会存在就是人的外在对象性存在，因为世上并不存在无条件的绝对者。人与自然、人与社会、人与他人都是对象性关系性存在。人的实践活动可以从人的自主性、意识性、目的性、社会性、能动性等方面去理解。马克思说："全部社会生活在本质上是实践的"（《关于费尔巴哈的提纲》，《马克思恩格斯文集》第一卷），岂虚言哉？社会生活归根结底都是由人通过实践所塑造出来的，是实践感性的人的一种自由自觉的（即包含有自我意识和意向性的）对象性活动。

人在历史、文化、社会、生产、劳动中存在着，即在实践活动中存在着，所以自他出生起就进入这个实践活动之中。人身上所具有的所有动物之性，即人的生理、心理属性，从一开始就深深受制于这一具有强烈社会属性的实践。人无论怎样表现出他们的动物性，但因为上述原因，必然不可能完全呈现像动物禽兽那样的状态。这就是"人是什么动物"的意义所在。因为有了这种多重的规定性，才使得最终人性具有了丰富性和复杂性等特点。这就是我为什么提出"人性+"概念来讨论人性问题的原因。在考察人性、定义"人性"的时候，在遵循下定义的"种属差"原则的前提下，除了揭示差异性的"几希"——或是理性，或是政治，或是社会，或是良心、良知、德性——之外，所剩下的那些"动物之性"，也始终与人以外的动物存在差别。这点应引起注意。

在一个比较广泛和动态的范围内去探讨人性问题，其目的是呈现此问题的重要性和复杂性。然而，所有这一切都不是用来证明借孟子为代表的君子之口对人性做出的规定是没有意义和价值的，恰恰相反，我们的目的是通过比较去突显"君子所性"的重要和可贵。人性本善论、道德根源于良心之论对于人们向善、行善具有巨大的生命冲击力，对于人的神圣感和责任感的培植具有不可估量的力量。将生理、心理、情感之感觉需求视为"命"而不视为"性"的"君子不谓性也"，以及将良心之德性需求视为"性"的"君子所性"的人性本善论，在君子文化和儒家文化中占有十分重要的地位，对中国人伟大和崇高品格的培植起到了直接又积极的作用。

### （三）君子代表了人性

以孟子为代表的儒家人性论，力主人性是指人特有的从而与禽兽不同的那个属性。孟子的伟大还在于，他明确地将由人的良心产生的种种美德紧紧地与君子联系在一起，从而突显出君子人格的崇高。这个格局和境界不是体现在别的什么地方，而是体现在君子乃是良心及其美德的同义语或说代表。"君子所性，仁义礼智根于心。"（《孟子·尽心上》）"此心"在人身上所占比例虽然非常少，但它是精粹的，是唯一的，是光明的，是至善的，"道心惟微，惟精惟一"（《尚书·大禹谟》），此之谓也。"大学之道，在明明德，在亲民，在止于至善"（《大学》），此之谓也。由明德之道心、良心所生出的仁、义、礼、智等道德那一定是美德！儒家的人性本善论正是在这样的客观和逻辑的基础上最终被创立起来的。

"君子所性"的存在，因其为人性最光辉的反映，所以就其性质来说当然是善的，且是本善的。善就善在它对对象有不忍伤害之心，恻隐怵惕之心是也；有应做和不应做的正义之心以及因没做到而感到羞愧和厌恶之心，羞恶之心是也；有对他人恭敬辞让之心，恭敬辞让之心是也；有判断是非善恶之心，是非之心是也。而此恻隐之心、羞恶之心、辞让之心、是非之心则是仁、义、礼、智四德的开端。根于善心善性而生出的仁、义、礼、智等道德当然是善的，这就是为什么将这些道德称为"美德"的原因之所在！当然我们又知道，中华传统美德有很多，知、仁、勇的"三达德"是，仁、义、礼、智、信的"五常"是，孝、悌、忠、信，礼、义、廉、耻的"四维八德"是，温、良、恭、俭、让，恭、宽、信、敏、惠的"十者"是，忠、恕之"二道"是，中庸之"至德"是，自强不息者是，厚德载物者是，如此等等。

光明之心、美善之德必然为君子所固守。在孟子看来，君子之所以为君子的一个最根本的原因正是在于他们能够"存良心"与"喻美德"！"人之所以异于禽兽者几希，庶民去之，君子存之"（《孟子·离娄下》），此之谓也。"君子所以异于人者，以其存心也。君子以仁存心，以礼存心"（《孟子·离娄下》），此之谓也。也就是说，因为君子存养着良心，所以才成为君子，从而与一般人不一样。同样，因为君子以仁义等道德存养良心，所以才成为君子，从而与一般人不一样。

君子有良心，代表了人性。良心产生道德，君子有道德当然也是代表了人性。应该这么说，君子与中华传统文化中可以被称为"美德"的特质都紧紧地联系在一起。翻开儒家经典你会发现，所有被正面肯定和积极弘扬的道德都构成了君子固有的品质和人格。"君子去仁，恶乎成名"（《论语·里仁》），"君子亦仁而已矣"（《孟子·告子下》），"居仁由义，大人之事备矣"（《孟子·尽心上》），"其君子尊仁畏义"（《礼记·表记》），"君子处仁以义，然后仁也"（《荀子·大略》），这是通过君子的"居仁""处仁"来体现人性的光辉；"君子义以为质"（《论语·卫灵公》），"君子义以为上"（《论语·阳货》），"君子喻于义"（《论语·里仁》），"君子之仕也，行其义也"（《论语·微子》），"君子之能以公义胜私欲也"（《荀子·修身》），这是通过君子的"喻于义""行其义"来体现人性的光辉；"君子无所争"（《论语·八佾》），"是以君子恭敬、撙节、退让以明礼"（《礼记·曲礼上》），"君子尊让则不争，洁敬则不慢。不慢不争，则远于斗辨矣"（《礼记·乡饮酒义》），"是故君子无物而不在礼矣"（《礼记·仲尼燕居》），"积礼义而为君子"

（《荀子·儒效》），"道礼义者为君子"（《荀子·性恶》），"君子者，礼义之始也"（《荀子·王制》），这是通过君子的"明礼""道礼"来体现人性的光辉；"君子之道三……仁者不忧，知者不惑，勇者不惧"（《论语·宪问》），"君子以好善"（《礼记·乐记》），这是通过君子的"智判""好善"来体现人性的光辉；"君子进德修业。忠信，所以进德也"（《周易·乾》），"是故君子有大道，必忠信以得之，骄泰以失之"（《大学》），"故君子不动而敬，不言而信"（《大学》），"是故君子诚之为贵"（《中庸》），"故君子者寡言而行，以成其信"（《礼记·缁衣》），"故君子者，信矣"（《荀子·荣辱》），"夫诚者，君子之所守也，而政事之本也"（《荀子·不苟》），"君子养心莫善于诚"（《荀子·不苟》），"不诚无以为善，不诚无以为君子"（《河南程氏遗书》），这是通过君子的"忠信""诚信"来体现人性的光辉；"君子务本，本立而道生"（《论语·学而》），"君子居是国……则孝悌忠信"（《孟子·尽心上》），"故君子不可以不修身；思修身，不可以不事亲"（《中庸》），"是故君子之教，外则教之以尊其君长，内则教之以孝于其亲"（《礼记·祭义》），这是通过君子的"事亲""孝悌"来体现人性的光辉；"士人有廉耻，则天下有风俗"（顾炎武《日知录》），"君子有五耻"（《礼记·杂记》），"是故君子耻其服而无其容，耻有其容而无其辞，耻有其辞而无其德，耻有其德而无其行"（《礼记·表记》），"故君子耻不修"（《荀子·非十二子》），"故君子苟能无以利害义，则耻辱亦无由至矣"（《荀子·法行》），"故君子耻不修……耻不信……耻不能"（《荀子·非十二子》），"故君子耳不听淫声，目不视女色，口不出恶言。此三者，君子慎之"（《荀子·乐论》），这是通过君子的"有廉耻""耻不修"来体现人性的光辉；"君子……主忠信"（《论语·学而》），"君子……忠恕违道不远"（《中庸》），"故君子之道忠恕而已矣"（《韩诗外传》），"然则忠恕，君子之道也"（顾炎武《日知录》），这是通过君子的"忠信""忠恕"来体现人性的光辉。由上可知，君子所性，仁、义、礼、智、信、孝、悌、廉、耻、忠诸德皆是根源于人的良心。

与人性问题同样复杂的是人的道德起源问题。道德起源于人们的社会实践的观点无疑是深刻而正确的。也就是说，道德意识是人们后天在其生活的社会环境中逐步形成的。先秦思想家荀子同为儒家却持人性本恶论，他说"人之性恶，其善者伪也"（《荀子·性恶》）。荀子实际上是在告诉世人，人的道德意识和行为，人的善行善事都是后天"师法之化，礼义之道"的人为（"伪"）的结果。

但我始终有这样一种想法和观点，如果人的生命中本来没有道德的本性和基因，那么无论你后天如何去教化都不可能有什么道德的意识和道德的行为产生。对于一种存在的"激活"，它的前提一定是首先要有这种属性的存在，用哲学的话语说，就是"本存"。人们会用"狼孩"的例子来论证社会环境对人性呈现的后天作用。但我们是否想过这样的问题，如果将"动物禽兽"，例如猫狗、鸡鸭放到大学课堂，给它们配备最优秀的哲学、伦理学的教授去"教化"它们，去"光明"它们，请问其结果会是怎样？它们能够实现"三纲六证八条目"的"内圣外王"的目标吗？能够根据各自的角色去归止它们应该的道德责任吗？答案一定是否定的。道理非常简单明了，因为它们身上没有"本存"的"明德"！因此"大学之道"针对的对象唯有"人"！如此我们再来品味《大学》的"三纲领八条目"以及"归止"之论就会产生别样的感觉。"大学之道，在明明德，在亲民，在止于至善"——"三纲领"是也。"格物、致知、诚意、正心、修身、齐家、治国、平天下"——"八条目"是也。"为人君，止于仁；为人臣，止于敬；为人子，止于孝；为人父，止于慈；与国人交，止于信"——"归止"之论是也。

良心以及由此而产生的道德是人"本存"的一种生命情感和生命意识，将其光明、呈现、激活，这是人的自觉性的体证，这是"大学之道"的确证，这也就是孟子那么重视他的"四心说""四端说"的原因所在！孟子说："无恻隐之心，非人也；无羞恶之心，非人也；无辞让之心，非人也；

无是非之心，非人也。恻隐之心，仁之端也；羞恶之心，义之端也；辞让之心，礼之端也；是非之心，智之端也。"（《孟子·公孙丑上》）孟子所要得出的结论就是："仁义礼智，非由外铄我也，我固有之也。"（《孟子·告子上》）仁、义、礼、智等道德都不是外部环境给予的，而是人本性中固有的。有此心，有此生命情感，必然能够产生出种种道德。

当然，这种"本存"的文化基因能否成长，能否在现实的生活中实行，那当然受影响于诸多后天的自然与人文环境。在这点上，主张人性本恶的荀子与主张人性本善的孟子又走到了一起，亦可谓"殊途同归"了。荀子与孟子都深知环境对人的影响、对人性中善恶属性的呈现的影响。为了"为善去恶"，他们共同提出要加强后天环境的改造和道德的修养："化性起伪""注错习俗"（《荀子·荣辱》），此之谓也；"富岁，子弟多赖；凶岁，子弟多暴"（《孟子·告子上》），此之谓也。他们都是在强调外在的因素，即外在的环境、外在的行为举止、外在的习惯风俗、外在的践行过程等都可以改变人的内在之人性呈现的状态，或使善性得到激活，或使恶性得到膨胀。人性向何处去？善恶之性的消长全靠人的后天修行！

### （四）修身论略议

君子之所以为君子，一个非常重要的因素在于他们有醇厚的素养、笃厚的涵养、深厚的修养。而要实现和达到这一境界，需要坚持不懈地修身！虽然说修身是所有人都要做的根本之事，"自天子以至于庶人，壹是皆以修身为本"（《大学》），此之谓也，但是对于作为社会精英的君子，较之于普通百姓来说，修身则显得尤其重要。主要原因在于，君子是一个社会风气的引领者。这是君子的责任所在，使命使然。这也是孔子那么强调君子之风的原因所在！孔子说："君子之德风，小人之德草。草上之风，必偃。"（《论语·颜渊》）君子的德行好比是风，百姓的德行好比是草，风吹到草上，草必定随风而倒。这是在强调君子的德行对社会下层普通百姓的表率作用以及对社会良好风气的形成的决定性作用。

君子是以修身为其主要的行为方式和生活方式的。"故君子不可以不修身""修道之谓教"（《中庸》），此之谓也。"故君子耻不修"（《荀子·非十二子》），此之谓也。

我常常这样说，要理解和做好"修身"的事情，首先应该知道所要"修"的对象即"身"的结构及其属性。因为"修身"命题是个动宾结构，"身"是"修"这个动作的对象，如果连被动作的对象的结构及其属性都没有弄清楚，那如何去做呢？也就是说，如果你不清楚"身"是什么，那你如何入手修行呢？在我看来，所谓"身"正是包括了存在于人身上的所有属性及其功能。那么这些属性及其功能是从哪里来的，又有哪些内容呢？关于这一点，实际上中国传统文化中早有论及。关于人从哪里来的问题，中国传统文化有自己的认知，并与西方尤其是西方宗教传统文化的认知有着非常巨大的差别。西方人认为人是上帝创造的，而中国人坚信，人是由天地、阴阳所生。"万物负阴而抱阳，冲气以为和"（《道德经》第42章），在老子看来，包括人在内的所有万物皆由阴阳而生。"天地合而万物生，阴阳接而变化起"（《荀子·礼论》），在荀子看来，包括人在内的万物皆由天地阴阳而生。

那么，天赋予人的属性是怎样的呢？在中国人看来，因为给包括人在内的万物以生命形态的"派生者"的"天"有其自身的"阴阳"之性，由此就决定了"被生者"的"人"自然地具有了"阴阳"之性！《易传·说卦传》认为，圣人作《易》是为了将天道阴阳、地道柔刚和人道仁义"三才"并立起来并有意将天道与人道实现关联。

儒家经典对人性的探讨基本上都是根据"阴阳"理论来进行的，这是儒家始终遵循的价值取向和思维方式，"儒家者流……助人君，顺阴阳，明教化"（《汉书·艺文志》），此之谓也。天有阴阳二气属性的不同，反映在"与天为一"的人身上也必然地具有两种不同属性的存在。《尚书·大禹谟》告诉我们："人心惟危，道心惟微。惟精惟一，允执厥中。"这里分判得很清楚，人性中的"人心"部分是危殆的；人性中的

"道心"部分是精微的。前者为恶性，后者为善性。《大学》告诉我们："大学之道，在明明德，在亲民，在止于至善。"对于《大学》中的"亲民"究竟所指什么，历来有不同解释。程朱与王阳明对此形成两种不同的意见。我倾向程朱的意见，将"亲民"理解为"新民"。"新民"是回答和解决人性中的气质之性的问题。所以，《大学》认为人性中既有"明德"的部分，也有属生理、心理气质的部分。前者为善性，后者控制、变化、革新好就是善，否则就是恶。《中庸》告诉我们：人性中既有"天命"的"性"的部分（"天命之谓性"）；也有"喜怒哀乐"的"情"的部分（"喜怒哀乐之未发谓之中"）。前者为善，后者若能中节、调节好就是善，否则就是恶。孟子告诉我们：人性中既有"君子所性"的"良心"以及所由生的"仁义礼智"的部分；也有"君子不谓性也"的"口、目、耳、鼻、四肢"所求的"味、色、声、臭、安佚"的生理欲望的部分。前者为善，后者节制、克制好就是善，否则就是恶。宋明理学告诉我们：人性中既有"天理"的部分；也有"人欲"的部分。前者为善，后者节制、克制好就是善，否则就是恶。以上所论都是儒家中主张人性本善的人性论，从中我们能够清楚地看到他们共同的认识就是承认人性中有两重性。而儒家中主张人性本恶的荀子的人性论，实际上同样是承认人性中有两重性的。荀子告诉我们：人性中既有"好利焉""疾恶焉""好声色焉"的生理、心理之欲，也有使人能够成为"故最为天下贵也"的"亦且有义"的心性之诚。前者如"顺是"就为恶，后者为善。

在儒家人性论中，对天有阴阳而人亦有阴阳从而决定人性有两重性的人性论探讨得比较清晰的，当推西汉大儒董仲舒。董仲舒告诉我们："人之诚，有贪有仁，仁贪之气，两在于身。身之名，取诸天。天两有阴阳之施，身亦两有贪仁之性。天有阴阳禁，身有情欲柜，与天道一也。"（《春秋繁露·深察名号》）意思是说，人是有贪性和仁性，仁和贪两种气在人的身上都存在着。人身是从天那里来的，天兼有阴阳二气的施行，人身也兼有仁贪两种本性。天道中的阴气需要加以禁制，人身上的情欲也需要加以禁制。天道与人道是一致的，天道人道不二是也，人道法天是也。所有这些都是真实不欺的存在。

综合上述之论，可以知道人身上有性、情、欲三种属性。实际上儒家是将性归结为人的一重性，将情和欲归结为人的另一重性。前者构成人的德性生命，后者构成人的气质生命。由此，儒家的修行论实际上就是对人性的这两重生命的"用功"。但是，因为性、情、欲有着不同的性质，所以对它们的"用功"之方式一定是不同的。我常会提出这样的观点，对经典思想的把握，不仅要从名词性的概念上弄清楚其所以然，而且要从动词性的概念上弄清楚其所以然。具体来说，对待人性中的"性"（道心，明德，性，良心，天理，仁性）就要使用这样一些动词："光明"，"明明德"是也（《大学》）；"率"，"率性之谓道"是也（《中庸》）；"尽""存""养"，"尽其心者"是也，"存心也"是也，"养心"是也（《孟子》）；"君子养心莫善于诚"是也（《荀子》）；"存天理"是也（宋明理学语）。对待人性中的"性"如果再选用一个动词，那就是"顺"。

而对待人性中的情和欲，就不能够使用"顺"这个动词了，否则就会产生恶情恶欲，同时美德也就消亡了。诚如荀子所说："今人之性，生而有好利焉，顺是，故争夺生而辞让亡焉；生而有疾恶焉，顺是，故残贼生而忠信亡焉；生而有耳目之欲，有好声色焉，顺是，故淫乱生而礼义文理亡焉。"（《荀子·性恶》）在荀子看来，人一生下来就有好利恶害或说趋利避害之心，如果顺着此性，争夺抢占就会产生而恭敬谦让之美德就没有了；人一生下来就有嫉妒憎恨之心，如果顺着此性，残杀戕害就会产生，而忠诚信义之美德就没有了；人一生下来就有耳朵眼睛的欲望，就会产生好音好色之心，如果顺着此性，淫乱奸邪就会产生而礼义文理之美德就没有了。所以对待人性中的"欲"就要使用这样一些动词："减少"，"养心莫善于寡欲"是也（《孟子》）；"革""灭"，"新民"是也（《大学》）；"革尽一份人欲，复尽一份天理"是也（朱熹语）；"灭人欲"是也（宋明理学语）；

"禁制""禁御"，"身有情欲栣"是也〔"栣"（音rěn），义为"禁御"〕（董仲舒语）。

而对待人性中的情，要使用的动词就又有区别："中节"，"喜怒哀乐之未发，谓之中，发而皆中节，谓之和"是也（《中庸》）；"中庸"，"君子之中庸也"（《中庸》）。可见，对待情的动作方式就不同于对待欲的动作方式。具体来说，人的感性情感的需要，要"有"，但要有个"度"。这个"度"一定是"中"，一定是"和"。因为人性中有好走极端的天性，所以对此"情"必然需要"中节""调节""平衡"，从而达到"中道"和"中和"的状态。对于人之"情"就不能用"少"这个词来对待！当然在这些问题上，儒家与道家，尤其是与佛家的观点是存在差异的。

综上所述，君子所重视的修身实际上对人身上存在的性、情、欲之性的同时用功的功夫。《大学》"知止而后有定，定而后能静，静而后能安，安而后能虑，虑而后能得"之"六证"，实际上涉及对性、情、欲三者的同时用功的问题。最后的"得"正是指人之"真性"实现的状态，亦称为"止于至善"。人之"真性"具体即指少欲、中情、率性三种"理想状态"者也。

在儒家修行论中，必须很好地认识和处理人性中的性、情、欲问题。因为在儒家看来，对性、情、欲三者的用功或说"修身"对于人的生命安顿都是有意义和有价值的。具体来说，"欲"对人有价值和意义，对它的"少"也有意义有价值；"情"对人有价值和意义，对它的"和"也有意义有价值；"性"对人有价值和意义，对它的"率"也有意义有价值。而三者相较，光明人的德性生命，教以人伦，崇尚道德则显得"更"有意义和价值。当然这一境界和目标的实现要同时凭借对人之欲、情的"减少"和"中节"才能做到。"养心莫善于寡欲"（《孟子》）一语道出了其间的逻辑关系。宋明理学的"革尽一份人欲，复尽一份天理"呈现的同样是这种逻辑关系。少欲、中情、率性三者实际上存在相互联动的关系，所以也是需要同时用功的。换句话说，人身的修养是一个"多在"的问题。"在明明德""在

中和情""在革除欲""在知其止""在有其定""在能其静""在能其
安""在能其虑""在致知""在格物""在诚意""在正心""在修
身""在齐家""在治国""在平天下",最终的目标乃是"得天下"。
"至善""得"都是表征结果、目标和境界的概念。而"此得"一定指向
全体人所共有的意义和价值之生命和生活的获得,指向共同理想的实现。
"平天下""得天下"都是在这个意义上被强调的。一句话,修身的终的
乃是"在止于至善"(《大学》),在"尽其性""尽人之性""尽物之
性""成己""成物"(《中庸》)。这也正是"故君子不可以不修身"
的意义之所在!

# 志于道者为君子

## 方向的确立

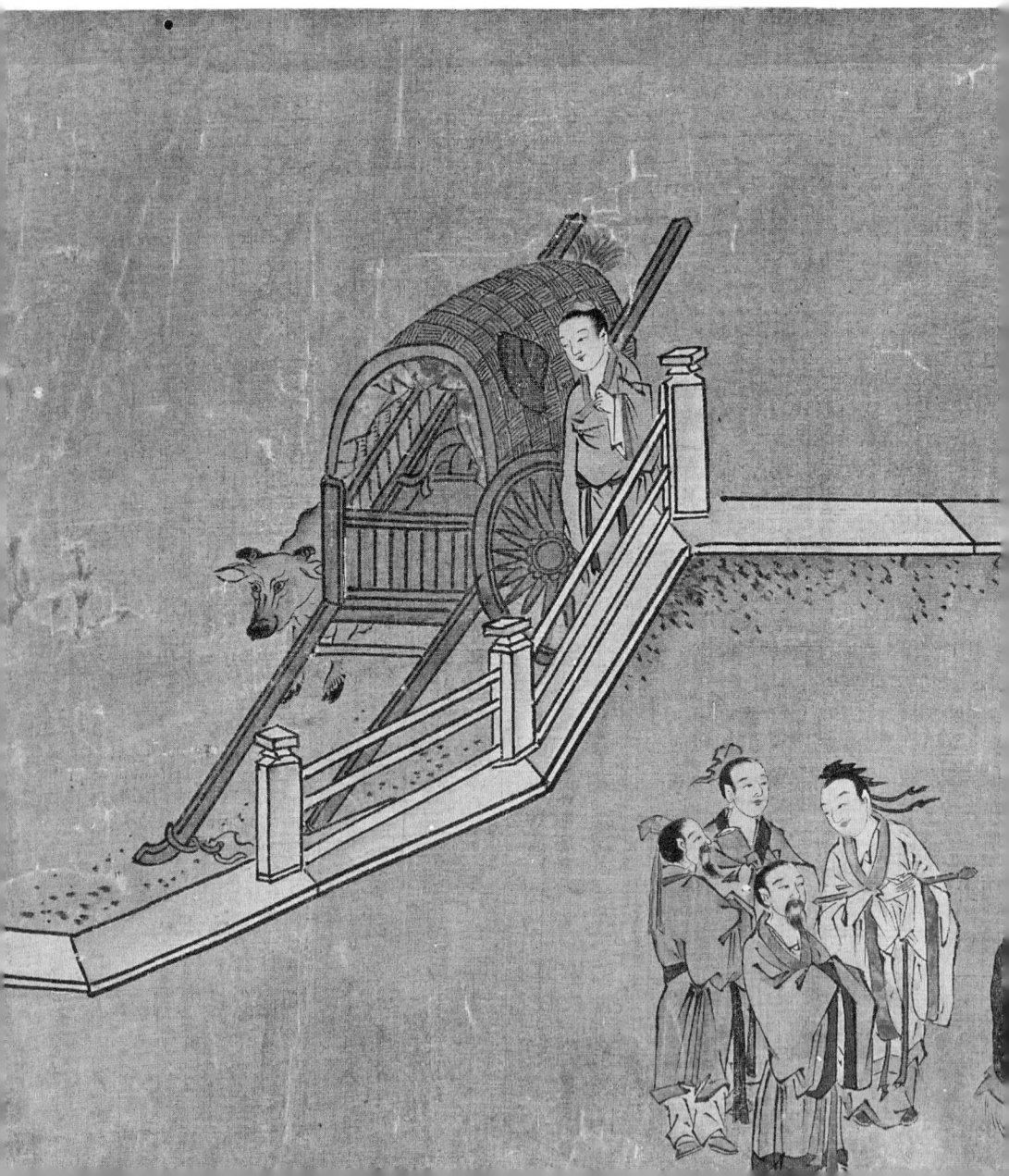

问礼老聃图

孔子三十四岁时，游历周都洛邑并向老子问礼（明版彩绘绢本《孔子圣迹图》）

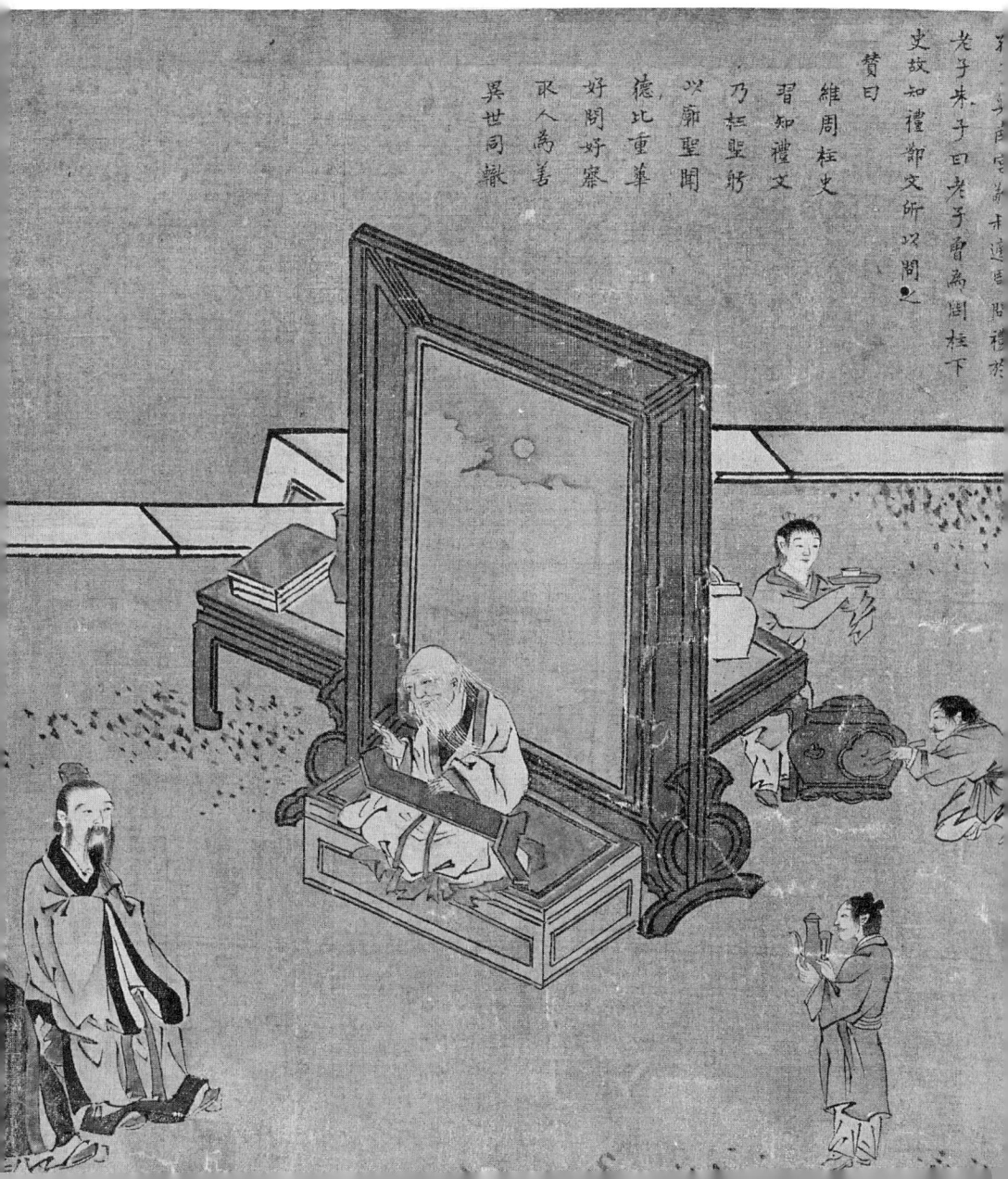

在中国传统社会，君子正是种种美德的践履评判者，也是这些美德的形象代表者。一句话，君子是人性光辉的代表者，君子乃"志于道，据于德，依于仁，游于艺"（《论语·述而》）之德才兼备者也！

在孟子那里，君子既是人性的规定者，又是人性的体现者。人性的光辉一定是要具体体现在一系列德行之上的，在《学》《庸》《语》《孟》的"四书"和《诗》《书》《礼》《易》《春秋》"五经"等儒家经典中大量存在相关论述，但我认为，《论语》中的一段话最集中提到了君子应具备的几种德行以及才能。孔子说："志于道，据于德，依于仁，游于艺"（《论语·述而》），意思是说，立志于道，根据于德，依顺于仁，游憩于艺。而在《礼记》中将具有这些素养和能力归结为"君子之于学也"的内容。这一规定正是对有德有才之君子的最精致的概括。

"道德"一词不惟在道家老子那里不是作为一个概念而存在，在儒家这里也不是作为一个概念而存在。也就是说，"道德"在儒家思想里也有着不是人们通常所理解的伦理道德的那个道德的含义。实际上，"道"是一个概念，"德"又是一个概念。"道"用来表示事物对象那个本根、本存、本质、本性的存在；"德"用来表示各种事物对象"得道""获道"以后而呈现出其特殊属性的存在。"道"是一个无形的"存在"，而"德"是一个无形而有性（相）的"存在"。虽在孔子思想中少见他探讨性与天道等这些被称为"形而上之道"的问题，但是他的"志于道，据于德"的论述显然具有对人之本根、本存、本质、本性问题探讨的意味。换句话说，孔子是通过"志于道，据于德"之论来给人性，给人生境界、方向以及伦理道德寻找根基的。

"德"这个概念不仅仅是指道德品质，而且指称性格习惯。"德"是"得道"的意思，表示每个不同存在的内部的特殊性本质，因此"德"就与"道"一起具有了"根""本""内"的诸种属性。"德"是可以化着"功能""行"从而具有了"相"的形式。得道之体而呈"相"者也。"德行"是体用关系、本末关系，是动态的属性，所以此种概念框架下的"德"是非常重要的。

德是人的性情意志等方面的素质，它往往用来表示人的性格习惯。性格习惯是一种内在的品质。人是否将自己心性中光明美丽的东西呈现出来，朝着光明美丽的地方归止，也涉及此类问题。

德是得道后而形成的性，由它构成了包括人在内的万物各自的本性。既然得了道，道又是指道路、方向、境界，那么据了德以后就要按大道去行走，这是一个光明正大的道路。如此也就构成了人的全部"德行"，它是一个内外交融的工程，"德行，内外之称，在心为德，施之为行"（《周礼》），此之谓也。那么什么样的内心以及性格习惯的观念属于光明美丽的呢？答案是：道心、明德、性、中、中直、真诚。

诚意、正心、修身皆属"德"的范畴，内在尽心、知性、知天与存心养性、寿夭不贰以及变化气质，不顺人之"好利焉""疾恶焉""耳目之欲，好声色焉"等之性也属于"德"的范畴。对于被认为是人的恶性的种种是要以寡欲去对治的。

上述道理是要告诉人们，人的道德的养成取决于每个人内在心性的唤醒，取决于天生性理的中正，取决于良好习惯的形成。这也有力地证明了所有道德的建立，取决于每个人自己内心的发动，绝对不是能够仅靠外在力量就可以完成的任务。"为仁由己，而由人乎？"（《论语·颜渊》），此之谓也。"由仁义行，非行仁义"（《孟子·离娄下》），此之谓也。

### （一）志于"道"是君子的人生目标

"志于道"要求的是君子要始终将人生的目标定在"道"上，它可通过不同的方式来达到，例如要遵循于道，尊崇于道，坚守于道，谋求于道，担忧于道。也就是说，上面这些对道的态度乃是儒家对君子之德性的首要要求。孟子说："君子之志于道也，不成章不达。"（《孟子·尽心上》）意思是说，君子的有志于道，没有一定的成就，也就不能通达。立道是成就一切的前提条件。《中庸》说："君子遵道而行，半途而废，吾弗能已矣。"

意思是说，君子应遵循着道而一往前进，不能半途而废。又说："尊德性而道问学。"意思是说，君子尊崇德性，又注重询问、学习。孔子说："笃信好学，死守善道。"（《论语·泰伯》）意思是说，坚定相信道，努力学习道，誓死保护道。孔子说："君子谋道不谋食……君子忧道不忧贫。"（《论语·卫灵公》）意思是说，君子用心来谋求道，不用心去谋求吃穿的东西。君子只担忧道不能得，而不担忧贫穷。

### （二）君子所行之"道"是什么?

什么叫作"道"？在道家老子庄子那里是无法用概念去规定的，"道可道，非常道"（《道德经》第1章），此之谓也。那么是什么样的存在不可规定呢？答案一定是那个宇宙天地万物之前、背后的无限存在者。而在儒家那里是这样描述"道"的，这就是作为群经之首的《周易》所说的"形而上者谓之道"。意思是说，在有形事物之上的、背后的那种无形的存在者就叫作"道"，而与此相对的，那些有形的存在者就叫作"器"。对于这样一种无形又重要的"道"，在《中庸》看来，那是一刻也不可以离开的："道也者，不可须臾离也，可离非道也。"意思是说，"道"是不可片刻离开，如果能片刻离开，就不是"道"了。在这层意义上描述"道"的目的，实际上是要对君子的行为提出要求。《中庸》说："是故君子戒慎乎其所不睹，恐惧乎其所不闻。莫见乎隐，莫显乎微。故君子慎其独也。"意思是说，"道"是无形的，因此君子在不被看见的地方，也是谨慎敬戒的；在不被听见的时候，也是恐慌和畏惧的。没有比幽暗之中更为显著的，没有比细微之处更为明显的。因此君子在独处时要谨慎啊！"道"虽无形，却真切地存在着，作为一个君子尤其要在人看不见、听不到的地方严格要求自己，坚决按照"道"去行动；于是，"慎独"就成了君子的德行了。

在这里特别要引起大家注意的是"戒慎""恐惧"的理念，这是一种中国传统文化中十分重视的"敬畏感"的问题。所谓敬畏感实际上是涉及信仰的问题，它决定这种信仰精神对社会人生的重要和可贵。敬畏什么？由于选择敬畏对象的不同而决定了中西文化的不同。西方文化敬畏的是上帝，因而是宗教的信仰；中国文化敬畏的是天命，因而是自然道德的信仰。在儒家思想体系中，天命与大道，大道与教化，其间存在着紧密内在的联系的。《中庸》说的"天命之谓性，率性之谓道，修道之谓教"这一被称为"三句教"的思想正是最好的例证。天命给予了包括人类在内的万物本性，而万物都按其本性的呈现就形成了道，修养、弘扬着这样的道就是教化。这里存在着这样的逻辑关系：敬畏天命就是敬畏大道，弘扬敬畏感乃是教化的自身内容和目的。理解了这些，也就理解了为什么儒家会将"畏天命"作为君子的一个标准。孔子说："君子有三畏，畏天命，畏大人，畏圣人之言。"（《论语·季氏》）又说："不知命，无以为君子也。"（《论语·尧曰》）畏天命、知天命正是要建立起人们对"人性"，对"天良"，对"大道"的敬畏啊！所以，"畏天命""知天命"就成了君子的德行了。

人不能没有敬畏感，有敬畏感才知道哪些事不能做，哪些事不敢做；有敬畏感才知道做人要谦卑而不可张狂；有敬畏感才知道慎独、慎言、慎行。一个文明社会的建立，需要提倡这种君子有所怕的精神。没有敬畏的文化心理是十分可怕和非常危险的。

### （三）君子是"道"的呈现者

志于道者为君子。在儒家看来，为君子所志向的道是须臾不可离开和或缺的存在，此道虽然无形而常处于幽暗之处，但它又那么明显，所以作为一个真正的君子当更加谨慎和敬畏那些不被别人看到的自己的言行举止，这就叫作"慎独"。说得通俗些，就是越是别人看不见、听不到的地方，作为一个君子则要更加严格要求自己，一切按照道德的规范去行事。在儒家看来，君子之所以为君子而不比一般人的原因，正是体现在这一点上。《中庸》说："君子之所不可及者，其唯人之所不见乎！"那么，哪些行为构成了君子行道的表现呢？也就是说，君子是要通过他们所行之道来确证他们的品行崇高并为世人所法。《中庸》说："是故君子动而世为天下道，行而世为天下法，言而世为天下则。远之则有望，近之则不厌。"意思是说，君子的举动能世世代代成为天下的先导，办事言论能世世代代成为天下的标准。在远处使人仰望恭敬，在近处则不使人厌烦。从根本处来看，君子之所以为君子的品行是要首先做到孝、悌二德。所谓"孝"就是"善事父母"，即很好地侍奉父母双亲。所谓"悌"就是"善事兄长"，即很好地敬重兄长。关于这一点《论语》说得非常明确："君子务本，本立而道生。孝弟也者，其为仁之本与。"意思是说，君子专心致志于基础工作，根基树立了，"道"就会产生。善事父母和善事兄长，这就是仁的基础。与此相关，在中国传统社会，衡量是不是君子的标准，或说是否具有君子的品行，首先落实到所谓的伦理纲常之上。《中庸》就直接把君臣、父子、夫妇、兄弟、朋友五重关系视为"天下之达道"和君子修身的标准。说："故君子不可以不修身……天下之达道五，所以行之者三。曰：君臣也，父子也，夫妇也，昆弟也，朋友之交也，五者，天下之达道也。知、仁、勇三者，天下之达德也。所以行之者一也。"意思是说，天下通行的大道有五项，实行这五项大道的方法有三条。君臣、父子、夫妇、兄弟、朋友交往，这五项是天下通行的大道。知、仁、勇这三条，是天下通行的大德。实行这大德的道理则是一样的。这里是将遵循君臣、父子、夫妇、兄弟、朋友的"五伦"以及实行知、仁、勇的"三达德"当成了君子的所行之道。另外，儒家还在一些具体的言行举止上规定了君子所行之道的内容。曾子说："君子所贵乎道者三：动容貌，斯远暴慢矣；正颜色，斯近信矣；出辞气，斯远鄙倍矣。"（《论语·泰伯》）曾子是想告诉人们，君子所重视的道理有三个方面：让自己的容貌从容、恭敬，这样就会远离粗暴和放肆；让自己的脸色端庄起来，这就近于诚实守信并容易使人相信；说话时注意用词和语气，这就可以避免粗野和悖理了。可见，在言行举止方面对君子都提出了有别于一般人的要求。君子要有一副从容又恭敬、端庄又诚实的脸色，要用一种措辞得宜、语气和缓的说话方式。一句话，君子言谈举止要有风度。

## （四）君子是精神境界和理想人格的表征者

我们在论述君子问题时常常会说，君子是一种精神境界的代表，是一种理想人格的代表。精神往往与物质相对，理想往往与现实相对。"君子之所以异于人者"（《孟子·离娄下》），恰恰是因为他们是一群精神和理想的追求者。说得通俗些，君子之所以为君子而有别于常人，他们一定不会太现实、太功利，而将具有超越性作为自己的必备之品德，而儒家所主张的"君子不器"（《论语·为政》），也正是在这个意义上确认的。

坚守正当的利益观，应该说是君子精神和理想追求的表现。君子不是不要利，而是在乎获利的方式。孔子说："富与贵，是人之所欲也，不以其道得之，不处也；贫与贱，是人之所恶也，不以其道得之，不去也。"（《论语·里仁》）富有高贵，这是人人都想得的，但如果不用正当的途径得到它，君子不会泰然接受；贫困下贱，这是人人都厌恶的，如果通过不正当的途径改变它，君子宁愿不去改变。孟子也明确指出："非其道，则箪食不可受于人。"（《孟子·滕文公下》）这是说，如果是不合道、不合理的取得，就是一筐饭食也不能接受，"君子爱财，取之有道"，此之谓也。

超越物欲功利，为了追求思想、精神和信仰之大道，甚至甘于清贫，不为物利所动，乃是君子之道最典型的表现。子曰："君子谋道不谋食……君子忧道不忧贫。"可见，君子谋求道而不谋求吃，君子只担心得不到道，而不担心得不到财。"谋道""忧道"是君子的人格。在君子看来，"道"就是精神，"道"就是理想，"道"就是信仰，故"志于道"者方能成为君子。

# 三

## 据于德者为君子

### 行动的依据

在陈绝粮图
　　鲁哀公六年（公元前489年），孔子师徒被困于陈、
蔡两国之间，依然讲求学问，从容不迫（明版彩绘绢本
《孔子圣迹图》）

楚使人聘孔子孔子將往陳

蔡大夫謀曰孔子用於楚則

陳蔡危矣於是相與發徒圍

孔子於野不得行絕糧從者

病莫能與孔子講誦絃歌不

衰於是使子貢至楚昭王興

師迎孔子然後得免

賛曰

狩麟聖通

丁此屢屯

既畏於匡

復厄於陳

君子固窮

處困而亨

載絃載歌

不問不驚

在中国传统文化尤其是儒家文化看来，作为一名学人君子，不但要确立一种追求社会人生真理的志向，践行一种"君子之道"以及"笃信好学，死守善道"（《论语·泰伯》），而且要依据和重视一种由道和德所产生的准则和价值，这应该说也是"志于道，据于德"思想中所具有的观念。所以，所谓"据于德"就是要求学人君子在做人做事，即在自己的言、动、视、听以及行、住、坐、卧中都要以"道"为根据，一律依据于道的规范。君子之所以首先要做到"志于道，据于德"，是因为这关乎思想、精神、信仰的大问题。"道"是方向和境界，"德"是根据和准则。"道"解决社会人生的精神追求问题，"德"解决社会人生的行为准则问题。再者，如果没有具体"德"的实行，那么就等于"道"没有得到落实。所以《中庸》才特别强调指出："苟不至德，至道不凝焉。"就是说，如果没有"德"的具体推行，再高明、再美好的"道"也不能凝聚而获得成功。换句话说，"据于德"重点讨论的是君子的内在品质和素质问题；"依于仁"则具体回答君子所具备的道德原则问题。"据于德"在这里就成为非常关键的一环，它是贯穿起人性与外在致知格物的内外结合的一体化工程。所以，作为一个"君子"，既要有志于道，又要力行于德，"笃志而体，君子也"（《荀子·修身》），此之谓也。

## （一）君子尊德

君子是一个文明社会的引领者，是道德生活的表率者，所以，尊德、慎德、怀德必然成为君子的德行。儒家将尊崇德性放在一个很高地位，《中庸》说："故君子尊德性而道问学。"尊崇德性是君子的首要任务，而重视询问学习是君子的次要任务。用现在的话说就是，德育是第一，智育是第二。君子应始终将"德"作为根本的东西来看待，对于根本性的存在当然是要谨慎对待的！《大学》告诉我们："是故君子先慎乎德。"意思是说，君子首先要慎重修养德性。君子之所以为君子，那是有着德行的规定和要求的。君子一定要关怀着、记挂着道德品行以及典章制度等大事公事，而不是整天只关注和记挂那些与道德品行没有关系的田地乡土和小恩小惠，所以孔子才明确给出君子与小人的判别标准。他说："君子怀德，小人怀土；君子怀刑，小人怀惠。"（《论语·里仁》）意思是说，君子怀念和记挂着道德品行和制度文化，小人怀念和记挂着故土恩惠。

### （二）君子以德美身

"志于道""据于德"的"君子之学"，无论是就其"尊德性"而言，还是就其"道问学"而言，绝对不是一时的事情，而是长期不变的价值取向。荀子那句名言，即"君子曰：'学不可以已'"（《荀子·劝学》），要表达的也正是此意。"已"者，停止也，"不可以已"，不可以停止也。所以，荀子说："君子博学而日参省乎己，则知明而行无过矣"，"故君子结于一也"（同上）。广博地学习并经常不断地反省自身，始终如一地集中于此，这是对君子的要求。

"君子之学"所确立的始终不变的价值取向，其最终目的乃是在于"修身""美身"。孟子说："君子之守，修其身而天下平。"（《孟子·尽心下》）荀子说："君子之学也，以美其身。"（《荀子·劝学》）这一价值取向首先由孔子确立。孔子曾明确指出古人与今人"为学"的两种截然不同的目的，子曰："古之学者为己，今之学者为人。"（《论语·宪问》）是说，古代做学问的人，他们读书学习是为了完善自己的道德、充实自己的内心，现今时代（指孔子生活的那个时代）做学问的人，他们读书学习与自身道德修养是脱节的，为学只是为了获取财富地位从而让别人高看自己。荀子在《劝学篇》中在直接引用了孔子的"古之学者为己，今之学者为人"原文以后，将这两种不同的为学目的区分为"君子"与"小人"的行为。他说："君子之学也，以美其身；小人之学也，以为禽犊。"意思是说，君子之学是为了美化自己的心灵，而小人之学恰似在市场上卖牛马动物一般，只是一心为了卖个好价钱。

### （三）君子"九思"以体德

那么，什么样的行为方式才可以被称作"君子之德"呢？孔子曰："君子有九思：视思明，听思聪，色思温，貌思恭，言思忠，事思敬，疑思问，忿思难，见得思义。"（《论语·季氏》）君子要经常想想以下问题：第一，看到的东西，想想是否看明白了？第二，听到的东西，想想是否听清楚了？第三，在对待他人时，自己的仪容脸色，想想是否温和？第四，在对待他人时，自己的容貌态度，想想是否恭敬？第五，讲的话，想想是否是忠诚老实？第六，对待工作，想想是否认真负责？第七，遇到疑问，想想是否能做到虚心向人请教？第八，将要发怒，想想是否会有什么后患？第九，在金钱名誉地位面前，想想是否应该得？要之，看得明白，听得清晰，脸色温和，容貌恭敬，说话诚信，做事敬业，有疑必问，怒而忧患，见利思义，此乃君子之德也！

无论是"志于道"，还是"据于德"，对于君子来说都要落实在具体的品行中、实际的做人做事之上，而做到这些则需要通过必要的一番修行功夫。

### （四）君子重修行

包括儒家在内的中国传统文化，非常重视"内省不疚"与"反求诸己"这两种修行方式。

所谓"内省不疚"，就是通过内心的省察，自我反省后觉得自己的言行都合乎道义，从而没有什么惭愧之感。儒家将这一修行方式作为君子必备的素养。《中庸》说："故君子内省不疚，无恶于志。君子之所不可及者，其唯人之所不见乎？"意思是说，所以君子内心省察没有不安，心志并无惭愧。别人不可比及君子的原因，正是君子在这些别人看不到的地方也严格要求自己。《论语》记载："司马牛问君子，子曰：'君子不忧不惧'，曰：'不忧不惧，斯谓之君子已乎？'子曰：'内省不疚，夫何忧何惧？'"（《论语·颜渊》）在孔子看来，作为一个君子就要做到不忧愁、不恐惧。

而面对弟子有些不确定的疑问时，孔子又给出了理由。这个理由正是"内省不疚"，即只要做到自己问心无愧，那么就没什么可忧愁和恐惧的了。根据孔子和《中庸》的思想逻辑，当一个人真正做到了仁爱别人，真正具备了勇敢之心，那么他一定会不忧不惧的，"知者不惑，仁者不忧，勇者不惧"（《论语·子罕》），此之谓也。在《中庸》中将知仁勇称作"三达德"。在儒家看来，君子做到了无愧于心，就无有忧惧，而无有忧惧乃是成就快乐人生非常重要的条件之一。孟子所谓的"君子有三乐"，其中的一乐就是抬头无愧于天，低头无愧于人，"仰不愧于天，俯不怍于人，二乐也"（《孟子·尽心上》），此之谓也。

所谓"反求诸己"就是当事情没有做好、行动没有达到预期的好效果、人际关系没有处理好时，不要责怪和埋怨他人，而应首先反过来从自己身上找出问题的根源，问问自己，检查自己有哪些方面还没有做好，是否还没有从内到外做得更好，并努力加以改进和完善。儒家实际上用了不同的命题来宣扬这一修行方式。例如，反求诸身，反身而诚，反躬自省，求诸己，有诸己，自反等等。《大学》说："是故君子有诸己而后求诸人。"即君子先应该要求自己，然后才能要求别人。《中庸》说："子曰：'射有似乎君子，失诸正鹄，反求诸其身'。"孔子说，射箭的事好比君子行道，如箭射在靶心以外，应该反过来责求自己。《论语·卫灵公》说："子曰：'君子求诸己，小人求诸人'。"即君子要求自己，小人要求别人。《孟子·离娄上》说："行有不得者皆反求诸己"，即凡是行为得不到预期的效果，都应该反过来检查自己。《孟子·离娄下》说："有人于此，其待我以横逆，则君子必自反也。"即假定这里有个人，他对我蛮横无理，那君子一定反躬自问，从自身上去找原因。由此可见，反求、自反的修行方式，充分反映出君子的高尚品质，即凡事多做自我批评，严以待己，宽以待人。通俗地说，行为后果不好，那一定是我做得还不够好。在孔子看来，严以待己、宽以待人可化解和消除心中的怨恨，是人际关系和谐的保证，"躬自厚而薄责于人，则远怨矣"（《论语·卫灵公》），此之谓也。

## （五）君子有诸品

君子是许多优秀品行的集中体现者。其一，在言行上，要做到先做后说。"子贡问君子。子曰：'先行其言，而后从之'。"（《论语·为政》）子贡问孔子怎样才能做一个君子。孔子指出，对于你要说的话，先实行了再说出来，这就能够说是一个君子了。另外，君子言语要谨慎迟钝，工作要勤劳敏捷，孔子说："君子欲讷于言，而敏于行。"（《论语·里仁》）再有就是作为一个君子要以说得多、做得少为耻，即君子应以言过其实为耻，孔子说："君子耻其言而过其行。"（《论语·宪问》）其二，在气质上，要做到自重庄重和文质彬彬。孔子说："君子不重，则不威。"是说君子如果不自尊庄重，那么就没有威严和威信。在孔子看来，既文雅又朴实才是君子应有的气质和风度，"文质彬彬，然后君子"（《论语·雍也》），此之谓也。其三，在为人上，要做到不怨恨，不报怨。孔子说："人不知而不愠，不亦君子乎？"（《论语·学而》）就是说，人家不理解我，我也不为此怨恨，此乃君子之风也。孔子曾说自己"不怨天，不尤人"（《论语·宪问》）。孟子更直接地指出："君子不怨天，不尤人。"（《孟子·公孙丑下》）就是说，君子不抱怨天，不责怪人。平和对人对事，乃君子之范也。总之，君子之所以为君子，是有其高尚品行要求的。

## （六）君子与小人

据于德的君子有其特定的志趣、修养、品格和行为，换句话说，作为君子，他们有符合人性的对待和符合社会文明发展方向的志趣，他们注重自身的修养，有高尚的品格，有超然性的行为方式。在中国传统君子文化中，对于君子的上述属性做出过许多正面性的规定和描述。但在君子文化中有一个特殊的现象值得注意，那就是，为了突出君子之风，往往找出与君子形成反面的小人来加以比较性地论述。通过这种比较能大大突显君子的特征及其优秀品行。实际上，君子与小人的对举，能够非常具体而鲜明地呈现出社会中的人的不同价值追求、不同生活情趣、不同人生态度、不同理想境界、不同行为方式。

在先秦儒家的著作中，将君子与小人对举来呈现其不同的思想言论当属孔子与荀子二人最多。

### 1. 孔子论君子与小人

其一，追求上的不同。既然据于德者为君子，那么就决定了君子是将德以及具体表现为德的价值作为他们追求的对象，而与此相对的小人也有他们的追求对象。仁爱、道义、德行构成君子的价值取向；物利、故土、恩惠构成小人的价值取向。孔子说："君子上达，小人下达。"（《论语·宪问》）这里的"上达"与"下达"尽管在解释上有过不同，但就其总的价值取向来说不存在实质性的不同。"上达"者主要指的思想、精神和信仰等"道"的层面的存在，"下达"者主要指的财货、私利和私欲等"器"的层面的存在。所以孔子又直接指出："君子怀德，小人怀土；君子怀刑，小人怀惠。"（《论语·里仁》）这是两种完全不同的价值追求和德行操守。

心中既然确立了价值方向和追求目标，那么对足以构成神圣的东西，作为君子应当具有足够的敬畏感并建立起信仰崇拜，而小人却不会这样。孔子说："君子有三畏：畏天命，畏大人，畏圣人之言；小人不知天命而不畏也，狎大人，侮圣人之言。"（《论语·季氏》）孔子认为，君子的内心世界应有三个敬畏的对象，这就是天命、与天地合其德的大人和最高理想人格的圣人的言语；而小人不懂得天命，所以不怕它，轻视有德的大人，侮慢圣人的教泽。

在儒家思想体系中，天命、大人、圣人都与道德紧密相连，君子常怀之，而小人从不。孔子说："君子而不仁者有矣夫！未有小人而仁者也。"（《论语·宪问》）在孔子看来，君子偶尔有不仁之处，但是小人却从来不会有仁的表现。实际上孔子在这里是要强调，君子与小人之所以不同，其根源就是在于有没有仁心仁德，能不能行仁之德，此乃彼此的分水岭。而心怀仁德并去行仁爱，这一行仁爱的过程就被称为"义"。而君子与小人的分别也体现在有没有"义"之上。于是孔子才说："君子喻于义，小人喻于利。"（《论语·里仁》）君子知义，小人知利。君子遇事即刻就会按义去做，而小人遇事即刻会循利去做。

其二，修养上的不同。君子在事情没有做好，即"行有不得者"时，不责怪和埋怨他人，而首先反过来从自己身上找出问题的根源；而小人则恰恰相反，他们在上述情况下总是会将责任推给别人，老是苛求别人。孔子将此概括为"君子求诸己，小人求诸人"（《论语·卫灵公》）。

其三，胸怀上的不同。君子因为内心的清明纯洁，胸怀开朗宽广，所以他们总是显得舒泰却不骄傲凌人，他们与人为善，成全别人的好事，不促成别人的坏事；小人因为内心的灰暗肮脏，心中忧虑狭促，所以他们总是显得骄傲凌人却不舒泰，他们与人为恶，败坏别人的好事，对于别人的难处喜欢幸灾乐祸，甚而落井下石。正如孔子告诉我们的："君子坦荡荡，小人常戚戚"（《论语·述而》），"君子泰而不骄，小人骄而不泰"（《论语·子路》），"君子成人之美，不成人之恶。小人反是"（《论语·颜渊》）。

其四，行为上的不同。正是由于追求、修养、胸怀的不同而形成了君子与小人的分野，进而导致他们在行为上的迥异。孔子说："君子周而不比，小人比而不周。"（《论语·为政》）"周"就是团结，"比"就是勾结。君子根据道义来团结而不搞勾结，小人根据利益来勾结而不搞团结。于此孔子又说："君子和而不同，小人同而不和。"（《论语·子路》）"和"就是统一和谐，"同"就是同质单一。和谐在不同中产生，不同一却和谐，这叫团结有力量；不和谐在单一中发生，同一却不和谐，这叫勾结有败局。

总之，在孔子看来，君子是有德者，小人则是缺德者。

## 2. 荀子论君子与小人

前文已指出，在先秦儒家著作中，将君子与小人对举来呈现其不同的思想言论当属孔子与荀子二人最多。如果我们仔细来研读《荀子》，你会发现

《荀子》一书篇篇不离对君子问题的讨论，尤其擅长将君子与小人对举来高扬君子的德性，赞美君子的行为，推崇君子的人格，向往君子的境界。

其一，君子与小人之同者以及之所以异者。荀子首先承认君子与小人在先天性的资质、本性、智慧、才能以及天生所具有的好荣恶辱、好利恶害等方面都是一样的。他说："材性知能，君子小人一也；好荣恶辱，好利恶害，是君子小人之所同也。"（《荀子·荣辱》）就人的本性来说，实际上人人都是一样的，不存在有的人有、有的人没有的情况。只要是人，作为一个生命体的人，他们都天生具有同样的本性。荀子始终坚持这一人生而一样的立场。他说："凡人之性者，尧舜之与桀跖，其性一也；君子之与小人，其性一也。"（《荀子·性恶》）那么是什么原因使本性都相同的君子与小人彼此之间最终有了差异呢？在荀子看来，那是因为后天中对待自己本性的方式不同产生了君子与小人的判分。君子之所以为君子，那是因为他们能积极地实行"化性起伪""注错习俗之当"，小人之所以为小人，那是因为他们"纵性顺情""注错习俗之过"。

第一，君子及其善行在于"人为"。所谓的"化性起伪"是指变化本性，兴起人为。实际上"化性起伪"就是落实在一个"伪"字上。伪者人为也。荀子认为就人的本性来说乃是呈现"好利焉""疾恶焉""好声色焉"诸性，而如果依顺着"它们"，那必然会产生种种恶果，所以必须对此进行变化或说改造，而所有这些变化和改造的工作都是在人的后天阶段来得到实现和完成的，简言之，都是后天人为的结果。而化性的客观基础正是"注错习俗"。注错者，措置、放置也，特指行为举止；习俗者，习惯风俗也。故所谓"注错习俗"是指行为举止、习惯风俗，统称为后天生活学习环境。通过后天的种种方式来恰当地处置人的先天的资质、才能、智慧，一句话，如何正当又恰当地处置对待人的先天本性以及习俗的节制是变化本性的决定因素，从而也是成为君子的决定因素，"注错习俗，所以化性也"（《荀子·儒效》），此之谓也。

在荀子那里，"人为"之"伪"主要是专就人的善行以及君子所为而言的，"人之性恶明矣，其善者伪也"（《荀子·性恶》），此之谓也。因此，君子所为具体体现在：其一，积极变化人之本性；其二，恰当处置人的材质；其三，形成好的习俗。认清人的本性且变化本性是成就善行和成为君子的必要和先决条件。人究竟是以什么本性而存在的呢？在荀子看来，那就是喜好利益、妒忌憎恨、喜好声色。作为君子正是要变化掉这些本性。针对这一人之本性，通过"化性起伪"而成善以及成就君子。所以荀子明确指出："言必当理，事必当务，是然后君子之所长也。"（《荀子·儒效》）"故君子务修其内，而让之于外；务积德于身，而处之以遵道。"（同上）"故人知谨注错，慎习俗，大积靡，则为君子矣。"（同上）"今人之化师法，积文学，道礼义者为君子。"（《荀子·性恶》）"则君子注错之当。"（《荀子·荣辱》）也就是说，通过师法教化、修身积德、磨炼品行、遵循礼义，谨慎恰当地措置自己的材性知能，小心慎重地对待外部的风俗习惯，即可成为君子了。

第二，小人及其恶行在于"纵性"。小人所为恰恰与君子是相反的，"小人反是"（《荀子·修身》），此之谓也。其行具体体现在：其一，顺从且放纵人之本性；其二，错误处置人的材质；其三，不遵循好的习俗。如上所述，荀子认为，人之性在于喜好利益、妒忌憎恨、喜好声色，而如果依顺着这一本性，就会出现"争夺生而辞让亡焉""残贼生而忠信亡焉""淫乱生而礼义文理亡焉"（《荀子·性恶》）的情况，而小人正是这样做的。荀子说："纵情性而不足问学，则为小人矣。"（《荀子·儒效》）"人之生固小人，无师无法则唯利之见耳。"（《荀子·荣辱》）"纵性情，安恣睢，而违礼义者为小人。"（《荀子·性恶》）"而小人注错之过也。"（《荀子·荣辱》）也就是说，放纵本性而不重视学习，拒绝师法教化而一味趋利，放纵个人的性情，胡作非为，违背礼义，错误不当地措置自己的材性知能，就成为小人了。

总之，荀子论君子与小人首先是从人性的高度来论述的。在荀子看来，就人天生之性来说，君子与小人是完全一样的，而之所以产生了君子与小人，关键在于对待人性的态度和方式的不同。

其二，君子与小人行为方式的差异性。在荀子看来，由于对待人性的态度和方式的不同而造成了君子与小人的判分。荀子向人们表达的思想是，君子并不是天生成为君子的。换句话说，就本性来说，每个人本来就是小人。这一观点是与他的人性本恶、"其善者伪也"是相一致的。荀子指出："人之生固小人，无师无法则唯利之见耳。人之生固小人，又以遇乱世，得乱俗，是以小重小也，以乱得其乱也。"（《荀子·荣辱》）就是说，每个人都是生而为小人的，如果没有老师教导，没有法度约束，那么就只会看到财货和利益罢了。天生为小人但偏逢乱世，再接触昏乱的习俗，其结果必然会更加变为小人，更加昏乱不堪。所以，如何变化人的天生的小人之本性，当然地成为荀子君子思想的重心之所在。正是基于对待人的本性态度的迥异，造成了君子与小人在许多方面的对立与不同。

第一，君子循道德、隆师亲友，小人纵欲望、轻师远友。荀子认为，一个人要成为善人和君子，那就一定要正确对待自己的本性并加强后天的师法教化和道德修养。所以能否乐其道、重其德、隆其师、亲其友也就成为判分君子与小人的标准了。荀子说："君子乐得其道，小人乐得其欲；以道制欲，则乐而不乱；以欲忘道，则惑而不乐。"（《荀子·乐论》）意思是说，君子以能得到道德而感到快乐，而小人以能得到欲望而感到快乐。用道来节制欲望，就会欢乐而不悖乱；纵恣欲望而忘却大道，就会迷惑而不快乐。小人也会表面上做出依循道德的样子，但其实质乃是为了达到他们的私利而已。荀子说："彼以让饰争，依乎仁而蹈利者也，小人之杰也。彼固曷足乎大君子之门哉？"（《荀子·仲尼》）意思是说，以谦让来掩饰争夺，依靠仁爱之名来实现自己的私利，此乃是小人中的杰出代表，如此之人当然是绝对不配列入以孔门为代表的君子之门的。

君子之所以能成为君子，小人之所以一直为小人，其中一个非常重要的因素就是君子从不拒绝对自己美身能起到重要作用的老师和朋友，而小人则从来不愿意这么做。在荀子看来，老师和朋友都是能按照道义的原则去行事的人，包括对自己的评价也都能做到实事求是，绝无虚浮和不实之词。故荀子才说："非我而当者，吾师也；是我而当者，吾友也；谄谀我者，吾贼也。"（《荀子·修身》）意思是说，否定我而恰当的人，就是我的老师；肯定我而恰当的人，就是我的朋友；而那些没有任何原则地一味只知阿谀奉承我的人，就是害我的贼人。这里是以"当"与"不当"作为判断是否为师友，进而是否为君子的标准的。正是因为君子"隆师而亲友"并厌恶那些贼人，所以君子就表现出这样的优秀品行：永不满足地爱好善良的品行，受到劝告就能警惕，如此一来即使不想进步也是不可能的。所以荀子才说："故君子隆师而亲友，以致恶其贼。好善无厌，受谏而能诫，虽欲无进，得乎哉？"（《荀子·修身》）而小人完全不是这样做的，"小人反是"，此之谓也。具体说来，小人常表现出如下恶劣品行：自己制造了混乱却反过来厌恶别人对自己的批评和否定（"致乱而恶人之非己也"），此其一；自己本身无才无能，却非要求别人说自己贤能（"致不肖而欲人之贤己也"），此其二；自己从内到外宛如虎狼禽兽，却又憎恨别人指出其罪恶和揭露其贼脸（"心如虎狼，行如禽兽，而又恶人之贼己也"），此其三；亲近那些谄媚讨好、阿谀奉承自己的人，疏远那些敢于进谏、真心规劝自己改正错误的人（"谄谀者亲，谏争者疏"），此其四；把别人出自善良正直的话当成是对自己讥笑，把别人出自绝对忠诚的行为当成对自己的戕害（"修正为笑，至忠为贼"），此其五。概而言之，做事昏乱而憎恨别人批评劝阻，不学无术而要求别人夸赞他有才能，心肠恨如虎狼、行为毒如禽兽而忌恨别人指责，亲近阿谀奉承、溜须拍马之人，疏远直言谏劝、据理力争之人，将善正之言反当作讥讽，将忠诚之行反视为戕害，凡此种种乃构成了小人之行。而如此之人，想不失败和灭亡，那怎么可能呢？

值得注意的是，荀子向人们发出了"得乎哉"的追问。这是从最终结果上来提醒和告诫世人，只要你具备了君子的美德善行，虽然你不想进步成功，"得乎哉"——那怎么可能呢？只要你具备了小人的丑德恶行，虽然你不想失败灭亡，"得乎哉"——那怎么可能呢？

对于一个文明社会来说，应多一点君子，少一点小人，而要做君子不做小人，那首先应让世人知道何为君子、何为小人。对此，请看荀子继续为我们描述。

第二，君子做学问是"为己"，小人做学问是"为人"。在前文中曾经提到过，早在孔子那里就提出了两种不同的做学问的目的：一是古代的学者"为己"，一是现今的学者（指孔子那个时代）"为人"。孔子明确肯定了古代学者治学的目的，因为他们读书学习是为了完善自己的道德，充实自己的内心；孔子明确否定了当时学者治学的目的，因为他们读书学习是为了谋取个人的名誉地位和钱财，从而只是让别人高看自己而全然不与自己的道德修养挂钩。也正是在这个意义上，在以后的长期的历史发展中都将真正的"儒学"定义为"为己之学"。最早正面对"为己之学"提出赞扬以及对"为人之学"提出批评的人当推孟子与荀子二人。这也说明孟荀二人实乃儒学的继承和发展之人。更值得注意的是，荀子首先将这一问题直接跟君子与小人的问题联系在一起了。也就是说，荀子是将"为己之学"与"为人之学"作为判别君子与小人的一个标准来对待的。通过君子与小人来对比"为己之学"与"为人之学"，这就大大地强化了儒学的精神。所以说，荀子的这一强化工作对儒学精神的伸张起到了巨大作用，且产生了广泛深远的影响。荀子说："君子之学也，入乎耳，著乎心，布乎四体，形乎动静。端而言，蠕而动，一可以为法则。小人之学也，入乎耳，出乎口；口耳之间，则四寸耳，曷足以美七尺之躯哉！古之学者为己，今之学者为人。君子之学也，以美其身；小人之学也，以为禽犊。"（《荀子·劝学》）意思是说，君子求做学问，从耳朵进去，牢记在心，表现在行为中，体现在举止上，所以君子说话语意精微、举止文雅。言语、动默、行为、举止都可以让人当作榜样。小人求做学问，从耳朵进去，从口中出来，口耳之间不过四寸的距离而已，怎么能使自己的七尺之躯具有优良的品德呢？古时求学的人是为了修养自己的品德，现在求学的人是为取悦于他人。君子求学问，是为了使自己具有美好的品德；小人求学问，是为了取悦于人，将做学问当成了在市场上卖牛马动物一般，只是一心为了卖个好价钱。由此可见，"为己"的君子之学，不仅在于将道理听进去、说出来，而更重要的是，内则深入于心灵，外则落实于行动；而"为人"的小人之学只局限于耳听口说道理而已，全然不会入脑入心，当然更不会诉诸行动。之所以会产生这样的差别，在荀子看来，在于对待求做学问的目的的迥异，即是不是以美身为终的，"君子之学也，以美其身；小人之学也，以为禽犊"，此之谓也。

第三，君子能与不能皆美，小人能与不能皆丑。虽然我们常以有德有才者来定义君子，但德与才相较来说，德更成为君子的本质属性，当然也就成为君子与小人区别的根本所在。所以荀子才有如下结论："君子能亦好，不能亦好；小人能亦丑，不能亦丑。"（《荀子·不苟》）意思是说，君子有才能也是美好的，没有才能也是美好的；小人有才能也是丑恶的，没有才能也是丑恶的。具体来说，君子有才能，就宽宏、平易、正直地启发引导别人，没有才能，就恭敬、谦虚、退让地小心侍奉别人；小人有才能，就骄傲、邪僻、悖理地傲视欺凌别人，没有才能，就嫉妒、怨恨、诽谤地倾轧搞垮别人。所以说，君子有才能，别人就会把向他学习看作光荣；没有才能，别人就会乐意地告诉他知识。小人有才能，别人就会把向他学习看作为卑鄙；没有才能，别人就不愿意告诉他什么。这就是君子和小人的区别。荀子是这样说的："君子能则宽容易直以开道人，不能则恭敬繜绌以畏事人；小人能则倨傲僻违以骄溢人，不能则妒嫉怨诽以倾覆人。故曰：君子能则人荣学焉，不能则人乐告之；小人能则人贱学焉，不能则人羞告之。是君子小人之分也。"（《荀子·不苟》）

荀子在这里实际上向人们阐述了这样一个深刻的道理：在处理和要求德与才的时候，君子文化及其价值取向始终一贯地强调以德为先，以德为要。有德者在有才能与无才能两种状态下都可以发挥出正面的功效。应该说，这是一种非常有深刻意义的德才兼备思想理念，其精神实质表征着中国传统文化，尤其是儒家文化的德性主义精华。一个社会总是有人有才能，有人没有才能的，"一个人的能力有大小"，此之谓也。在这种情况下，如何提倡一种做人的精神和准则，这对于任何一个文明社会都是极其重要的，因为它直接是可以将社会里的人引向哪里的问题。这可能也是当下提倡君子文化的最大现实意义之所在。也就是说，君子文化是要解决一个社会的文明方向的大问题，而文明首先是人的文明。

第四，君子之美行，小人之丑态。荀子在比较君子与小人之行时喜用这样的话语："是故君子小人之分也。""君子小人之反也。"（《荀子·不苟》）君子与小人的分别和不同表现在许多方面，在根源上当然是对待人性的态度和方式不同，对待道德与利益的取舍和选择上不同，唯其如此，也才有了其他具体行为方面的差异。所有这些不同和差异都非常鲜明地昭示了为人处事的美丑与善恶这两种行为方式。它就像一面镜子将社会中的这两种人完全地映照出来。

一，君子的美行表现在不偏不倚以及依义而变的文雅之风。君子宽宏而不怠慢，方正而不尖刻，善辩而不争吵，洞察而不过激，正直而不好胜，坚强而不残暴，柔顺而不逐流，恭敬谨慎且待人宽容。这可以称为最文雅最合乎礼义的了。君子推崇别人的德行，赞扬别人的优点，并不是出于谄媚阿谀；依据正义直接指出和检举别人的过错，并不是出于诋毁挑剔；说自己光辉美好，好似舜、禹，与天地相参，并不是出于浮夸欺骗；随着时势或退或进，柔顺得好像香蒲和芦苇，并不是出于懦弱胆怯；刚强坚毅，没有什么地方不挺立，并不是出于骄傲横暴。这些都是根据道义随机应变，知道该屈曲就屈曲，该伸直就伸直的缘故啊！荀子是这样说的："君子宽而不慢，廉而不刿，辩而不争，察而不激，直立而不胜，坚强而不暴，柔从而不流，恭敬谨慎而容。夫是之谓至文。君子崇人之德，扬人之美，非谄谀也；正义直指，举人之过，非毁疵也；言己之光美，拟于舜禹，参与天地，非夸诞也；与时屈伸，柔从若蒲苇，非慑怯也；刚强猛毅，靡所不信，非骄暴也；以义变应，知当曲直故也。"（《荀子·不苟》）

二，君子无时无处不是君子，小人无时无处不是小人。荀子说："君子大心则敬天而道，小心则畏义而节；知则明通而类，愚则端悫而法；见由则恭而止，见闭则敬而齐；喜则和而治，忧则静而理；通则文而明，穷则约而详。小人则不然：大心则慢而暴，小心则淫而倾；知则攫盗而渐，愚则毒贼而乱；见由则兑而倨，见闭则怨而险；喜则轻而翾，忧则挫而慑；通则骄而偏，穷则弃而儑。"（《荀子·不苟》）结论是"君子两进，小人两废'"（《荀子·不苟》），意思是说，君子在相对的两种情况下都在进步，小人在相对的两种情况下都在堕落。也就是说，君子无论是身处顺境还是逆境，显示的都是美德善行；而小人无论是身处顺境还是逆境，显示的都是丑德恶行。

三，道义与势位俱荣唯君子所有，道义与势位俱辱唯小人所有。荀子说："故君子可以有势辱，而不可以有义辱；小人可以有势荣，而不可能有义荣。有势辱而无害为尧，有势荣无害为桀。义荣势荣，唯君子然后兼有之；义辱势辱，唯小人然后兼有之。是荣辱之分也。圣王以为法，士大夫以为道，官员以为守，百姓以成俗，万世不能曷也。"（《荀子·正论》）意思是说，所以君子可能有势位方面的耻辱而不可能有道义方面的耻辱，小人可能有势位方面的光荣却不可能有道义方面的光荣。君子有势位方面的耻辱不妨碍他成为尧（好人），小人有势位方面的光荣不妨碍他成为桀（坏人）。道义方面的光荣，势位上的光荣，只有君子才能同时拥有它们；道义方面的耻辱，势位方面的耻辱，只有小人才会同时占有它们。这就是光荣和耻辱方面的道理。圣王把它当作法度，士大夫把它当作原则，一般官员把它当作守则，老百姓根据它形成习俗，这个道理千秋万代不能改易。

知荣辱，尤其在道义上知荣辱对一个文明的人和文明社会的建设真的是太重要了。既有势荣更有德荣的君子，是当下最需要的；仅有势荣而无德荣的小人，这是我们当下最不需要的。这要形成一种全社会的共识，并最终形成一种普遍而长久的习俗，如此，社会才能做到风清气正、长治久安。

## 3. 《中庸》论君子与小人

在原始儒家经典中直接将君子与小人对举来论述君子德行的，除了上面我们已经论述过的《论语》和《荀子》以外，比较集中的就要算是《中庸》了。

中庸被孔子视为是最高的一种德行。他说："中庸之为德也，其至矣乎！"（《论语·雍也》）孔子在做出这一定性以后，并没有对什么叫"中庸"给予解释。人们习惯将孔子的另一句话来作为对"中庸"的解释，即孔子说过的："过犹不及。"（《论语·先进》）意思是说，"过头"与"不到"是一样的，因为它们都是有违适中原则的。自《礼记》将"中庸"作为篇名以及后来宋人将"中庸"作为书名以后，作为至德的中庸在儒家思想文化中的重要地位就更加突显了。尤其《中庸》又明确提出了"君子依乎中庸"的主张，从而将君子与中庸、君子与儒家文化紧密地联系在一起了。更值得注意的是，《中庸》一书又直接将遵循中庸与违反中庸作为判别君子与小人的标准，《中庸》说："君子中庸，小人反中庸。"这就进一步深化和丰富了儒家君子文化的内涵及其意义。

为什么"君子依乎中庸"而"小人反中庸"呢？要弄清这个问题，必须首先要对"中庸"这个概念加以诠释。

其一，释"中庸"。作为四书之一的《中庸》与《论语》一样，并没有对"中庸"这个概念给予概念性的直接诠释，我们只能根据后人注释来获得其义。概括起来，对"中"和"庸"的诠释有以下几种：第一，对"中"的解释。北宋程颐说："不偏之谓中。"南宋朱熹说："中者，不偏不倚，无过不及之名。""然中庸之中，实兼中和之义。"第二，对"庸"的解释。《尔雅·释诂上》说："庸，常也。"《礼记·正义》郑玄注曰："庸，用也。"《礼记·中庸》郑玄注曰："庸，常也。"程颐说："不易之谓庸。"朱熹说："庸，平常也。"第三，对"中庸"的解释。《礼记·正义》郑玄注曰："名曰中庸者，以其记中和之为用也。"由此可见，上述这些解释都无法给人一个较为明确的答案，所以必须对它们进行综合，并进行简单化理解。也就是说，对"中庸"的解释，关键要抓住"中"的意思，即不偏不倚、适度合理。而"庸"，即记住两个词，一个是"常"，一个是

"用"。如此，我们就可以给"中庸"下一个整体性的定义了：将恒常不变的不偏之原则运用到日用常行之中，这就叫作"中庸"。或说，在日常社会生活中始终不偏于正道的行为，这就叫作"中庸"。

其二，君子行中庸之德的具体表现。在《中庸》中君子的中庸之德是具体通过"时中""素位而行""和而不流""忠恕之道"等问题而得到体现的，而所有这些又都在与小人的对比中得到进一步的升华。

第一，君子而时中，小人无忌惮。《中庸》的第二章在强调了孔子的"君子中庸；小人反中庸"之后，又具体明确地指出"君子之中庸也，君子而时中。小人之反中庸也，小人而无忌惮也"。在这里，《中庸》就直接将"君子依中庸"与"君子而时中"联系在一起，又直接将"小人反中庸"与"小人无忌惮"联系在一起。如此，"中庸"就在"时中"概念下而获其义，而"反中庸"就在"无忌惮"的命题中获其义。通俗地说，能够做到"时中"就是做到了中庸，从而就是君子所为；做事没有忌惮之心就是反中庸，从而就是小人所为。所谓"时中"，就是随时、无时都按照中道去做，既不要过分，也不要不够，而要做到这一点当然需要节制自己的言行，谨慎行事，尤其要在别人看不到的时候、听不到的地方，严格要求自己，使自己的言行符合正道，"戒谨不睹，恐惧不闻，而无时不中"（朱熹语），此之谓也。而如果从动态上来把握"时中"，那就是要求君子行事要因时而动、因时而变，做到在客观时势的变化中也能始终坚守正道。君子通过节制自己才能合乎中庸，反之，小人因为无所顾忌、肆无忌惮、恣意妄为，才做出反中庸的种种事情。说得再通俗点，因为小人心中没有畏惧感，所以应该做到位的事，他却敢做不到位；而不应该把事做得太过分时，他却偏敢这么做。可见，"时中"呼唤的是敬畏感；"无忌惮"显露的是无敬畏感。值得注意的是，《中庸》的"君子而时中"实与孔子所谓的"君子有三畏：畏天命，畏大人，畏圣人之言"的思想相一致；而"小人而无忌惮"实与孔子所谓的"小人不知天命而不畏也，狎大人，侮圣人之言"（《论语·季氏》）的思想相一致。

要之，"时中"是要显示出节制、谨慎、敬畏的精神，此乃君子之中庸；"无忌惮"则反映出了无节制、无顾忌、无敬畏的心理，此乃小人之反中庸。

我们已知，所谓"中庸"就是"用中"，而且是时刻都要用不偏之中去做人处事，《中庸》又谓之"时中"。那么，如何做到具体的"时中"呢？《中庸》于是提出了"素位而行"的主张。也就是说，《中庸》主张君子不但要"时中"，而且要"素位而行"。《中庸》第2章说："君子之中庸也，君子而时中。"《中庸》第14章说："君子素其位而行。"

第二，君子素位而行，小人反之。对于这一思想应从以下几个方面来把握：

一，对"素"与"位"概念的理解。"素"有这样几层意思：一是表示"乡"的意思，所谓"乡"就是指所入所处之地。以"乡"释"素"，是表示自己的所生之地、所在之地，引申为所从事之职者、所遭遇之境也。二是表示平常、平淡的意思。"位"就是指处所、职分，引申为境遇、处境。所以"素其位"的意思就是指无论何时何地，处于何种境地，都保持一颗不变的平淡、平常之心性。而能有此境界的人，唯君子也。

二，"素其位而行"的具体表现。在《中庸》看来，君子之所以为君子，乃在于他不管是在什么样的人生境遇下，都能坚守住那个心中不变的"道"和"理"。人生总有富贵贫贱、显达困穷、文明野蛮、患难平安、在位退位等不同境遇，人生也总是要面对"利衰、毁誉、称讥、苦乐"这样十分复杂的八风的吹动和纷扰，面对人生之顺境与逆境如何做出选择和应对，那是人生无法回避的大问题。《中庸》说："素富贵，行乎富贵；素贫贱，行乎贫贱；素夷狄，行乎夷狄；素患难，行乎患难。"（《中庸》第14章）通俗地说，身处富贵，就应该行富贵之不骄不淫而好礼之道；反之，富贵而无道，专行骄淫无礼之事，那是小人所为。身处贫贱，就应该行贫贱之不谄不慑而安乐之道；反之，贫贱而无道，专行谄媚滥为之事，那是小人所为。身处蛮荒，身处患难，就应该行入乡随俗和临危不惧之道；反之，专行不尊重别人的风俗，临危而惊恐之事，那是小人所为。那么身处富贵与贫贱而行道的具体表现又是怎样的呢？《中庸》指出："在上位，不陵下；在下位，不援上。"（同上）意思是说，在上位的人（"素富贵"），不欺侮下位者，这就叫作"行乎富贵"；居下位的人（"素贫贱"），不巴结攀缘上位者，这就叫作"行乎贫贱"。

三，端正自己，反求诸身，居易俟命。在《中庸》看来，只要端正自己，凡有不得者都从自身上找原因，如此就不会有怨愤。即做到上不怨天，下不怨人。所以君子总能安守平安以等待命运的转机，与此相反，小人总是想投机取巧、冒险妄求"性外"的侥幸。行中庸之君子，恰如射箭，当射不中靶心时，一定会从自身处来找原因，绝对不会去抱怨外在的因素。《中庸》是这样说的："正己而不求于人，则无怨。上不怨天，下不尤人。故君子居易以俟命，小人行险以徼幸。子曰：'射有似乎君子。失诸正鹄，反求诸其身'。"（同上）

四，自得其乐。《中庸》所要得出的结论是："君子无入而不自得焉。"（同上）所谓"自得"就是自有所得。也就是说，无论身处何地，你只有得其当得之得，如此心安地做好自己当下的事，才会得到满足，即谓自得，"达则兼善天下，穷则独善其身"，此之谓也。那些退下来的人一定要明白这样一个道理，人一走，茶就应该凉，它属于正常现象！人不在喝茶的位上了，离开茶馆了，就无须给你续水了，茶自然不就凉了吗？想通了这一点，你自然不会有那么多怨天尤人的牢骚怪话了，你自然就会自得其乐了，从而你就快乐人生了！依乎中庸，安处当下：富贵与贫贱，在位与退位，何别之有？蛮荒之地，何陋之有？患难之时，何愁之有？何惧之有？自得其乐，乃君子之怀也。

五，"素其位而行"的根本所在。在《中庸》看来，君子之所以能做到"素其位而行"，其根本乃是在于他内心有不变之本然之道。《中庸》是用"不愿乎其外"来表达这一意思的。"君子素其位而行，不愿乎其外"，此之谓也。"不愿乎其外"是要求君子无论外在的所居之位、所处之境有什么变化，都不要太想着这些，而所要始终想着并行着的只是心中内在的那个德性。君子所行是心之行也。行心中之义，行心中之理，一句话，君子之行者，行道也。

由此可见，无论是"君子之中庸"，还是"君子而时中"，抑或是"君子素其位而行"，实际上都在提倡一种在变易中坚守不易的原则和道义。在变中坚守不变之道，正是"中庸"的本旨要归。这一理念实际上仍然是在强调"道也者，不可须臾离也；可离，非道也""君子遵道而行"这一《中庸》之大旨。

君子不偏不倚，和而不流，小人反之。以上说到的"君子而时中""君子素位而行"的思想是在变化中坚守那个不变的德性，从而显示中庸作为至德的诸多特旨。而对于大家最为熟悉的"不偏不倚"的中庸之旨，《中庸》则是通过"子路问强"等一些具体问题而得到反映的。我们知道，君子依乎中庸和小人反中庸最明显的表现正是在于君子能够做到不偏不倚，而小人反之，做人做事都是偏倚的。另外，君子总是做到和而不流，而小人反之，做人做事总是同流合污而不讲原则。

《中庸》第10章记载了子路向孔子请教什么叫作"强"的问题。孔子首先回答说，你问的是南方人的强还是北方人的强，抑或是你自己认为的强？南方人的强表现在人情和柔、宽柔教化、不报无道，即对于无道的人和事不采取报复行为，这是柔和型的君子之强。北方人的强表现在人性刚猛、枕戈待旦、死而不惧，这是刚猛型的强梁之强。南方的强偏柔，北方的强偏刚。在孔子看来，这都有违中庸之道。而符合中庸之道的强，应体现在以下四个方面：第一，与人和谐相处，但不同流合污；第二，坚守中道，不偏不倚，保持独立，不趋炎附势；第三，国有道，人显贵，但仍不改初心，守住那未曾发迹时的操守；第四，国无道，人潦倒，但仍不变其志，至死不渝。《中庸》是这样说的："子路问'强'。子曰：'南方之强与？北方之强与？抑而强与？宽柔以教，不报无道，南方之强也，君子居之。衽金革，死而不厌，北方之强也，而强者居之。故君子和而不流，强哉矫；中立而不倚，强哉矫；国有道，不变塞焉，强哉矫；国无道，至死不变，强哉矫'。"从孔子对南方之强和北方之强的评价中，虽然没有看到对他们的完全否定，但是从孔子随后提出的自己认为的四种之强来看，他还是对南方之强的"偏柔"和北方之强的"偏刚"持有微词。也就是说，对于中庸之道来说，南方之强显得"不及"，北方之强显得"过"了，而"不及"与"过"都是违背中庸之道的。"过犹不及"（孔子语），"中者，不偏不倚、无过不及之名"（朱熹语），此之谓也。孔子正是依据中庸原则提出了他所认为的真正的强中之强，即"和而不流""中立而不倚""国有道，不变塞焉""国无道，至死不变"。"矫"者，强大，勇武，"强哉矫"，强中之强也，真正强大也。这四种表现或说境界是孔子对君子提出的要求，当然也是《中庸》所强调的君子之道。值得注意的是，在这四种境界里都用了否定性词语，一是"不流"，二是"不倚"，三是"不塞"，四是"不变"。这再一次告诉人们，作为至德的中庸，其主旨和精神正是在于变中依乎不变的操守和德行。所有这些"强"不是柔之强，更不是刚之强，而是道义之强、德义之强。

《中庸》认为，"过"的行为还表现在那些专注"素隐行怪"之事。所谓"素隐行怪"就是索隐行怪，专门深求隐僻之理而行极端的神秘诡异之事。他们是想通过这种极端的"过"的方式，来欺世盗名，即便后世对此有所称述，但因为这种过头的行为不是以善为其原则的，也是有违中庸原则的，所以当然受到孔子的反对。而"不及"的行为还表现在做事不能尽力而为，往往半途而废。对于上述两种行为，孔子是明确否定的。所以，不做"素隐行怪"之"过"的事，君子当会依照中庸而行；不做"半途而废"之"不及"的事，君子即便在遁世不被世人所知的情况下也不会后悔，并会成就中庸之德。《中庸》说："子曰：'素隐行怪，后世有述焉，吾弗为之矣。君子遵道而行，半途而废，吾弗能已矣。君子依乎中庸，遁世而见知不悔，唯圣者能之'。"

《中庸》认为，君子如若能做到"和而不流"，即善于和谐地处理各种关系，而绝不做随波逐流的事情，那么才称得上真正的强大，"故君子和而不流，强哉矫"，此之谓也。君子是"和而不流"，而与之相对的小人当然是"流而不和"了。《中庸》的这一思想显然是直接承袭了孔子的"君子和而不同，小人同而不和"（《论语·子路》）的思想。"和"是"中"的近义语；"流""同"是"不中"的近义语。"和"的是合乎德性的善；"流""同"的是违背德性的恶。要注意"同流"是与"合污"相连的。同流合污者一定是小人所为，一定是乡愿。而孔孟都将乡愿视为德之贼。用孟子的话说就是"同乎流俗，合乎污世，居之似忠信，行之似廉洁。众皆悦之，自以为是，而不可与入尧舜之道，故曰德之贼也"（《孟子·尽心下》）。内劣而外秀，同流合污而无原则，乃是乡愿和小人的行径，从而是违背中庸之德者。

有德有才者谓之君子，这是对君子最通常的定义。所以我认为，"志于道"和"据于德"一定是君子的品行。然而，对于有德以及志于道、据于德的君子不能抽象地谈，而当要落实到具体的德目之上。君子是中华传统美德的集中体现者。中华传统美德尽管有许多，但足以表征中国传统文化的价值取向、思维方式以及核心价值观的当是仁、义、礼、智、信、孝、悌、廉、耻、忠这十德。在中国传统文化，尤其是儒家文化看来，这些德乃是构成君子之所以为君子的要素。换句话说，只有具有了诸德才可以被称作君子，否则，就不能称其为君子。诸德已然成为君子的名号。这些德都是根植于人的心性的，也就是说，诸德都是人性的体现，"君子所性，仁义礼智根于心"（《孟子·尽心上》），此之谓也。值得注意的是，孟子这里将君子与人性、道德直接联系在一起了。

# 四

## 依于仁者为君子

### 亲和的爱宅

作歌丘陵图

鲁哀公十一年（公元前484年），六十八岁的孔子结束周游回到鲁国，作丘陵之歌（明版彩绘绢本《孔子圣迹图》

先圣六十八岁在衡季
康于以币迎归鲁作丘
陵之歌曰登彼丘陵剞
羲其陂仁者在通求之
若远遂迳不復自婴屯
賽喟然曰觊题彼泰山
蔚雉其高梁甫回連枳
辣兄堦陂之無缘将伐
無柯惠滋蔓延惟以永
嘆溓蓉浮濩

"志于道""据于德"以后君子就会根基牢固，就会方向不变，就会志向不改，就会行动笃定，就会矢志不渝。有了根据，有了依据，在此基础上就会形成仁的原则和准则，君子就会依此而行走在仁道之上。

仁者有其固有的品行，从而与包括知者在内的其他人有明显的不同，应说仁者是有着坚定意志和稳定追求的人。仁者就是那些士、君子，所以《论语·里仁》说到"仁者"时，多章就是在说士和君子怎样，而且强调一个概念，那就是"志"。子曰："苟志于仁矣，无恶也。""士志于道，而耻恶衣恶食者，未足与议也。"

"志于仁""志于道"所要强调的是内心坚定的信仰，有此就不会因为外在环境和条件的改变而改变！换言之，仁者、士、君子无论在什么情况下，安于仁道、不违仁道、践履仁道都一定是他们不变的信仰。"苟志于仁矣，无恶也"是在说有了以仁为信仰以后是不会有恶行产生的。

"志于仁"与"安仁"是同一个意思。由内心产生的"行动"是如此坚定不移。这也就是孔子强调"为仁由己"、孟子强调"由仁义行"的意义之所在啊！"仁者"与"知者"的差别就在于一个是"安仁""由仁义行"，一个是"利仁""行仁义"。"知者利仁"更侧重对自己有没有好处可言。因此，"知者"的坚定性就会少于"仁者"。这就是孔子为什么在《里仁》篇通过"不仁者"的不坚定性与君子"安仁"的坚定性的对比来突出"仁者"（君子）信仰之坚定的原因，"不仁者不可以久处约，不可以长处乐。仁者安仁，知者利仁"，此之谓也。孔子说："君子去仁，恶乎成名？君子无终食之间违仁，造次必于是，颠沛必于是。"意思是说，君子如果没有了仁德思想，就不能成其为君子了。你配得上"君子"这个名号，你就要做到不论在任何情况下，哪怕是顿饭的时间、匆忙仓促和颠沛流离之时都不做出违背仁德思想的事来。不仁者不能长久处在穷困之中，反过来说，仁者则能长久处在穷困之中。甚至孔子还提出了"君子固穷"（《论语·卫灵公》）的思想观念。意思是说，君子即使身处穷途、困境、逆境之中，却依然固守节操和本分。还有，不仁者不能长久处在安乐之中，反过来说，仁者则能长久处在安乐之中。总之，仁者、士、君子身处穷困逆境而不渝其志、不失其节；身处安乐顺境而不改初衷、不思淫逸。

仁者不会为外境所动，"仁者无忧"之谓也，有强烈的生命感受、有恒心之谓也。不仁者、小人就恣意妄为了，就常戚戚了，就忧愁了，就不安心了。

仁德作为儒家所有道德的全体大德或说核心价值观，是为所有正统儒家所承认和贯彻的。"儒家者流……留意于仁义之际"（《汉书·艺文志》），"仁者，全体""仁者，体也"（《二程遗书》），此之谓也。既然仁德在所有的道德中占有如此重要的地位，对于它的坚守和践行自然就显得头等重要了。而作为诸德的体现者的君子，首当落实仁德。而要探讨"依于仁"的问题，首先当然是要解决仁德所由产生的人性问题。

## （一）人之异于禽兽者在于人有良心

如前所述，君子首先是一个人，就其本性来说他与所有人都是一样的，包括与此相对的小人。在这个问题上，论述最为详备清晰的当推亚圣孟子。孟子对于"人"之性的揭示是通过一个特殊对象来完成的，这一特殊对象正是君子。一般人最容易将人性理解为人身上具有的所有天生的属性，例如饮食男女以及人的物理生理心理所表现出来的种种欲求，"饮食者性也"，此之谓也。然而孟子明确指出，所有这些存在都不能被称作"人性"或说"性"。孟子说："口之于味也，目之于色也，耳之于声也，鼻之于臭也，四肢之于安佚也，性也，有命焉，君子不谓性也。"（《孟子·尽心下》）就是说，人对于味色声嗅以及舒服安逸的需求都是人的天性，能否得到那是由命运决定的，因此君子是不把人的这一生理自然之性叫作"性"的。实际上，孟子非常明确地告诉世人，君子是不将人的生理物理之性称为"人性"的。

那么，君子所性是什么呢？也就是说，君子是把什么样的东西称为"人性"呢？对于这个问题，孟子通过人与禽兽的比较而给出了答案。孟子说："人之所以异于禽兽者几希。"(《孟子·离娄下》)"几希"的意思就是微乎其微，一点点，很少很少，而这一点点的"几希"恰是决定人之为人的根据。孟子正是把能将人与禽兽区别开来的"几希"称为"人性"。孟子的意思非常清楚，所谓人性，当指只有人才具有的属性，而不是指人与禽兽所共有的那些属性。再简单地说，只有人独有之性才可被称为"人性"。而人所独有之性，孟子认为就是"良心"以及由此心而生出的仁、义、礼、智等道德。而这种认知则又是由君子确证的，"君子所性，仁义礼智根于心"(《孟子·尽心上》)，此之谓也。

由此可见，孟子对于人性的确证是通过君子之口来实现的。"君子不谓性也""君子所性"这两句话要特别引起注意。我们在认知以及定性孟子所谓人性及其性善论的时候，一定要注意站在君子的立场上来进行。换句话说，要进入孟子所谓"人性"的概念框架来认识人性及其性善论。具体来说，食色等生之性，君子不称谓"性"，即人之生者的那些属性，君子不称其为"人性"。君子所称的"人性"乃是人根植于良心之中的以仁德为代表的诸种德性。于此，孟子才将君子所界定的人性定性为善的。就此意义来说，孟子的人性本善论是有其根据的，是有其特殊所指的，是有其特定含义的。弄清楚了这一点，我们应该明确地承认和坚信人性本善！当然如何去对待这一人的本善之性，则又区分出了两种人，一是一般人，一是君子。一般人的做法是舍去良心，而君子的做法是保存良心，"人之所以异于禽兽者几希，庶民去之，君子存之"，此之谓也！

那么，君子如何保存住这个良心呢？这个时候，仁德又要出场了。

## （二）君子异于人者在其保存了良心

我们已知，人与禽兽的差别在于人拥有良心，而禽兽没有。孟子认为，君子正是将良心视为人之为人的根据，也就是说，君子是将良心规定为性或说人性。在明确了人与禽兽差别的基础之上，孟子又进一步讨论了君子与一般人或说一般百姓的差别问题。在孟子看来，君子之所以为君子而表现出不同于一般人的最根本之处，就在于君子能够保存住作为人性的良心，而一般人却做不到这一点。孟子在《孟子·离娄下》有以下两句最著名的论断。孟子说："人之所以异于禽兽者几希，庶民去之，君子存之。""君子所以异于人者，以其存心也。"这里就非常明确地告诉世人，君子与一般人或说一般百姓之所以不同，原因就是在于对于人性或说良心持有不同态度：君子保存良心，一般人丢弃良心。于是儒家就是借助君子这一主体将人性大大高扬，将良心大大光扬。

在孟子看来，尽管良心包括了怵惕之心、羞恶之心、辞让之心、是非之心这所谓的"四心"，但是，如果我们足够留意的话，会发现孟子在论述"四心"的时候，特别反复提到的乃是第一个心，并使用了多个不同的概念来表示它，这个心就是怵惕之心、恻隐之心、不忍之心。怵就是恐，惕就是惧，恻和隐就是悲痛、可怜。所以说，怵惕就是恐惧害怕的意思，恻隐就是悲痛可怜的意思。什么叫不忍？就是看不下去，就是可怜、怜悯、同情。有记载，战国时期的齐宣王因为看到一头牛意识到自己将被屠宰后而感到恐惧战栗的样子而看不下去〔"吾不忍其觳觫"，"觳觫"（音hùsù）〕，决定将它换为一只羊。孟子认为齐宣王这样的举动"是乃仁术也"，即这种不忍心正是仁慈的表现！所以孟子得出以下结论："君子之于禽兽也，见其生，不忍见其死；闻其声，不忍食其肉。是以君子远庖厨也。"（《孟子·梁惠王上》）意思是说，君子对于飞禽走兽，见到它们活着，便不忍它们死去；听到它们哀叫，便不忍心吃它们的肉，所以，君子远离厨房。汉代贾谊在《新书·礼篇》中也指出："故远庖厨，仁之至也。"对于动物之生死，君子尚有一颗怵惕、恻隐、不忍之心，更何况对于同类的人了。救死扶伤乃是人的良心使然，在这里有的只是不计名利、超越利害的至善的良心。怵惕之心、恻隐之心、不忍之心乃是仁德的开端，只要呈明此心，仁德当会产生。君子有此心当有此仁德，当会依仁而行事矣。

孟子这一思维逻辑在明代思想家王阳明那里得到了非常好的贯彻和发扬。王阳明尤其注重对产生仁爱之德的人性基础的强调，他实际上非常明确地指出，这种基础就是良心所具有的第一种"心"，即"恻隐""怵恻""不忍"之情感也。王阳明谓之"真诚恻怛"。他说:"盖良知只是一个天理,自然明觉发见处,只是一个真诚恻怛,便是他本体。故致此良知之真诚恻怛以事亲便是孝,致此良知之真诚恻怛以从兄便是弟,致此良知之真诚恻怛以事君便是忠。只是一个良知,一个真诚恻怛。"(王阳明《传习录》)王阳明的整个论述是紧紧围绕"真诚恻怛"四个字来进行的,而"恻怛"又恰恰是孟子的"恻隐""怵惕""不忍"之心的同义语。"它"是仁德产生的人之心性的根据。"恻怛"是每个人"天生"的,是"我固有之","非由外铄我也"的"存在"。所以对"恻怛"这一人之真诚的心性情感的正确把握遂成为理解君子思想实质的关键了。

在现实生活中,当我看到婆婆佝偻着身躯艰难地为我带孩子,为我做家务,我"心"顿生"恻怛""可怜""同情""不忍"之情,想到了婆婆这么辛苦实际上都是为了这个家,即便她有些缺点和不足,我当不计较,感动于她的所为。有如此良知发动,你一定能改善婆媳关系。同理,我们共产党的干部,对人民的困难、疾苦,我"心"顿生"恻怛""可怜""同情""不忍"之情,当你处于这种"知"了的状态,那必定会"行"的,因为你看不下去,因为你于心不忍,因为你忧伤悲痛。更重要的是要从根源处,即"吾心良知"之"恻怛不忍"处入手。也就是说,张口(空谈)不行,进脑(识理)也不行,只有入心(动心)才行。当然,能够做到这些的,其前提一定是君子,一定是保存着这一真诚恻怛的良心。

由此可见,我们在提倡中华优秀传统文化的时候,一定要落实到具体的对象和问题之上,而君子和良心正是这一具体的对象和问题。要成为君子,保存良心、呈明良知当为第一要义。所以,在整个社会尤其在党员群体中提倡君子文化的现实意义是十分巨大的。

那么君子以什么样的方式去保存此心此情呢?答案是以仁为主的德行。

## (三)君子以仁礼去保存良心

在孟子看来,是否有良心是判断君子与常人的根本标准,君子之所以为君子的前提条件正是保存着良心。那么，如何保住这个良心呢？孟子认为是要通过仁、礼二德，也就是说，是要通过实行仁爱和礼敬来实现保护良心的目的。孟子说："君子所以异于人者，以其存心也。君子以仁存心，以礼存心。仁者爱人，有礼者敬人。爱人者，人恒爱之；敬人者，人恒敬之。有人于此，其待我以横逆，则君子必自反也：我必不仁也，必无礼也，此物奚宜至哉？其自反而仁矣，自反而有礼矣，其横逆由是也，君子必自反也：我必不忠。自反而忠矣，其横逆由是也，君子曰：'此亦妄人也已矣。如此，则与禽兽奚择哉？于禽兽又何难焉？'是故君子有终身之忧，无一朝之患也。乃若所忧则有之：舜，人也；我，亦人也。舜为法于天下，可传于后世，我由未免为乡人也，是则可忧也。忧之如何？如舜而已矣。若夫君子所患则亡矣。非仁无为也，非礼无行也。如有一朝之患，则君子不患矣。"（《孟子·离娄下》）意思是说，君子之所以与常人不同，是因为君子能够将良心保存住。君子是通过行仁与行礼来存心。仁就是爱别人，具有礼的人知道恭敬别人。仁爱别人，别人反过来也会仁爱你；礼敬别人，别人反过来也会礼敬你。如果有一个蛮横不讲理人，你对他爱和敬，他都没有相应的反应，那么在这种情况下，作为一个君子必定自我反省：我一定不够仁爱，一定不够礼敬，否则怎么会在我身上发生这种事情呢？于是君子通过反省后对人更加有爱了，更加有礼了，但是那个蛮横的人依然如故。即使在这种情况下，君子必定继续反省自己，认定自己一定没有做到全心全意的忠，于是君子通过反省后对人更加真心地仁爱和礼敬了，然而这个人依然如故。此时君子就会说，此人不过是个狂妄之徒！他的这种行为与禽兽又有什么区别呢？而对于禽兽一样的人的所作所为又有什么可计较的呢？所以君子有终身的忧患，没有一时的忧患。有这样一种事是君子所终身忧患的：舜是人，我也是人。舜被天下的人效法，可传于后世，我却免不了只是一个普通人，这才是作为一个君子所要忧患的。具体来说，君子终身忧患的是达不到像舜那样的境界。至于别的就不是君子所忧患的了。不仁爱的事情不做，不合礼义的事情不做，如此，即使有一时的祸患，君子也不会忧虑。

　　值得注意的是，上述之论是孟子论述君子最集中的地方，从多个层面论述了君子的德行及其具体表现。通过这些问题的展开，实际上也是对儒家思想的基本理念及其修行方法的展现。其一，良心是儒家全部思想的基础，尤其是儒家人性论的根基。所以存心养性就成为儒家全体思想开展的前提。而这一"存心"的任务则由君子率先承担了。其二，仁、礼二德代表着儒家思想的核心价值观。实际上在儒家所有道德德目中，始终是以仁德为全体大德的，因为仁德的道理和精神在于"爱"，其他所有德目都是从不同方面来具体反映"爱"的道理和精神的。按照仁爱的原则去做就是"义"，"行而宜之之谓义"（韩愈语），此之谓也。所以我们说，仁德是儒家文化的核心中的核心。儒家一以贯之地"留意于仁义之际"（《汉书·艺文志》）。而这一"行仁"任务就由君子来承担了。其三，儒家思想非常重视人与人之间的情感感应与交换，这是基于"人同此心，心同此理"。通俗地说，你只要对别人爱，别人就会反过来去爱你，同理，你只要对别人敬，别人就会反过来去敬你，"爱人者，人恒爱之；敬人者，人恒敬之"，此之谓也。而这一"交换"任务就由君子首先来承担了。其四，儒家十分强调"自省""自反"等修行方法。具体来说，就是在好意不被别人所理解、善行不被别人所感应等情况下，尤其是面对那些蛮横无理的人（"横逆者"）首先要从自身处去寻找原因，而不是将责任首先推给别人，"行有不得者反求诸己""君子必自反也"，此之谓也。而且这种"自反"不是一次性的，而是反复多次。这一"自反"任务就由君子来承担了。当然如果这个"横逆者"面对君子三番五次地"自反"并做出善举，却始终自行其道，那么在这种情况下，君子自有他的气节，就会视之为禽兽而不与计较了。其五，儒家文化十分重视忧患意识的弘扬。在儒家那里，忧患有多层意蕴，其中一条就是对自己德行不能达到舜一样的程度而感到深深的忧患。而这一"忧患"意识一直为君子所具有，"故君子有终身之忧"，此之谓也。总之，存良心，行仁礼，必自反，怀忧患，既是儒家的思想观念，又是君子之品行。

　　在以孔孟为代表的儒家看来，依于仁者的君子，深知仁德的基础在于良心，在于真诚恻怛之心，有此心就能生此德，而行此德就能保存此心。此间的逻辑关系被孟子清晰地揭示，"君子所以异于人者，以其存心也。君子以仁存心"，此之谓也。

在对儒家仁学思想以及君子"依于仁"思想具体展开之前，我们应该了解"仁"字的内涵及其仁学思想的逻辑层次。

首先从"仁"的自然物质性的"生性"来理解。仁，即果核的最内部分或其他硬壳中可以吃的部分，如核桃仁、松仁、桃仁、杏仁、虾仁、种仁、苡仁、薏仁米等，它表示一种生命力的存在，或说它是一种生命力的基础性存在。它是种子中最重要的部分，从而说明它代表着的是生物体的根据性本质。诚如程颢所说："心如谷神，生之性，便是仁。"另外从最广泛的领域来看，事物中有恩于万物的生育者非天地莫属，所以万物都靠天地来养之、长之、助之！所以说，天地是一个最大的"仁"者。唯其如此，《周易》也才说了"天地之大德曰生"。万物都由天地所生，天地有恩于万物生育，因此，生者，仁也，"生道即仁道"，此之谓也。仁之"核心"的意思是首先应该强调的。所有果实的最实质性的存在一定是作为果核的存在，因为它是生命之源泉。也就是说，"核仁"是代表生生不息的存在者，它表示的是一种文化，是一种道理，是一种精神。

"仁"是生之源、生之体，无"它"就不可能有人的生命的成长。通俗地说，没有仁，人就不可能成为真正的人！"仁"是使人成为真正的人的生命之源、生命的力量、生命的能量！所以生命的成长就在于仁德的不断呈现！"生""生命"以及使包括人在内的万物成为其自己，乃是"仁"的生之义的最重要的地方。而仁的生义就体现出最大的爱义了，换句话说，爱是生的最本质精神的体现。也正是因为"生"的意义是广大的，从而也就决定了"仁"的意义也是广大的。"生"不局限于某个单向性的指向，"它"能生出多种属性，即在多方面得到体现，恰如仁德自身含义的多重性，表现出多种意识和行为。当然，仁的意识则还通过其他一些德目得到体现。

其次，从"仁"对人的作用和情感上来理解。仁能够"长人"，"君子体仁，足以长人"（《易·乾卦·文言传》），此之谓也。仁能够"有恩于人"，"恩也"（皇侃《论语集解义疏》），此之谓也。仁能够"亲人"，"仁，亲也"（《说文解字》），"上下相亲谓之仁"（《礼记·经解》），此之谓也。仁能够"爱人"，"仁者，情志好生爱人，故立字二人为仁"（《春秋纬·元命苞》），"仁者，谓其中心欣然爱人也"（《韩非子·解老》），"仁者，可以观其爱焉"（《礼记·丧服四制》），"樊迟问仁，子曰：爱人"（《论语·颜渊》），"仁者，爱人"（《孟子·离娄下》），"盖仁则是个温和慈爱底道理"（朱熹《晦庵集》卷74），此之谓也。

其三，从"仁"表示人之本质性来理解。仁是人之为人的本质规定，或说仁是所以灵于万物的存在。"仁也者，人也"（《孟子·尽心下》），"仁，人心也"（《孟子·告子上》），"仁者，人也"（《中庸》），此之谓也。

其四，从"仁"的比喻性功能上来理解。"仁，体也"（程颢语），"仁，人之安宅也"（孟子语），"仁，宅也"（扬雄语），"仁以为宅"（王阳明语），此之谓也。

有生性，有恻隐，有同情，有温顺，有恩惠，有亲爱，有亲善，有友爱，有互助；无争斗，无隐忌，无嫉妒，无忧愁，无险波，无辟违；其心舒，其志平，其气和，其欲节，其事易，其道行。以上都构成了"仁"的内涵及其精神。由此可见，仁之爱的多义不仅表现在它有"自爱""亲亲""爱人""仁民""爱物"诸层次，而且表现在"爱"的道理和精神的多方面指向。通俗地说，人的多种行为方式体现出"仁爱"的道理和精神。

具体来说，仁是生生的道理（《周易》），仁是为之由己的道理，仁是克己复礼的道理，仁是自爱的道理，仁是亲亲孝悌的道理，仁是恭宽信敏惠的道理，仁是爱人的道理，仁是忠恕的道理（《论语》）；仁是恻隐、怵惕、不忍的道理，仁是亲亲、仁民、爱物的道理（孟子）；仁是施生爱人的道理（《白虎通义》）；仁是博爱的道理（韩愈）；仁是民胞物与的道理（张载）；仁是浑然与物同体的道理（程颢）；仁是公的道理（程颐）；仁是慈爱温和的道理（朱熹）；仁是真诚恻怛的道理（王阳明），仁是天地万物一体的道理。

应该说，在中国传统文化尤其是儒家思想文化中，对儒家核心概念"仁"所蕴含的道理和精神的概括最全面、最具体的当推西汉大儒董仲舒。董仲舒说："何谓仁？仁者，憯怛爱人，谨翕不争，好德敦伦，无伤恶之心，无隐忌之志，无嫉妒之气，无感愁之欲，无险诐之事，无辟违之，故其心舒，其志平，其气和，其欲节，其事易，其行道，故能平易和理而无争也，如此者，谓之仁。"（《春秋繁露·必仁且智》）意思是说，所谓仁就是悲痛忧伤地爱护别人，谨慎和顺而不争斗，喜好道德，敦厚伦理，不会有伤害别人之心，不会暗地忌恨别人，不会嫉妒别人，没有抱怨忧闷的欲念，没有阴险邪僻的事情，没有邪恶乖僻的行为，其心情舒缓，其志气平和，其欲望有节制，其行事平易，其行为合乎正道，所以能够平和愉快而合理地生活，与世无争，这些德行就叫作"仁"。

"依于仁"的君子，无论是在什么层次和方面去讨论和践行仁爱思想，他一定清晰地知晓和把握了仁所蕴含的道理和精神！

仁道就是生道，生道就是爱道，仁之生、仁之爱决定了它要向深处扎根，它要向广处延展，它要向高处伸展，它要向远处拓展。"依于仁"的君子正是在此大道上阔步前行！

### （四）明君子的自爱

由上可知，仁德在儒家那里是具有丰富内涵的，而君子正是在多个层面去依仁行事。儒家仁爱思想完全是靠君子这一特殊主体来落实和推行的，"君子去仁，恶乎成名？"（《论语·里仁》），"君子亦仁而已矣"（《孟子·告子下》），此之谓也。"仁，亲也"（《说文解字》），亲者所表示的正乃是"爱"。对对象的亲近、亲热、亲切、亲和、亲密等无一不是"爱"的具体表现。"亲爱""仁爱"是也。在确立了仁德的主旨及其精神在于爱以后，当要懂得这一爱的多层次性。换句话说，儒家的仁爱思想是包含丰富的爱的内涵的，至少包括自爱、爱人、爱物。当然，爱人又分爱亲人和爱人民。由此可见，自爱是儒家仁爱思想首先要讨论的问题，而君子又承担了这一首要任务。

《荀子》记载了孔子对"仁"的三种境界评价的内容。《荀子·子道》说："子曰：'由！知者若何？仁者若何？'，子路对曰：'知者使人知己，仁者使人爱己'，子曰：'可谓士矣'。子贡入，子曰：'赐！子曰：'由！知者若何？仁者若何？'，子贡对曰：'知者知人，仁者爱人'。子曰：'可谓士君子矣'。颜渊入，子曰：'回！知者若何？仁者若何？'，颜渊对曰：'知者自知，仁者自爱'。子曰：'可谓明君子矣'。"使人爱己，仁者爱人，仁者自爱，是孔子三位学生对仁的不同理解，而孔子最后肯定了颜渊的"仁者自爱"答案，并认为如此就可称为"明君子"。孔子赞赏颜回的观点，表明仁的本质内涵应首先在于"自爱"。汉代的扬雄说："人必其自爱也，而后人爱诸；人必其自敬也，而后人敬诸。自爱，仁之至也；自敬，礼之至也。未有不自爱敬而人爱敬之者也。"（《法言·君子》）张载更提出"以爱己之心爱人则尽仁"的思想。而如何准确地理解"自爱"这一概念的内涵及其意义，则又是理解儒家仁爱思想的关键之所在。

自爱就是自觉、自律、自立、自达、自尊、自强、自省、自反。所谓"自觉"，就是自己醒悟，自己明白，自己懂得，自己清楚，自己意识，自己认识。就是自觉到人是宇宙的精华，是"几希"（良心）的拥有者。人"亦且有义，故最为天下贵也"（荀子语），"人之所以异于禽兽者几希"（孟子语），此之谓也。所谓"自律"就是做到自己约束自己，自己端正自己，一切以礼行事，"克己复礼，天下归仁焉"（孔子语），此之谓也。孟子更明确地指出："吾未闻枉己而正人者也，况辱己以正天下者乎！"（《孟子·万章上》）意思是说，我从来没有听到过，自己做得不正确，却匡正别人的人，更何况是辱没自己，来匡正天下呢？所谓自立、自达，具体是立于礼、达于德，然后建功立业、成就事业。也就是说，自立自达首先和最重要的当是道德的挺立和建立。所谓自尊，就是使自己要有尊严地生活，要使别人尊重你，你自己首先要尊重自己，按照君子的标准去做人行事，有人格，有情操。所谓自强，就是积极有为，坚持信念，不言放弃。孟子正是将人的自强与居仁由义紧密联系起来的。他说："自弃者，不可与有为也……吾身不能居仁由义，谓之自弃也。"（《孟子·离娄上》）所谓自省、自反，就是要在行有不得的情况下，首先从自身处找原因，而不是怨天尤人。孟子说："仁者如射：射者正己而后发，发而不中，不怨胜己者，反求诸己而已矣。"（《孟子·公孙丑上》）意思是说，实行仁义的人好比射箭的人，射箭的人先要端正姿势然后开弓，射箭出去没有射中目标，不埋怨胜过自己的人，而反过来审察自己的不足罢了。孔孟都喜欢用"射"做例子，以此比喻和强调自省、自反的重要性。

总之，儒家所谓的自爱，其实质是强调一系列的"内圣"过程和功夫，是一整套的"为己之学"过程和功夫。通俗地说，所谓自爱就是一系列修身、修己的功夫论。如此的自爱当然地与自私自利毫不相干了，非但不是一回事，相反还是超越甚而反对自私自利行径的。真正懂得自爱的人，一定是有修养的人，所以，一定不是自私自利的人。

大家认识和分析"明君子"的颜回，是以他回答老师孔子问什么是"仁"时所做出的"自爱"的理解。也就是说，我们需要紧紧围绕"仁"去理解"自爱"这个思想。

如前所述，"仁"是核心，表示本质性存在和生命成长性存在。这点是从"仁"字的本义而得出的。仁表示水果的"核"。"核"是种子，是保证植物水果生长的基础性、根源性、本体性存在。"核"是生命的种子，这是仁德或说仁学思想应该确立的理念。

儒家各个时期的思想家，实际上都围绕仁的"种子"与"生命"属性来对人性、自我觉醒、血缘关系、人际关系、家国关系、人物关系等问题进行了广泛和深入的探讨。

仁的道理和精神是"爱"。在孔子那里表现为"由己""克己"以及"人与人"的关系。仁首先体现在对人本身本质性的自觉、觉醒和把握。

这一观念反映在"为仁由己""克己复礼为仁"等思想观念之中。这里实际上已经涉及对人之本质性问题的讨论。也就是说，孔子、颜回已经关注在一般意义上对"人性本质属性"的揭示了。为仁是完全由着和依靠着自己的内心生命情感、克制自己生理心理等气质性的弊端而显现出那"明净"的本心、本性从而实施仁的行为。而得到孔子肯定的颜回所认为的仁学的本旨在于"自爱"思想，更强调了人对其本性和主体性的觉醒和自觉。"自爱"实际上包括了一切对人的本质存在的思考和反省问题。儒家所主张的"自省""自觉""自醒""自察""自反""自律"等实际上都是"自爱"的内涵和范围。

到了孟子这里，随着他提出"仁，人也""仁者，人心也""仁也者，人也。合而言之，道也"（《孟子·尽心下》）等思想，人的本质属性在于"仁"得到了明确。但在孟子这里，虽然他已经将"爱"推及天地万物，但是并未对"天地万物"本身之本质属性是什么做出规定和回答。他主张"尽其心者，知其性也"以后自然就知道、了解"天道"矣。他也主张"亲亲而仁民，仁民而爱物"（《孟子·尽心上》）。孟子显然继承了孔子"为仁由己"的思想，提出"由仁义行，非行仁义也"（《孟子·离娄下》）的思想。由着和依靠着产生仁义的心，即人的生命情感，而去实行一切道德，而绝对不是依靠着外在的号召和提倡去行使什么仁义道德。到了孟子这里，就非常突出强调了仁德的心性基础问题；换句话说，就非常重视对仁、义、礼、智等道德的来源问题进行探讨了。孟子突出"心"的本体性、主体性。"心"是人性的主体，是道德的主体，是认识的主体，是自我的主体，是万物的主体。在儒家仁学思想的建构中，孟子最大的贡献就在于他深入到了人心、人性的内部来讨论这些问题。"仁是人心""仁是人""仁是道"等思想的提出确立了仁学的心性论基础，也即人性论基础，从而使得儒家的仁学思想具有了哲学的意味。

由上可知，所谓"自爱"的问题实际上和本质上是讨论并解决"心性"的问题。研究儒家思想，当然要研究君子文化，这就一定要将"心性"这一根本问题研究好，它是儒家思想和君子思想的"大者"，所以我们务必要将此"大者"首先确立起来。更为重要的是，这本身也是"大人""君子"的品格和责任！"先立乎其大者，则其小者弗能夺也。此为大人而已矣"（《孟子·告子上》），此之谓也。

心是道心也好，良心也好，明德也好，天理也好，天命之性也好，天地之性也好，"它"起到的作用是什么？或者说"它"以怎样的角色存在着？要回答这个问题，可能需要引入几个概念才行，如"来源""根据""本体""主体""本质"等。

"心"是人与禽兽区别的根据。孟子说："人之所以异于禽兽者几希"（《孟子·离娄下》）。也就是说，"心"充当了人之为人的根据性存在、本质性存在；"心"是仁义礼智的根源，或者说"心"是仁义礼智的来源。"仁义礼智根于心"（《孟子·尽心上》），"恻隐之心，仁之端也。羞恶之心，义之端也。辞让之心，礼之端也。是非之心，智之端也"（《孟子·公孙丑上》），"恻隐之心，仁也。羞恶之心，义也。恭敬之心，礼也。是非之心，智也。仁义礼智，非由外铄我也，我固有之也"（《孟子·告子上》）。也就是说，"心"充当了仁、义、礼、智等道德的根源性存在；"心"是宇宙天地的本体。孟子说："万物皆备于我矣。"（《孟子·尽心上》）陆九渊说："四方上下曰宇，往古来今曰宙。宇宙便是吾心，吾心即是宇宙。""万物森然于方寸之间，满心而发，充塞宇宙，无非此理。"（《陆象山全集·语录上》）也就是说，"心"充当了宇宙天地万物的本体性存在；"心"是思维认识的主体。孟子说："心之官则思。"（《孟子·告子上》）也就是说，"心"充当了人的认识主体性存在。

而"心"之根源性、根据性、本体性、主体性的论证都是为了确证和突出人的"主体性"的。主张心是道德主体，心是认识主体，心是自我主体，心是宇宙本体，实际上都在强调人的主体性。而人的主体性也是人的主宰性。对主体性和主宰性的强调，为的是彰显人的独特性，人的神圣性，人的可贵性，人的自觉性，人的自我性。

儒家重视"心"的目的，是为了突显"人性"，为了彰显"理性"，为了呈现"道德"，为了显现"责任"。做好了这些工作以后，实际上儒家按其价值取向是要指向"人伦""人文""己人""己群""人生""社会""天下""万物"。"人伦"突出解决的是"齐家"问题，突出解决的是"亲亲"的关系问题。"己人"突出解决的是"忠恕"问题，突出解决的是人与人的关系问题。"己群"突出解决的是"治国"问题，突出解决的是"人与集体、民族、国家"关系问题。"人文"突出解决的是"社会""天下"问题，突出解决的是全体人民的文化认同问题，突出解决的是天下一家的问题。"知天""爱物""成物"突出解决的是"人与天"的关系问题，突出解决的是天下万物一体之仁的问题。内心状态问题，自我醒悟问题，人与人关系问题，人与社会关系问题，人与自然关系问题，所有这些问题都是"心性之学"所要解决的问题，而一切问题都需要从"心"开始。

儒家之所以强调君子首先要"自爱"，其目的当然是为了"他者""别人""万物"，即自爱是为了爱人，爱物者也。"修己以安人""修己以安百姓""仁者爱人""己欲立而立人，己欲达而达人""己所不欲，勿施于人"（孔子语），"亲亲而仁民，仁民而爱物"（孟子语），"成己""成人""成物"（《中庸》），此之谓也。

## （五）君子学道则爱人

儒家的仁道包括自爱与爱人、爱物。自爱是为了爱人，进而爱物，或说自爱是为了更好地爱人、爱物，所以说，实践仁道的君子，是不能停留在自爱阶段的，而是一定要将爱推及开来，从而落实到爱人和爱物的境界之上。宋代的张载说："以爱己之心爱人则尽仁。"王安石也说："爱己者，仁之端也，可推以爱人也。"再者，就"仁"之本义以及孔孟对"仁"的定义来看，也都是强调"仁"的人与人之关系问题的。《说文解字》说："仁，亲也，从人从二。"所谓的"从人从二"正是突出二人为仁的"相人偶"，即人与人的关系之本质属性的。孔子在回答他的学生的提问时也指明了这一点："樊迟问仁，子曰：爱人。"（《论语·颜渊》）孟子更加明确指出："仁者，爱人也。"（《孟子·告子下》）正是因为自爱与爱人有着这样的推及关系，所以《论语》结合着君子这一特殊对象指出了"仁者爱人"的归宿："君子学道则爱人；小人学道则易使人。"（《论语·阳货》）

儒家的仁者爱人之道，包括孔子的"一以贯之道"，都可以具体通过忠恕二道而得到反映和体现。孔子向世人所宣扬的"一以贯之道"的具体内容通过他的学生曾子之口得到了表述。曾子说："夫子之道，忠恕而已矣。"（《论语·里仁》）

### 1. 什么叫忠恕之道？

朱熹说："尽己之谓忠，推己之谓恕。"首先应明确忠与恕不是一个平等的关系问题，而是一个内外的关系问题。具体来说，忠是解决实施仁爱的主体的内心问题，而恕则是解决外在的落实问题。换句话说，忠是解决内在的德性及其状态问题，恕是解决具体落实这一德性及其状态的行为问题。简言之，忠是用来尽己的，恕是用来及人的。

忠之"尽己"，应解决自己内在情感状态问题，而对"忠"的各种本义上的诠释正是对这一情感状态的规定。《说文解字》："忠，敬也。"段玉裁补："尽心曰忠。"《疏》："中心曰忠。"《广韵》："忠，无私也。"《六书精蕴》："忠，竭诚也。"《玉篇》："忠，直也。"可见，"忠"在恭敬、中心、无私、竭诚、正直等层面规定了"尽己"的内在德性及其情感状态，使人在完成了自己的内心诸种德性以后，最后落实到为别人的行为之中。"为人谋而不忠乎"？（曾子语），"尽心于人曰忠"（司马光语），此之谓也。

恕之"推己"所要实施和完成的是要将"忠"的精神外化为人的具体行为！所谓的"推己"就是由自己而推及他人。也就是说，所谓的恕道是要解决人与人之间如何相爱的问题，或说恕道是要解决实施仁者爱人的方法和道路问题。

而"为人"，即"仁者爱人"则需要正反两方面的进入方能得到体现。因此，"恕道"从正面说就是"己欲立而立人，己欲达而达人"，从反面上说是"己所不欲，勿施于人"。具体来说，自己想要成立、站立，同时也使别人成立、站立；自己想要显达、通达，同时也使别人显达、通达；自己所不想要的，或说是自己所厌恶的，就不要将此强加到别人身上。所以从"恕道"正反两方面的内容来看，实际上要表达的意思是，如果你认为是好的东西，那么你就"给"别人；如果你认为是不好的东西，那么你就"不给"别人。简言之，推其所欲以及于人，与不推其所欲以及于人，这就叫作"恕道"。

用自身的感受去判断什么是应该为别人做的，什么是不应该为别人做的。当然什么叫好的和不好的，什么叫应该的和不应该的，如何确立它们的标准，这又恰恰是儒家始终要思考和解决的问题。人同此心、心同此理，将心比心、设身处地，应是实现"推己"的前提标准。而要实现这种"推己"的最佳效果，作为内在的本体性的存在者，即"忠道"就显得尤为关键。因为实际上，"忠道"所要关照的正是每个自己的内心情感的"尽心""中心""公心""诚心""真心"的本体问题。所有这些心即可用一个概念来概括，那就是"忠心"。而有了这份"尽己之心而为人"的"心意"，或说"忠心"以后，接下来的工作就是将这种本体的"心意"落实到人的具体的行为方式之中，而这项工作就是由"恕道"来完成的。

正面意义上的"恕道"就叫"成人之美"；反面意义上的"恕道"就叫"不成人之恶"，而此亦就是"君子之道"，"君子成人之美，不成人之恶，小人反是"（《论语·颜渊》），此之谓也。在孔子那里，并没有将忠恕之道与君子之道直接联系在一起讨论，而在《大学》《中庸》中则是直接将忠恕之道与君子之道联系在一起。也正是在这个意义上，顾炎武才得出结论："然则忠恕，君子之道也。"（《日知录》）

### 2. 忠恕之道便是君子之道

《论语》指出了"夫子之道，忠恕而已矣"，就是说，孔子的一以贯之的道就是忠恕之道。而作为"四书"之二的《大学》《中庸》则又指出了忠恕之道便是君子之道。

先看《大学》对"恕道"及"君子之道"的规定。《大学》两处论述了作为君子之道的恕道的内涵。一处是直接诠释恕道的意思,一处是通过对"絜矩之道"的解释来具体说明恕道的意思。《大学》第9章指出:"是故君子有诸己而后求诸人,无诸己而后非诸人。所藏乎身不恕,而能喻诸人者,未之有也。"意思是说,君子首先要自己具有了美德,然后才能要求别人与你一样也修养美德;自己没有恶行,然后才能批评非议别人的恶行。而如果自己身上隐藏着不符合恕道的言行,却能晓喻别人实行恕道,那是从来未曾有过的事。如果我们足够注意的话,《大学》此论,实际上正是从正反两方面来强化《论语》的"恕道"内涵的。从正面来说,"己欲立而立人,己欲达而达人"就是"有诸己而后求诸人";从反面来说,"己所不欲,勿施于人"就是"无诸己而后非诸人"。由此可见,恕道是强调这样一种理念:君子先应该要求自己,然后才能要求别人。具体来说,要求别人做到的,首先要求自己做到;禁止别人做的,首先要求自己不做。如果你本身藏有不合恕道的行为,却去教训别人实行恕道,那怎么可以呢?也就是说,自己做不到的,就不要强迫别人去做。《大学》第10章指出:"所恶于上,毋以使下;所恶于下,毋以事上……此之谓絜矩之道。"所谓絜,就是度量;而矩,就是画方形的工具,引申为法度。《大学》在这里以絜矩来象征道德上的规范、法则,这是一种通过推己度人来实现人际关系的相爱及协调的方法。所以说,"推己度人"的絜矩之道就与同样坚持"推己度人"的恕道实现了重合。在《大学》看来,自己厌恶在上者对待自己的某种做法,那你就不要用同样的做法去对待在下者;自己厌恶在下者对待自己的某种做法,那你就不要用同样的做法去对待在上者。例如,我们厌恶上司不尊重我们,那么我们就不要不尊重我们的下属;我们厌恶下属不忠诚于我们,那么我们就不要不忠诚于我们的上司。但在现实中,我们可能常常会遇到违背这一絜矩之道、恕道的事情。例如,你非常厌恶你的上司对你颐指气使,然而,当你面对你的下属的时候，你可能会变本加厉地对他们采取颐指气使的行径。而如此的话，就不是君子所为了，"是以君子有絜矩之道也"，此之谓也。

再看《中庸》对"恕道"及"君子之道"的规定。《中庸》第13章说："忠恕违道不远，施诸己而不愿，亦勿施于人。君子之道四，丘未能一焉：所求乎子以事父，未能也；所求乎臣以事君，未能也；所求乎弟以事兄，未能也；所求乎朋友先施之，未能也。"《中庸》此论，有三点值得注意，第一点是对恕道的直接诠释；第二点是通过孔子对自己所谓没能做到恕道的解剖，来加以对推己及人的恕道精神的阐述；第三点是从"人伦"关系上来丰富恕道的内涵。其一，《论语》的《颜渊篇》和《卫灵公篇》都记载了孔子所说的"己所不欲，勿施于人"，又在《公冶长篇》记载了子贡的一段话："我不欲人之加诸我也，吾亦欲无加诸人。"这是《论语》所论的恕道内容。《论语》所论与《中庸》的"施诸己而不愿，亦勿施于人"都是在强调这样一种理念：不愿意别人施加给自己身上的事情，那么也就不要把它施加到别人身上去。也就是说，自己不想别人那样对待我，那么你就不要那样对待别人。例如，我国在对外关系上就经常强调这一理念：告诉世界人民，我们中国人最不愿意别人欺侮和侵略我们，所以我们就不会欺侮和侵略别人。其二，按孔子自谦的说法，说他并未能做到：像要求子女孝顺自己那样去孝顺父母、像要求臣下忠于自己那样去忠于君主、像要求弟弟敬奉自己那样去敬奉兄长、像要求朋友对待自己的方式去对待朋友。通俗地说，孔子认为他没有做到恕道的要求，即自己想别人怎么对待自己，你就应该看样去对待别人。其三，《中庸》这里所论的"君子之道四"实际上涉及了儒家非常重视的父子、君臣、兄弟、朋友"四伦"以及所要遵循的孝、忠、悌、信四种道德规范。

由上可知，《大学》《中庸》将忠恕之道与君子之道以及百姓的日用伦常之道紧紧地联系在一起，如此就大大丰富了忠恕之道的内容及其意义。诚如顾炎武所说："《中庸》记夫子言，君子之道四，无非忠恕之事……然则忠恕，君子之道也。"（《日知录》）从而也有力地证明了"儒学事实上便是‘君子之学’”这一结论。

### 3. 君子之道即是儒学之道

确证君子之道即是儒学之道，只需要明确什么是君子之道，什么是儒学之道即可。尽管有许多对君子之道内容的概括，但是，如果能结合儒学所要解决的主要问题以及它的核心价值观等问题的讨论，我们就会更加清晰地了解到什么样的君子之道与儒学思想有着内在的关联性了。

儒学是重人伦道德的。"教以人伦：父子有亲，君臣有义，夫妇有别，长幼有序，朋友有信"、"仁义礼智根植于心"（孟子语）、"志于道，据于德"（孔子语）、"留意于仁义之际"（《汉书》）等一直是儒家强调的。而《中庸》第13章就明确列出了"君子之道四"的内容，具体说来就是父子、君臣、兄弟、朋友之"四伦"以及所要遵循的孝、忠、悌、信之"四德"。由此，君子之道就与儒学所重的人伦道德联系起来了。

儒学是重忠恕之道的。曾子说孔子的"一以贯之"的大道正是忠恕之道。《中庸》的特殊之处在于它将儒家的人伦思想与君子之道以及忠恕之道紧密地联系到了一起。孔子自谦他自己并没有做到"忠恕之道"所要求的那样，即你要求别人做到的事情，自己首先要做到，否则就是违背了恕道原则。孔子说他并没有做到要求孩子对待自己那样去"孝"自己的父母，没有做到要求臣下对待自己那样去"忠"自己的君上，没有做到要求弟弟对待自己那样去"悌"自己的兄长，没有做到要求朋友对待自己那样去"信"自己的朋友。由此可见，君子之道就与儒学所重的忠恕之道联系起来了。在这里应特别注意的是，《中庸》是将遵循"忠恕"直接与"道"相连，认为"忠恕"违道不远，即相距于道不远。《中庸》说："忠恕违道不远，施诸己而不愿，亦勿施于人。"也就是说，儒家所坚守的"道"以及"忠恕之道"都竭力主张这样一种道德品质：凡是不愿意别人施加给自己身上的事情，也不要把它施加到别人身上去。由上可知，作为君子之道的"忠恕"精神既在父子、君臣、兄弟、朋友的"人伦"及其孝、忠、悌、信的"道德"中反映出来，同时也在更广泛的范围内显示出来。正因为如此，"己所不欲，勿施于人"（孔子语），"施诸己而不愿，亦勿施于人"（《中庸》）的忠恕之道才能够被全世界视为"黄金规则"而加以宣传和推广。为什么会如此，因为它符合了这两条原则：第一，它是人类价值认知的最大公约数，即能够被全世界不同制度、不同种族的人所广泛接受和认同；第二，它是符合人性的对待。现在世界上的霸凌主义者就是干着违背忠恕之道的行径，他们总是会将不愿意别人施加给自己身上的事情非要施加到别人身上去。所以我们可以说，这种霸凌的行为是违背忠恕之道的，是违背做人道德的，是违背君子之道的，从而是违背人性的。

儒学是重尽心知性、由近及远、推己及人的思维方法的。儒学的"诚意、正心、修身、齐家、治国、平天下""修己以安人""修己以安百姓"以及"老吾老以及人之老，幼吾幼以及人之幼"是尽心知性、由近及远、推己及人的最为典型的表述。而《中庸》所反复强调的"君子之道，费而隐""君子之道，造端乎夫妇，及其至也，察乎天地"（《中庸》第12章），"君子之道，辟如行远，必自迩；辟如登高，必自卑"（《中庸》第15章）又无不是在贯彻落实儒家始终坚守的思维方法。"费"就是广泛广大，"隐"就是隐蔽精微。"费而隐"就是说，君子之道是广大而又精微的。"造端乎夫妇"就是从最近的夫妇道理开始，"察乎天地"就是达到洞察天地之理。"造端乎夫妇，及其至也，察乎天地"就是说，君子之道是包括了从匹夫匹妇都可以知行的浅显道理到至广至远的天地之理。总之，君子之道由近及远、由浅入深，譬如走远路一定得从近处出发；譬如攀登高山，一定得从低处起步。上述《中庸》所规定的君子之道的内容及其精神强调的是作为一个君子应具有既广且深、由近及远、从低到高的素养以及思维方式，而所有这些又集中体现在《中庸》第27章的那三句话之中："故君子尊德性而道问学，致广大而尽精微，极高明而道中庸。"就是说，君子既尊崇人的内在的德性，又致力于外在的好问勤学；既致力于广大的宏观境界，又极尽精致细微的微观境界；既追求极其高明深远的天道，又讲求非常平凡普通的人道。

要之，君子之道正是致力于内外贯通、费隐联通、上下互通的儒学之道！人伦道德，尽己推己，以人治人（按照人所共有的道理来治理人），上学下达（天道人道），既是忠恕之道，也是君子之道，又是儒学之道。故而"君子之道即是儒学之道"立矣。

## （六）依于仁之君子的"仁民"

仁的道理和精神就是"爱"。儒家的仁民思想，既有"仁者爱人"的一般性意义，又有仁爱人民百姓的特殊性意义。而以爱为其本质属性及其名声的君子（"君子去仁，恶乎成名？"）当然地要将仁爱进行到底。这就是君子之道所要求的仁爱百姓的仁政思想。

这一层次的仁民思想，主要是对统治者、领导者提出的要求。实际上这也是一个关于建设一个什么样的政治的问题，进而也是关于什么样的政治才是符合社会文明发展方向和符合人性的对待的问题。

### 1. 孔子在政治上对君子的要求

《论语·宪问》篇记载，孔子在面对他的学生子路专门询问"怎样做才能算作君子"（"子路问君子"）时做出了三句话的回答："修己以敬""修己以安人""修己以安百姓"。从上面这三句话来看，它们是一个递进的关系。首先要做到自我修养而使自己庄重恭敬；其次要做到自我修养而使他人安乐祥和；再次要做到自我修养而使百姓安身立命。在孔子看来，"修己以安百姓"乃是君子追求的更高境界。而此一直成为中国传统政治追求的目标，"为生民立命"（北宋张载语），此之谓也。当然，就连孔子也认为要实现这一目标并不是一件容易的事，即便是尧舜都会感到犯难！"修己以安百姓，尧、舜其犹病诸！"，此之谓也。但作为士君子，真正的君子又必须将此作为追求和实现的目标。因为这是一个社会文明的方向，这是一个符合人性的对待，从而这是一个良政的表征——德政、仁政者也！

孔子在回答"怎样才可以从事政治？"（"何如斯可以从政矣？"）这一问题时，又以"君子"为主体，提出了著名的"尊五美，屏四恶"的政治主张。我姑且将此称为"尊五美，屏四恶"的君子政治。"尊五美"是："君子惠而不费，劳而不怨，欲而不贪，泰而不骄，威而不猛。"（《论语·尧曰》）也就是说，君子根据百姓的利益而施惠于他们，自己却不浪费；择时劳烦百姓而百姓没有怨恨；获取正当意欲而不贪求；平等待人，心境安详而不骄傲；外表庄重，使人敬畏，却不拒人千里。"屏四恶"是："不教而杀谓之虐；不戒视成谓之暴；慢令致期谓之贼；犹之与人也，出纳之吝谓之有司。"（《论语·尧曰》）也就是说，不先行教育就加以杀戮；不先告诫而要求立即成功；政令下达后，一开始懈怠，眼看完不成任务，却要求限期完工；如同一笔财物本来应当给老百姓的，却刻薄长期不兑现。这四种"虐行""暴行""贼行""有司行"并称为政治上的"四恶"。君子尊崇了这五种美德，并摒除了这四种"恶政"或称"劣政"，这样就可以从事政治了。换句话说，达此目标，那就是良政了。

### 2. 孟子在政治上对君子的要求

孟子对于爱的思想的论述正是通过"君子"这一主体而得到反映的。他明确指出："君子之于物也，爱之而弗仁，于民也，仁之而弗亲。亲亲而仁民，仁民而爱物。"（《孟子·尽心上》）意思是说，君子对于万物，爱惜它们却不仁爱；对于百姓，仁爱他们却不是血亲之爱。君子由亲爱亲人推广到仁爱百姓，由仁爱百姓推广到怜爱万物。实际上，如果我们足够注意的话，会发现孟子有关仁政思想是从君子的爱物而推广到君子的爱百姓的。孟子说："君子之于禽兽也。见其生，不忍见其死；闻其声，不忍食其肉。是以君子远庖厨……古之人所以大过人者无他焉，善推其所为而已矣。今恩足以及禽兽，而功不至于百姓者，独何与？"（《孟子·梁惠王上》）意思是说，君子对于禽兽，看见它们活着，就不忍心看到它们死去；听见它们的哀叫声，就不忍心吃它们的肉。所以君子远离厨房。古代的贤君远远超过一般人，没有别的原因，只不过善于推己及人罢了。现在您的恩惠足以施加到禽兽身上，而百姓却没有得到好处，这是为什么呢？实际上孟子在这里是想通过齐宣王于心不忍宰杀牛这件事情来规劝他应该将这一不忍宰杀禽兽的恩惠之心推及百姓，即让百姓得到恩惠利益。具体来说，就是规制百姓的产业，必然使他们上足以侍奉父母，下足以养活妻儿，丰年吃得饱，荒年不至于死亡，然后引导他们向善。"是故明君制民之产，必使仰足以事父母，俯足以畜妻子，乐岁终身饱，凶年免于死亡。然后驱而之善"（同上），此之谓也。

由此可见，无论是孔子的德政，还是孟子的仁政都是要指向良政的，而在这一过程中，"君子"有其应当肩负的神圣责任。诚如孟子说："君子事君也，务引其君以当道，志于仁而已。"（《孟子·告子下》）即君子侍奉统治者，就是要努力引导他们走上正道，有志于仁罢了。

结论是：君子政治乃良政也！

# 由于义者为君子

## 合理的正路

孔子反乎衛靈公問陳孔子曰軍旅之事
未之學也明日與孔子語見蜚鴈仰觀之
色不在孔子遂行後如陳時暴定公三年也

子年六十矣

贊曰

嗟嗟衛靈　識凡志汪

耳聆聖語　目視蜚禽

敬弛於中　怠形於色

色斯舉矣　義不苟得

灵公问阵图

卫灵公询问孔子排列军阵，孔子讲求礼义，托称没有学过，又因此受到怠慢而离开卫国（明版彩绘绢本《孔子圣迹图》）

所谓的"由于义"就是遵循义而行事。在儒家看来，"居仁由义"是包括君子在内的士、大人等必备的德行。孔子有"君子去仁，恶乎成名？"之论，按照"居仁由义"的逻辑，我们也可以有"君子去义，恶乎成名？"之论。

## （一）仁义是君子之共名及其德行

在儒家思想中，义德总是与仁德紧密相连。儒家之所以为儒家也正是在于他们是以仁义为其核心价值观的。"儒家者流……留意于仁义之际。"（《汉书·艺文志》）特别在亚圣孟子那里，常是仁义相连来论述自己的思想，也将仁义之德的具备以及践行视作是君子及与君子相近的士、大人等人的标准和品质。孟子在回答"士何事？"即士做什么事的问题时说："尚志。"即士要使自己志行高尚。而所谓"尚志"就是"仁义而已矣。杀一无罪，非仁也；非其有而取之，非义也。居恶在？仁是也；路恶在？义是也。居仁由义，大人之事备矣"（《孟子·尽心上》）。就是说，士要想使自己志行高尚就应该按照仁义去行事。具体来说，杀一个无罪的人，这是不仁；占有不属于自己的东西，这叫不义。人应该居住在仁的屋子里，人应该行走在义的道路上。做到了以仁为家，以义为路，那么士、大人的工作就齐备了。孟子在另外的地方正是将"由仁义行"的主体视为君子。孟子说："人之所以异于禽兽者几希，庶民去之，君子存之。舜明于庶物，察于人伦，由仁义行，非行仁义也。"（《孟子·离娄下》）意思是说，人与禽兽的差异是很少的一点点，一般百姓丢掉了它，君子保存了它。舜懂得事物的道理，了解人类的性情，于是从由心而生的仁义之路而行，不是把仁义作为工具、手段来使用。儒家另外的经典也多处明确指出了君子是实行仁义的主体。《礼记·表记》说："其君子尊仁畏义。"荀子说："君子处仁以义，然后仁也；行义以礼，然后义也。"（《荀子·大略》）意思是说君子用义来处理仁，然后才是仁；根据礼来实行义，然后才是义。

可见，"居仁由义""由仁义行"遂成为君子等高贵之人所安处的场所和行走的道路，因而也成为君子之所以为君子的内在品质。能够内心存仁者，能够居住在仁里者，能够依照仁者，可称为"君子"。我谓之"居于仁者为君子""依于仁者为君子"。与此相连，能够行事循义者，能够行走正路者，能够凭借道义者，当亦可称为"君子"。我谓之"由于义者为君子"。

既然"居仁由义""由仁义行"成为儒家及其君子实行的原则，那么必然地会受到儒家思想家的高度重视。孟子怀着强烈的忧患意识，让人们时刻重视着人之为人的精神家园和必由之路的维护和建设。孟子说："吾身不能居仁由义，谓之自弃也。仁，人之安宅也；义，人之正路也。旷安宅而弗居，舍正路而不由，哀哉！"（《孟子·离娄上》）还说："仁，人心也；义，人路也，舍其路而弗由，放其心而不知求，哀哉。"（《孟子·告子上》）孟子这里是要提醒人们：自身不能遵循仁义行事的，叫作自己放弃自己。然后形象地告诉人们：仁，是人最安适的住宅，是人之为人的本心；义，是人最正确的道路，是人之为人的大路。最后警告人们：人类最可悲的事情是，把最安适的住宅空着不去住，把最正确的道路舍弃不去走！

荀子与孟子一样是将"仁"看作是人安适居住的房子，而将"义"看作是人出入的门户。荀子说："仁有里，义有门。仁非其里而虚之，非礼也。义非其门而由之，非义也。"（《荀子·大略》）荀子要明示人们：仁有安居的地方，义有出入的门户。荀子是要警示人们：仁如果不是它安居的地方而待在那里，就不是仁；义如果不是它出入的门户而从那里出入，就不是义。

"居恶在？""路恶在？"即住处在哪里？道路在哪里？这是向社会与人类发出的最令人深思的问题！中国传统文化最大的智慧也正是在回答这一问题中得到了展现。

要之，君子是人性的体认者。"君子所性，仁义礼智根于心"（《孟子·尽心上》），此之谓也；君子是良心的保存者，"君子之所以异于人者，以其存心也"（《孟子·离娄下》），此之谓也；君子是仁义的实行者，"君子存之……由仁义行"（《孟子·离娄下》），此之谓也。"由义"就是要求人走正道，要求人走人路，"义，人之正路也""义，人路也"，此之谓也。而君子则是这条道路的引领者和表率者。正道、人路即是所谓"道"也，"德"也。所以，"由于义"的君子必然地就肩负起遵道行德的神圣使命，"君子遵道而行"（《中庸》），"是故君子先慎乎德"（《大学》），此之谓也。

"由义"是君子所行所宜。所谓"由义"就是顺随、遵从"义"而行事的意思。于是"行"就成为"义"的一个非常重要的内涵。《论语》说："君子之仕也，行其义也。"（《论语·微子》）孟子说："人之所以异于禽兽者几希，庶民去之，君子存之……由仁义行。"（《孟子·离娄下》）荀子说："君子养心莫善于诚，致诚则无它事矣，唯仁之为守，唯义之为行……诚心行义则理。"（《荀子·不苟》）又说："义，理也，故行。"（《荀子·大略》）行走就要有路，所以，孟子将"义"解释和形容为"路"。"义，人路也。"（《孟子·告子上》）"义，人之正路也。"（《孟子·离娄上》）由上可知，义是人行之路，更为重要的是，行义乃是君子的行为处事。那么如何"行"呢？这正是"义"以及君子"由义"所要解决的另一个问题。"义"的本质意蕴一定是《中庸》给出的那个定义。《中庸》说："义者，宜也。"（《中庸》第20章）《释名·释言语》说，"义，宜也"，并认为"义"与"宜"古义相通，即"裁制事物使合宜也"。可见，这是对《中庸》"义者，宜也"的详解。所谓"宜"突出的是"合宜之应当性"与"合宜之适当性"之两层意思，我谓之"两当性"。所以，义又获得了"宜"的内涵。

由上所知，义之含义就在"行"与"宜"上得到了反映。而将此二义结合起来给以定义和把握的最有代表性的人物有两个，一个是唐代的韩愈，一个是宋代的朱熹。韩愈说："行而宜之之谓义。"（《原道》）朱熹说："义者，行事之宜。"（《四书集注》）

## （二）行而当者的君子之义

在儒家思想体系中，"亲亲为大"和"尊贤为大"被首先认为是仁和义的合宜的行为，同时也被认为是君子首先应当修身的内容。《中庸》说："仁者，人也，亲亲为大；义者，宜也，尊贤为大……故君子不可以不修身；思修身，不可以不事亲；思事亲，不可以不知人；思知人，不可以不知天。"（《中庸》第20章）这是告诉人们，仁就是做人的道理，而亲爱自己的血亲家人乃是做人的头等大事；义就是做事要合宜得当，而尊敬贤能的人乃是做事的头等大事。所以，作为有德有才的君子不可以不修养自身的品德；想要修养自身的品德，就不可以不尽心地善事父母双亲；想要尽心地善事父母双亲，就不能不了解人理人情；想要了解人理人情，就不能不知晓天道。要之，亲亲尊尊既是儒家的头等大事，又是君子所行的头等大事。行而当者的君子之义其次欲处理和解决的是"义利"问题。儒家从来不认为君子不要利，而是强调如何正确处理义与利的关系问题。孔子说："富与贵，是人之所欲也，不以其道得之，不处也；贫与贱，是人之所恶也，不以其道得之，不去也。君子去仁，恶乎成名？君子无终食之间违仁，造次必于是，颠沛必于是。"（《论语·里仁》）虽然孔子在这里是以仁德来要求君子的，但按儒家思想的逻辑，能行仁且合宜者就是义，"博爱之谓仁，行而宜之之谓义"（韩愈语），此之谓也。所以，孔子这里所论也可看作是他对君子处理义利关系的最好论述。简单地说，君子是人，所以"欲富贵而恶贫贱"乃是君子与所有人的天生之人性的表现，所以也是自然和合理的需求。但问题的关键在于，在自然合理的要求之下，还有个合乎道义的问题，而此正是君子始终需要思量和最终选择的底线。"思义"而行事已然成为君子的本质规定性和不变的思维方式。这就是孔子反复强调这一点的原因所在。孔子说："君子之于天下也，无适也，无莫也，义之与比。"（《论语·里仁》）也就是说，君子对于天下之事，没有必定要这样做，也没有必定不这样做，所做唯求合乎义。又说："不义而富且贵，于我如浮云。"（《论语·述而》）还说："君子有九思……见得思义"（《论语·季氏》），即君子当见有得的时候应该考虑是否合乎道义。

"义之与比""见得思义"这是君子在面对"利"的时候必须遵循的原则。君子之所以为君子，始终要以"义"为其本质，为其根本，为其所尚，"君子义以为质"（《论语·卫灵公》），"君子义以为上"（《论语·阳货》），此之谓也。君子在利、得、名面前，思考的、懂得的、明白的、看重的、奉行的一定是义，反之，小人思考的、懂得的、明白的、看重的、奉行的一定是利。孔子正是在这个意义上才说出了那句名言："君子喻于义，小人喻于利。"（《论语·里仁》）于是，尊道义而轻功利形成了儒家思想的价值取向，同时也成为行而当者的君子之义的本质特征！

尊道义而轻功利既是儒家思想的价值取向，又是君子之所以为君子的行为准则。孔子的"义以为质""义以为上""君子喻于义"都是在这一价值观上确立的。换句话说，以义为做人的本质，以义为行事的高行，君子所明所重的乃是义，所有这些都不是表示君子不追求甚而蔑视利，而是强调用义来制约利，用义来胜过利。此时之义实际上就是道义，就是公义，由此，义利问题就转化为公私问题了。也就是说，为君子所尊崇的品行是以公为质、以公为上。儒家所有关于遵循道义、公义之论，实际上都是在申论着克服和超越财货、私利、私欲的价值观。

孟子说："焉有君子而可以货取乎？"（《孟子·公孙丑下》）哪里有君子可以用钱收买的呢？荀子则在更广泛的意义上讨论了这些问题。首先在他看来，君子不会因为贫穷而懈怠道义，"士君子不为贫穷怠乎道"（《荀子·修身》），此之谓也。其次，君子之能在于他能以公义战胜私欲。他说："君子之求利也略，其远害也早，其避辱也惧，其行道理也勇……此言君子之能以公义胜私欲也。"（同上）意思是说，君子很少追求自己的私利，他很早能预见祸害并远离之，他畏惧耻辱并避免之，他勇敢地奉行道理道义，也就是说，君子能用公正的道义战胜个人的私欲。再次，君子绝不会以利害义。他说："故君子苟能无以利害义，则耻辱亦无由至矣。"（《荀子·法行》）所以君子如果能够做到不以私利损害公义的话，那么耻辱就不会到来了。

于是荀子常用古人的言行来给出判断君子与小人的标准。"义以为质""义以为上"的君子看重的是自己内心的修养，于是把外在的财货名利相对看得很淡，只是想到如何去役使外物，而不会被外物所役使。荀子说："传曰：'君子役物，小人役于物'，此之谓矣。"（《荀子·修身》）他多次引用《诗经》中的一段话来赞扬君子的高洁的品行。"《诗》曰：'淑人君子，其仪不忒'，此之谓也。"美好的君子啊，他的道义不会变。所以君子注重长远道义，而小人只顾急功近利，"君子道其常而小人计其功"（《荀子·天论》），"君子乐得其道，小人乐得其欲"（《荀子·乐论》），此之谓也。在荀子看来，君子之学以美好自己的品行为其终的，而小人之学则以获得功利为其终的。

义的本旨要归正是在于它的"合宜"性，"义者，宜也"，此之谓也。用一定的原则和标准来裁决、截断、制约社会之事行得是否公平、公正、合理，即是事物各得其宜，"义者，天下之制也"（《礼记》），此之谓也。

那么什么样的状态才算得上是"合宜"的呢？答案是：正、中、平、公。正因为如此，中国古人则从上述内涵来规定义呢！《墨子·天志下》说："义者，正也。"《荀子·赋篇》说："行义以正，事业以成。"《乐记》说："义以正之。"《白虎通义》说："义者宜也，断决得中也。"《管子·水地》："至平而止，义也。"《淮南子·缪称训》说："义者比于人心，而合于众适者也。"由此可见，义是让人们在裁制事物的时候，要遵循行于正、得于中、止于平、合于众的原则。所以，中正、公平、公正是义呈现的道理和呼唤的精神。

君子正是遵循和践行这一道理和精神的主体。荀子说："言必当理，事必当务，是然后君子之所长也。"（《荀子·儒效》）可见，"义"是通过"公正"观念得到体现的，"义必公正"（《韩非子·说林》），此之谓也。所谓的"公正"，是指给每个人他（她）所应得的。它所突出的是在分配和行事过程的正当性、合理性。朱熹说："只是好恶当理，便是公正。"

（《朱子语类》卷二十六）任何一个社会都有自己的公正标准。所以，公正并不必然意味"同样"的、"平等"的，而是说，公正最讲究的是"当理"。如果不当理了，甚至是没有任何理了，那么这就叫作违背公正原则和精神了。例如不同的职业人员有不同的工资待遇和收入，这是正常的现象，但一旦这种差别突破了"当理"的界线，这就丧失了公正的理念了。再例如，如果你是个公务员，是个官员，你的当理就应该司你的本职，而不可以经商做买卖，不可以与民众去争利。所以，《礼记·坊记》上说："孔子说：'君子不尽利，以遗民……故君子仕则不稼'。"意思是说，君子不把利益全占尽，而要遗留一些给民众，所以君子做官就不种庄稼。总之，各得其宜、各当其位、各司其职，分而当理，便是公正，便是义。

从正面说，当其所为之义为君子所由；从反面说，不当其所为之义也为君子所由。

## （三）不当其所为的君子之义

实际上，"义者，宜也"有正反两方面的意思。"当其所为"是正面义；"不当其所为"是反面义。通俗地说，"义"是指正面的"应当做什么"和反面的"不应当做什么"。所以说，当其所为之"义"是君子所由，不当其所为之"义"也是君子所由。

君子做美好的事、合乎理的事，而不做污秽的事、不合乎理的事。诚如荀子所说："君子为修而不为污。"（《荀子·不苟》）讲求中庸之道的君子，一个非常重要的品行就是他们能够安心处于他们"该"在的位置并做他们自己应该做的事，所以他们不羡慕本分以外的东西。换句话说，君子只是做应该做的事，而不去做不应该做的事，"君子思不出其位"（《论语·宪问》），"君子素其位而行，不愿乎其外"（《中庸》），此之谓也。儒家所提倡的"修身"正是包含了"义"的这正反两方面的内容。《中庸》强调"故君子不可以不修身"，实际上是要求君子修身要以"道"为其原则，"修身以道"，此之谓也。行道与不违道是修身的两条路径。行道是义，不违道也是义；行道是当其所为，不违道是不当其所为。

《大学》《中庸》《论语》《孟子》以及《荀子》这些儒家经典非常详细地指出了"不当其所为"的君子之义的内容。

### 1. 君子不应当做不仁的事

以仁存心、以仁修身是儒家一以贯之的原则。同理，君子之所以为君子乃是建立在有仁爱之心、有仁爱之行的基础上，如果离开了这一核心价值观，就不可能成其为君子。我已多次指出，这也就是孔子那么强调君子不应该去掉仁的原因所在。孔子说："君子去仁，恶乎成名？"（《论语·里仁》）君子之名与仁爱紧密不可分离。成全人之美、帮助人之需、给予人之求就是仁爱。照此去做就是义，"博爱之谓仁，行而宜之之谓义"（韩愈语），此之谓也。如果违背此道，那就是成全人之恶，如此就不是君子应该做的事了。所以，孔子才指出："君子成人之美，不成人之恶。"（《论语·颜渊》）

作为一个君子，就不应该将连自己都做不到的和连自己都厌恶的事情推及和强加给别人，这就是儒家特别强调的忠恕之道。将美好的事情推给别人，这是应该做的；将不美好的事情强加给别人，这是不应该做的。只有正面做到了应该以及反面做到了不应该，才算实行了仁爱之道！《大学》和《中庸》都重点论述了这一问题。《大学》是通过对所谓"絜矩之道"的解释来申明儒家的恕道情怀的。《大学》说："是以君子有絜矩之道也。所恶于上，毋以使下；所恶于下，毋以事上；所恶于前，毋以先后；所恶于后，毋以从前；所恶于右，毋以交于左；所恶于左，毋以交于右：此之谓絜矩之道。"所谓"絜矩之道"就是法度的意思，它构成儒家道德的一个重要原则和规范。自己若厌恶在上者不尊重我，那就不应当对我的下属不尊重；自己不希望下属对自己不忠诚，那就不应当背叛自己的上司。同理，当我们在社会中应对各种前后、左右等等的关系时，只要是你自己不愿意接受的某种方式和行为，那么你就不要用同样的方式和行为对待你相应的一方。这就叫推己度人，即以同理心替人设想，从而使人我之间各得其宜，以达到人与人之间协调平衡的絜矩之道。这一为君子所循的道德原则在孔子那里被视为"可以终身行之"的恕道"己所不欲，勿施于人"（《论语·卫灵公》），而在《中庸》里被视为君子之德的且是违道不远的忠恕之道"施诸己而不愿，亦勿施于人"。这一忠恕之道要求人们，如果自己不愿意而厌恶的事情，不要将此强加到别人头上。另外，你要求别人做到的事情，你自己首先要做到。也就是说，如果你要求别人对你做你自己都没做到的事情，这就不应该了。由此可见，忠恕之道的本旨就是要求人们不要做不应该的事情。也就是说，"不当其所为"的事情，作为有道德的君子就不要去做。

### 2. 君子不应当做谋利而不谋道的事

丢弃道义而一味谋取衣食，因为贫穷而懈怠道义，不顾道义而被钱财收买，这是儒家一向所要否定的，也是君子"不当其所为"的事情。孔子说："君子谋道不谋食……君子忧道不忧贫。"（《论语·卫灵公》）荀子说："士君子不为贫穷怠乎道。"（《荀子·修身》）孟子说："焉有君子而可以货取乎？"（《孟子·公孙丑下》）。理解儒家的这一君子之道，还是应该从道义与富贵财货的关系上来加以把握。也就是说，君子所不应该做的只是违道背义的单纯追求物质利益的行为。孔子的"不义而富且贵，于我如浮云"（《论语·述而》），正是这一精神的最好注脚。

### 3. 君子不应当做无礼的事

不仁不义之事是君子所不当为，无礼之事也为君子所拒。在中国传统文化中，尤其是在儒家文化中，"礼"具四义。一是制度规则义，二是秩序等级义，三是恭敬庄重义，四是谦让不争义。通俗地说，"礼"具有法度与道德的双重属性和意义。作为君子不会做那些违背礼的精神之事。

实际上，孔子的"君子思不出其位"（《论语·先问》）正是强调君子做人做事都不应当超出制度和规则所规定的范围，都不能做僭越制度范围内的事。说得通俗点，大到社会治理，规矩是不能乱的。在儒家看来，僭越的行为是最不可容忍的事。正因为如此，孔子才对当时身为家臣的季氏在家观看只有天子能享用的八八六十四人所跳的"八佾"之舞蹈而愤怒不已，于是说出那句流传千年的名言："是可忍也，孰不可忍也？"（《论语·八佾》）

我们再从北宋司马光所著《资治通鉴》选择开始记事的年代来看他对违背礼制的行为是多么的否定和多么的不容忍。我们都知道，《史记》是从中华文明产生以后记事，具体地说，它是从五帝开始，然后是夏、商、周三代，再以后就是春秋战国，最后是秦、汉（汉武帝）。而《资治通鉴》却从公元前403年开始记事，即周威烈王二十三年，要知道此时离中华文明的产生已经好几千年了。不要说忽视了五帝，夏、商、周三代也不在他的视线之内，而且整个春秋时代也没有进入他的视野。司马光偏偏选择了公元前403年记事。所以，《资治通鉴·周纪一·威烈王二十三年》记载道："初命晋大夫魏斯、赵籍、韩虔为诸侯。"这段话最应引起人们注意。因为就凭这14个字，记载了在中国历史上发生了一件意味深长的大事件，而正是因为这件事使得司马光耿耿于怀，从而激发他将这一年作为整个《资治通鉴》的开始之年。那么为什么这一年会有着这样的特殊意义呢？而且，"初命晋大夫魏斯、赵籍、韩虔为诸侯"这14个字是什么意思？就是说，当时的周代天子周威烈王颁布了一道命令，正式把魏斯、赵籍、韩虔从卿大夫升格为诸侯。大家知道，西周时期建立起了一个等级层次的封建制度，分有天子、诸侯、卿大夫、士这样几个层级。懂得中国历史的人都知道，被称为位于卿大夫层级的韩、赵、魏三家将在他们之上的诸侯国"晋"瓜分掉了，即"三家分晋"这一事件，事实上在这之前就已经发生了，只是始终没有得到朝廷的承认，也就是说，没有得到"合法"的地位。而在公元前403年这种情况得到了彻底的改变。原来的韩、赵、魏属于卿大夫层级，而现在则跃上了第二层级的诸侯级。从第三层级升到第二层级这一事实早在50年前就发生了，这属于严重违背礼制的事件。通俗地说，这是严重破坏规矩的事件，说得再严重些，这就是大逆不道的事件。但是，在这种事情发生50年后的公元前403年竟然被当时天子承认了，正式下文将其合法化了。由卿大夫上升到诸侯，这个事件太大了。我们历史文化喜欢用一个词称呼这一行为，叫"僭越"。什么叫僭越？原来你不是这个地位、不是这个名位，你违规并通过不正当的手段上升到这个地位、级别，这就是僭越。作为儒家思想的继承者和维护者的司马光怎么能容忍韩、赵、魏做出那种事情呢？当然他更无奈和悲愤于当时的周王的行为。所以他非常看重这个问题，对于韩、赵、魏三家这种破坏礼制和规矩的行为要加以谴责。因此为了警示后人，就将公元前403年这一年作为他这部通史的开篇来写。

孔子也正是想通过君子来强化一个思想观念，一个稳定的社会应当有规矩方圆，不要超出此范围去行事，否则就不是君子所为，"君子思不出其位"，此之谓也。

小到个人的行为规范，君子不应当做无礼之事。"子曰：'非礼勿视，非礼勿听，非礼勿言，非礼勿动'。"（《论语·颜渊》）不符合礼的就不看、不听、不说、不做。被孔子称为"明君子"的颜回不无感慨地说道："回虽然不敏，请事斯语矣。"（同上）意思是，我虽然不聪明，但也要按照这些话去做。

孔子认为君子是爱憎分明的，也就是说，他明确指出君子是有憎恶的事的。孔子的学生子贡曾经问孔子道："'君子亦有恶乎？'子曰：'有恶。恶称人之恶者，恶居下流而讪上者，恶勇而无礼者，恶果敢而窒者'。"（《论语·阳货》）以下几种行为被孔子认为是君子所憎恶的事：一是喜欢议论别人坏处的人；二是居下位而毁谤位高的人；三是勇敢而不懂礼的人；四是果敢而顽固不化的人。一句话，君子对于那些不符合礼的事以及不应当的事是非常憎恶的。道理也非常清楚，君子"有恶论"本身就说明君子有憎恶一切不义之行的品德。既然憎恶别人的不义之举，当然地明白自己也不应当做这些。

君子不但要不做违背礼制之事，还要不做违背礼敬礼谦之事。君子之所以为君子，一个非常重要的表现就是在于他的"谦逊不争"。"谦谦君子"，此之谓也。

儒家之"礼"在道德层面上表现在对别人的"恭敬""庄重""谦逊"之上，具体则表现为"无争"。所谓"无争"就是不争强好胜，不争名夺利等。换句话说，强胜和名利这些外在的东西都不是君子应当去争夺的事情。孔子说："君子矜而不争，群而不党。"（《论语·卫灵公》）君子庄重而不与人争执，合群而不结党。与人争执无非是想与别人争个输赢和高下，但在君子看来，这是一件没有意义的事情。而结党营私更非君子之所为，因为所有结党者都是为了一己之私，太看重自己的利益，并将自己的得失看得太重。喜欢争胜与结党，其原因都在于心胸太狭隘，所以孟子非常有针对性地指出："隘与不恭，君子不由也。"（《孟子·公孙丑上》）狭隘与不恭敬、不严肃，都是君子所不取的。在生活中，许多人为什么会对别人颐指气使、盛气凌人、慢怠他人，其根本原因不是在于这些人是处于高位、有钱有势，而是在于心胸不够宽广，心地不够良善。这些人是想通过那种气势来证明自己所谓的存在感，是要"争得"一些威严感。所以说，人的狭隘是处人处事不恭的真正原因，从而也是"争夺"的一种表现形式。儒家另一部重要经典《礼记》更明确指出："君子无不敬也。"（《礼记·哀公问》）所以"礼不逾节，不侵侮，不好狎"（《礼记·曲礼上》），不逾越节度，不侵犯侮慢，不轻佻亲狎，这就是礼。那么如何来彰显礼呢？"是以君子恭敬、撙节、退让以明礼。"（同上）君子是具体通过对人对事的恭敬、撙节、退让的行为来彰显礼的。而具有了这种精神和品质，自然就不会与人争斗、对人傲慢了。"君子尊让则不争，絜敬则不慢。不慢不争，则远于斗、辨矣。不斗、辨则无暴乱之祸矣，斯君子所以免于人祸也。"（《礼记·乡饮酒义》）做到了尊重谦让就不会有争斗，做到了洁净恭敬就不会有轻慢；没有了争斗和轻慢就不会有暴力和抗辩，没有了暴力和抗辩就不会有暴乱之祸的发生，这也就是君子之所以能避免人为祸患的原因。

那么难道君子就什么也不争了吗？对此问题，实际上孔子给出了很好的回答。在孔子看来，如果君子之间存在有所谓竞争的话，那也是在合礼的范围内与融洽的氛围中完成的，孔子称其为"君子之争"。他说："君子无所争。必也射乎！揖让而升，下而饮。其争也君子。"（《论语·八佾》）君子不为私利而争夺，如果有争则一定是在射礼上吧！但他们首先相互行礼，然后登堂进行比赛，赛毕则下堂共饮酒，这样的争才是君子之争。也就是说，即使有争也是在礼义的前提下进行的，这样的竞争与那些为了名利而不顾一切的恶性竞争完全不是一个概念。所以这里实际上涉及一个"度"的问题。换句话说，儒家所肯定的"无争"就是反对那种有违中庸之道的无道无德与有私偏激的争夺行为。所以说，"君子中庸"（《中庸》）之旨当包含有这种"无争"的品德及其特色。对此荀子有过很好的论述。他说："君子宽而不慢，廉而不刿，辩而不争，察而不激，寡立而不胜，坚强而不暴，柔从而不流，恭敬谨慎而容，夫是之谓至文。《诗》曰：'温温恭人，惟德之基。'此之谓矣。"（《荀子·不苟》）君子正是在这种恰到好处的状态下实现着谦恭的美德。他是宽厚却不怠惰，有棱角却不伤人，善辩却不争吵，明察却不偏激，端直却不好胜，坚强却不暴戾，柔顺却不逐流，恭敬谨慎却从容不迫，这就是最好的温文尔雅的状态。《诗经》中说的"温和谦恭的人啊，以道德为根基"，就是这种境界的人。荀子所描述的君子之言行，不就是对"中庸"之德的最好诠释吗？所以我们才会以"温文尔雅"来称君子呢！由此可见，"君子中庸"真是一种做人的美德美行啊！

"礼"所表现出的这种种精神，其实质当是"义"的精神。换句话说，礼是根据义制定出来的，"故礼也者，义之实也"（《礼记·礼运》），此之谓也。礼的一个重要特征就是能规范人的行为，具体明确指出哪些行为是"不应当"做的，哪些行为是"不适当"做的。如此，礼的这一本质就与义之"不当其所为"之旨完全重合、契合了。遵道就是义，循德就是义，行仁就是义，而违道、背德、不仁乃是不义者也。而道德仁义的最后完成当需要通过"礼"来落实和推行，"道德仁义，非礼不成"（《礼记·曲礼上》），此之谓也。倡修身，奉善行，重实践，合道理，既是道德仁义的本质，也是礼的本质，"修身践言，谓之善行。行修言道，礼之质也"（同上），此之谓也。

由于义的君子，不但不应当做不仁的事，不应当做无礼的事，也不应当做无信的事呢！

### 4. 君子不应当做不诚信的事

居仁由义、遵礼守信当是君子所为，而无仁无义、违礼背信当是君子所不为。这些皆可称为君子的"义举"。

"信"与"诚"是儒家最基本的道德德目，一向被儒家视为做人做事的崇高又神圣的原则。《论语》说："子以四教：文、行、忠、信。"（《论语·述而》）孔子教育学生共有四项内容，第一是文献，第二是德行，第三是忠心，第四是诚信。并且，孔子将忠信之德视为君子之德。"子曰：'君子不重则不威，学则不固。主忠信。无友不如己者。过则勿惮改'。"（《论语·学而》）君子不庄重就没有威严，而且不会有牢固的学习所得。君子当以忠信为主，不要与自己的志向不同的人交友。如果有了过失，就不要害怕改正。"主忠信"一语充分表现出孔子对诚信之德的高度重视。他要强调的是，作为道德的体现者的君子应当以诚信为本，对人对事最应当遵循的道义就是诚信，"是故君子诚之为贵"（《中庸》），此之谓也。正因为如此，《孟子》与《中庸》都将"诚"提高到天道的高度来加以认识。孟子说："诚者，天之道也；思诚者，人之道也。"（《孟子·离娄上》）《中庸》说："诚者，天之道也；诚之者，人之道也。"其实两者都是在强调诚实不欺是天地之本质属性、根本规律，而按照这一规律去做就是做人做事的根本原则。在中国人看来，只有一种原则被上升到天道的高度，其绝对性和神圣性才能被体现，诚信之德就具有了这种特性。换句话说，也只有站在天道的高度才能领悟到诚信的真正内容及其意义之所在。

正因为诚信取得了基本和根本的地位，所以它也才具有了保证和成全其他诸德落实和贯彻的前提性"角色"，"是故君子有大道，必忠信以得之"

（《大学》），此之谓也。君子尽管有多重品德品行，但必须要通过诚信才能获得这些"大道"。"子曰：'君子义以为质，礼以行之，孙以出之，信以成之。君子哉！'"（《论语·卫灵公》）君子行事以道义为本质，并依照礼仪来实行它，按照谦逊的方式来表达它，运用诚信的态度来完成它，这才是真君子啊！而从反面说，如果没有了诚信，君子必然丧失大道。诚如孟子所说："君子不亮，恶乎执？"（《孟子·告子下》）这里的"亮"通"谅"，是诚信的意思。君子如果不诚信，又怎么能保持道德节操呢？通俗地说，君子只有不做不诚信的事，才能保证不去做其他不应当的事情。

在儒家那里，对于君子还提出了除不应当做无仁无义、违礼背信的事情以外的其他要求。而所有这些内容可以纳入"不当其所为的君子之义"的范围之内来加以讨论，都是通过"不"这一否定式的语式得到具体体现的。

君子不能像器皿一样只局限于某种用途而不博通广大，"子曰：'君子不器'"（《论语·为政》），此之谓也。子夏也认为"虽小道，必有可观者焉，致远恐泥，是以君子不为也。"（《论语·子张》）虽然小技艺有其可观的地方，但恐怕会妨碍远大事业的实现，所以君子不从事小技艺；君子应当做团结的事，而不要做那些勾结的事，"君子周而不比"（《论语·为政》），此之谓也；君子对自己所说的话，不应当马虎对待，"君子于其言，无所苟而已矣"（《论语·子路》），此之谓也。关于君子"不苟"的观念是儒家始终坚守的原则。由此，荀子还专门写了一篇《不苟》。所谓的"苟"就是"苟且"，是指做人做事只顾眼前，得过且过，马马虎虎，敷衍了事，一句话，统指不正当的事。所以说，"不苟"就是不按照苟且的方式去做人做事。荀子说："君子行不贵苟难，说不贵苟察，名不贵苟传，唯其当之为贵。"（《荀子·不苟》）意思是，君子做事不以苟且难能为可贵，辩说不以苟且明察为可贵，名声不以苟且流传为可贵，只有以符合正当之义为可贵。难能、明察、流传等行为其本身非但不是不好，而且是有正面意义和价值的，例如难能可贵、明察秋毫、流传百世，但是问题在于不要违背了道义，不要随意马虎地求得，不要无原则地求取。君子不苟求、求必有义的意义正是在这里得到反映。荀子得出结论："朋党比周之誉，君子不听；残贼加累之谮，君子不用；隐忌雍蔽之人，君子不近；货财禽犊之请，君子不许。"（《荀子·致士》）君子不听从结党营私之人的称誉；君子不采用残害加罪于别人的诬陷之词；君子不亲近妒忌堵塞贤能的人；君子不搭理用钱财礼物进行贿赂的人。一句话，君子做美好的事而不做污秽的事，"君子……为修而不为污也"（《荀子·不苟》），此之谓也。

### （四）更当其所为的君子之义

"义"是裁决、截断事情是否合宜的尺子或说标准。在"当其所为"前再加一个"更"字，变成了"更当其所为"，这是在表明"义者，宜也"实际上有着更深刻的内涵，同时也表明人之为人的更为本质的属性及其可贵之处。换句话说，懂得"更应当做什么"乃是人高于或说超然于宇宙间任何一种存在的最可贵的本质属性。所以，"更当其所为"就必然地成为君子所践行的更具有超然性的品格。孔子的"君子义以为质""以义为上"（《论语·卫灵公》）之论，孟子的"义，人路也"（《孟子·告子上》），"义，人之正路也"（《孟子·离娄上》）之论，荀子的"人有气有生有知，亦且有义"（《荀子·王制》）之论无不是在突出人的这一高贵本质。这一"故最为天下贵也"（同上）的本质及其品格正是体现了人是具有知道和懂得更应当做什么的"能力"的存在。也就是说，这种"能力"还不是体现在我们前面对"义"所概括出的种种内容之中，它不是指应当行仁爱意义的"义"、应当行礼敬意义上的"义"、应当行诚信意义上的"义"，也不是指诸多不应当行的"义"，而是指体现在对某些超然性存在的追求之上。这种对超然性的追求又被儒家定义为"大义"。所谓"大义"当然是指那些更具有普遍意义和绝对神圣意义的存在或事情，所以它绝对不可以被称为"小补"，诚如孟子所说："夫君子所过者化，所存者神，上下与天地同流，岂曰小补之哉？"（《孟子·尽心上》）君子所实施的教化，所产生的影响，可与天地同运并行，这种神妙的功用怎么也不可以被说成是小小的补益。实践着这一"大补""大义"的主体，在儒家那里就被称为"士人""大人""志士"和"君子"。

超越性的追求要站在更高的地方才能实现，而对于"志于道"的君子更是如此。孟子的"不成章不达"，即不达到一定的程度就不能通达的思想，正是要表达君子当有更高的超越性追求。也正是在这个意义上，孟子盛赞孔子登高而望远的方法。"孔子登东山而小鲁，登泰山而小天下……君子之志于道也，不成章不达。"（《孟子·尽心上》）这种"通达"乃是与"天地同流"的啊！所以，不可不谓之"大义"者也！

孟子指出："居仁由义，大人之事备矣。"（《孟子·尽心上》）孟子所谓的"大人"之事当包括"士"和"君子"的"尚志""志于道"的超然性追求的"高尚志行"。正因为如此。君子更所尚的、更所贵的乃是比人的生命更重要、更神圣的"大义"。这是一种为了救他人而牺牲、为了国家民族而献身、为了人民的利益而捐躯、为了理想信仰而舍身的"大义"。

对于一个生物来说，没有比生命本身更重要的存在了。然而，对于人这样一个特殊的"生物"来说，他们更能自觉到还有一个比生命更重要的存在。为了成全和实现"它"，人可以舍去自己的生命。这一理念是儒家思想最宝贵的地方。所有这些不但不是表示儒家不重视人的肉体生命，相反，儒家非常明确地承认，"生"乃是人之欲也。只是在儒家看来，人是有本存的更加贵重的东西存在，那就是"义"。孟子为我们留下且已传承千年并已铸造成中华民族精神的经典名言："鱼，我所欲也，熊掌亦我所欲也。二者不可得兼，舍鱼而取熊掌者也。生亦我所欲也，义亦我所欲也。二者不可得兼，舍生而取义者也。"（《孟子·告子上》）孟子的"舍生取义"与孔子的"杀身成仁"一起成为那些为了民族国家"大义"而献身的人所遵循的价值选择。宋代的民族英雄文天祥正是这一价值选择的实践者，他的言行不知感动和激励了多少中华儿女。他说："孔曰成仁，孟曰取义，唯其义尽，所以仁至。读圣贤书，所学何事？而今而后，庶几无愧。"行义到极点，也即达到仁的极致，而成仁取义是人生的最高追求，如果实现它们，即便付出生命的代价也在所不惜，如此也就无愧于天地，无愧于圣贤，无愧于他人，无愧于自己的天良。人生做到"仰俯而无愧"正是孟子认为君子所具有的人生的"三乐"之一。孟子说："君子有三乐……仰不愧于天，俯不怍于人，二乐也。"（《孟子·尽心上》）为道义而生，为道义而死，这就叫作"节操"。所以儒家另一位人物荀子才说："节者，死生此者也。"（《荀子·君子》）作为实践"更当其所为"的君子虽然害怕患祸却甘愿为正义而死，"君子……畏患而不避义死"（《荀子·不苟》），此之谓也。

总之，"义"有人应当做什么之含义，也有人更应当做什么之含义，君子正是在这一多层次"行事之宜"中反映出他们的高贵品格和操守的！

## （五）"不得其宜"而感羞恶的君子之义

我们在对义德的探讨中会发现，"义"是一个规定层面多、包含内容广的德目，有静态性的规定，"义者，宜也"（《中庸》），此之谓也；有动态性的规定，"行而宜之之谓义"（韩愈语），"义者，行事之宜"（朱熹语），此之谓也；有具体内涵性的规定，"义者，正也"（墨子语），"至平而止，义也"（管子语），此之谓也；有作用功能性的规定，"义者，断决得中也"（《白虎通义》），"义则是个断制裁割底道理"（朱熹语），此之谓也。义德还有一个特点，就是它与不少德目的内涵及其作用是重合的，通俗地说，义德具有了其他德目的意思。例如，它有礼德的意思。礼的一个重要特征就是在规范人的行为，具体明确指出哪些行为是不应当做的，如此，礼的这一内涵就与义之"不当其所为"之旨有了重合。换句话说，义与礼，它们是在"不当其所为"的意义上实现重合的。"故礼也者，义之实也"，"礼近于义"（《礼记》），此之谓也。义德还具有智德的意思。王阳明说："义即是良知。"（《传习录》下）如果仅说义是良知，似乎不够全面，也可以说仁、礼、智等都是良知。但是在王阳明这里，义被理解成了可以判断是非的存在，如此一来，此义德之含义就有了良知的意味，就有了智德的功能。我们知道，在孟子那里智德被赋予了判断是非的功能，"是非之心，智之端也"，此之谓也。由上可知，义也具有了这种功能，所以"义"与"智"同旨也。通俗地说，义具有了判断是非、区别是非的功能。从反面说，如果是非混淆，好恶不明，善恶不分，那就是不义。朱熹之论实际上正是突出了义的"良知"功能，即判断是非的能力。朱熹说："义则是个断制裁割底道理。"（《晦庵集》卷74）可见，"断制"之义与"分别"之智都是共同指向是非、善恶、好恶的，从而决定了二德的某种相互包含性和重合性。

正是因为义德的这一丰富性的特点，决定了它可能成为以"有德"为其属性的"君子"所由的重要德行。具体来说，应当做什么，不应当做什么，更应当做什么，更不应当做什么以及怎样做才是适当的这一"应当性"与"适当性"，也即"两当性"所构成的"义"遂成为君子尊奉、遵循、实行的道德规范。

而君子所由的所有"义"举，如你"得之"当可心安理得；如你"失之"当感羞恶惭愧。所谓的"失之"就是"不得其宜"，说得通俗些，就是你应当做的却没做；你不应当做的却做了；你更应当做的倒不做；你更不应当做的倒做了，以及你在这些行动中的过度或不到位，这些都称之为"不得其宜"。你要对做了"不得其宜"的事有羞恶感。羞是对自己做了"不得其宜"的事感到羞愧、羞耻的情感；恶是对他人做了"不得其宜"的事感到厌恶、憎恶的情感，"羞耻己之不善也；憎恶人之不善也"（朱熹语），此之谓也。

将人天生的羞恶之心视为人的义德的开端，乃是亚圣孟子最著名的论断，这也是义德一个非常重要的内涵。孟子说："羞恶之心，义之端也。""羞恶之心，义也。"（《孟子·告子上》）是说羞恶之心就是"义"的开端，或直接说，为什么要行义呢？原因就是人有羞恶之心啊！

对于产生义德的羞恶之心的重视，或说对羞耻之心的重视，那一定是君子所为。在儒家思想中，明确将羞恶之感与君子之德行直接联系起来的当推孟子。在孟子看来，作为一个君子会对以下一些"不得其宜"的行为感到羞耻。其一，声望名誉超过了实际情形，君子会感到羞耻。他说："故声闻过情，君子耻之。"（《孟子·离娄下》）其二，用虚伪欺诈的不正当方式去求得富贵发财，甚至用极其下作的手段来显摆自己的不凡，这不但为君子所不耻，而且很少有妻妾不为此而深感耻辱的。这正是《孟子》中所讲的那个著名"齐有一妻一妾"的故事。孟子说："由君子观之，则人之所以求富贵利达者，其妻妾不羞也，而不相泣者，几希矣。"（同上）

君子对"不得其宜"的事情而感到羞恶，最终是要在正面的意义上让人要做到知耻不愧。即人都由义而行，做到问心无愧，从而获得快乐人生。孟子在他著名的"君子有三乐"的第二乐中就强调了做人做事的"行而宜之"，即做到抬头无愧于天、低头无愧于人是人生快乐的必要条件，"君子有三乐……仰不愧不于天，俯不怍于人，二乐也"（《孟子·尽心上》），此之谓也。

如果说道德仁义是君子所居所由的，那么道德礼仪乃是君子所履所循的呢！

## （六）君子求仁义之别

仁义连用、仁义一体已成为儒家思想的标识。《汉书·艺文志》说："儒家者流……留意于仁义之际。"《庄子·天下篇》记载："孔子曰：'要在仁义'。"孟子提出"居仁由义""由仁义行"；荀子提出"君子处仁以义"；《礼记》提出"其君子尊仁畏义"；《系辞传》提出"立人之道，曰仁与义"。

### 1.仁义各有所在

仁有自爱与爱人的定义，而孔子显然对颜渊的"仁者自爱"的答案评价更高，谓之可称为"明君子"，而对子贡的"仁者爱人"的答案评价略比颜渊低一点，谓之可称为"士君子"。尽管我们对颜渊的"自爱"思想的义旨进行过详尽分析，并着重指出"自爱"并非指自私性的小我之爱，而是一系列自我修养的功夫，然而，这毕竟无法突显仁德的本质内涵及其精神。再简单地说，仁德的要旨究竟是"在我"还是"在人"？如果只强调"仁者自爱""为仁由己"的话，上述问题就无法得到清晰的答案。当然我们都清楚地知道，"为仁由己""自爱"都是实行"仁爱"的必要前提条件，意义很大，作用也大，但是，所有这些并不能代表"仁"是解决自尊自爱的问题，因为"仁，亲也。从人从二"（《说文解字》）。二人为仁，"相人偶"为仁。说明"仁"的本旨要归是要解决人与人的关系问题，其价值取向或说落脚点是"爱他人"的问题。

另外，义德如何呈现其本旨及其功用的问题也是极其重要的。我们在上面对义德的内涵及其精神的阐释都是十分必要和重要的，但是总觉得还有些不够清晰明了，对"义"所针对的对象及其功用具体指的是什么并没有一个明确的取向。例如说"义，宜也"（《释名·释言语》）；"义者，宜也"（《中庸》）；"义者宜也，断决得中也"《白虎通义》"行而宜之之谓义"（韩愈《原道》）；"义者，行事之宜"（朱熹《四书集注》），并将"正""中""平""公"等作为"义"的道理和精神。正如对待"仁"的价值取向或说落脚点需要弄清楚一样，我们也要弄清楚义德的要旨究竟是"在我"还是"在人"？如果只强调义的应当性、合宜性的话，上述问题就无法得到清晰的答案。当然，我们都清楚地知道，"义者宜也"意义很大，作用也大，但是，所有这些并不能代表"义"只是解决这些问题。

汉代大儒董仲舒的论述应该说对解决上述问题提供了极有价值和意义的启发。更为重要的是，在董子看来，对于仁与义的不同性质及其功能做出明确的区分乃是君子的任务。他说："君子求仁义之别，以纪人我之间，然后辨乎内外之分，而著于顺逆之处也。"（《春秋繁露·仁义法》）也就是说，君子寻求仁与义的区别，目的是调节别人与自我之间的关系，并以此达到辨清内外的不同和明白顺逆之处的境界。

在董仲舒看来，仁的本质规定一定是"爱"，不爱就无所谓仁的问题了。说得再通俗点，仁的道理和精神就是体现在"爱"字上，"不爱，奚足谓仁？"（《春秋繁露·仁义法》）此之谓也。那么，仁之爱的对象是什么呢？这是仁德紧接着要回答的问题。董仲舒显然继承了孔子和孟子的"仁者爱人"的思想观念。他说："仁者，爱人之名也……仁者爱人，不在爱我。"（《春秋繁露·仁义法》）所谓仁就是爱人的名称。也就是说，仁的功能在于爱别人，而不在于爱自己。董仲舒在这里明确指出了"仁者爱人，不在爱我"。也就是说，仁爱的对象在别人，而不是自己。仁的目的是专注于外在对象的。

而义呢？在董仲舒看来，义的目的是专注于内在的对象，而不是外在的对象。换句话说，义的功能是在"正我"而不在"正人"。如果将注意力都集中在怎么去正别人，那么就不存在"义"的问题了，"莫不欲正人，奚谓义？"（《春秋繁露·仁义法》），此之谓也。这里所要强调的是，义是宜，这没错。但问题的关键是，"宜"在哪里。对此，董仲舒明确指出："义者，谓宜在我者；宜在我者，而后可以称义。故言义者，合我与宜以为一言，以此操之，义之为言我也。"（《春秋繁露·仁义法》）意思是说，义是说我的行为适宜，我的行为适宜然后才可以称为义。所以，说义就是把"我"与"宜"合而为一。按这个道理来把握，义的意思说的就是自我，"宜在我者。"

那么，怎样做才叫作"宜在我者"呢？对此，董仲舒又进一步指出："义云者，非谓正人，谓正我……故义在正我，不在正人。"（《春秋繁露·仁义法》）义的本旨不在端正别人，而是端正自己。

在厘清了仁与义各自的本旨要归及其行动的对象以后，董仲舒对此进行了综合性和比较性的论述："《春秋》之所治，人与我也。所以治人与我者，仁与义也。以仁安人，以义正我，故仁之为言人也，义之为言我也，言名以别矣。仁之于人，义之于我者，不可不察也……仁之法在爱人，不在爱我；义之法在正我，不在正人。我不自正，虽能正人，弗予为义；人不被其爱，虽厚自爱，不予为仁。"（《春秋繁露·仁义法》）儒家五经之一的《春秋》是一部探讨他人与自我，或说人我关系的著作，而仁与义正是探讨这种关系的两个范畴。仁是用来安定他人和爱护他人的；而义是用来端正自己和要求自己的。言人是仁，言我是义，对于二者名称的不同及其功用的不同需要明察。

董仲舒在《春秋繁露·仁义法》中反复指出仁与义的不同。他说："是义与仁殊。仁谓往，义谓来；仁大远，义大近。爱在人，谓之仁；正在我，谓之义。仁主人，义主我也。故曰：仁者，人也；义者，我也，此之谓也。"董仲舒是用"往来""远近"来形象地比喻仁与义的道理和精神。也就是说，仁是施于别人，向外推广，所以叫"往"；义是责于自我，所以说是"来"。仁爱落在他人，才叫作"仁"；义正落在自己，才叫作"义"。结论是：仁重在他人；义重在自己。仁是人；义是我。

### 2. 君子分判仁义

而能否明察到"仁"与"义"的不同是判断君子与普通人的一个标准。更为重要的是，能否明察到它们之间的分别及其不同的功用，必然导致不同的道德和价值的不同趋向。

让我们来看一看不少人的表现。其一，许多人因为不懂得"仁爱"的对象是他人，因而相反将这种爱专注到自己身上，将"仁"的"爱"理解成是为了自己的享受快乐。那些只关心自己享受快乐而从不使他人感受到被关爱的人和事就不能被称为"仁者"。通俗地说，只顾自己享受而全然不顾他人利益的人不能被称为"仁者"。相反，这种专门利己、毫不利人的人就叫作不仁之人了，"众人不察，乃反以仁自裕……人不被其爱，虽厚自爱，不予为仁"（《春秋繁露·仁义法》），此之谓也。其二，许多人因为不懂得"义正"的对象是我，是自己，相反，将这种端正专注到别人身上，即将"义"的"正"理解成是为了端正别人、要求别人。董仲舒认为很多人的行为是"而以义设人"的，就是用义的原则来要求别人，这样就错误理解了"义"的责任所在了。在你自己还没有端正的情况下，虽然也可能端正了别人，但是也不可以将这种人和事称为"义者"，"我不自正，虽能正人，弗予为义"（《春秋繁露·仁义法》），此之谓也。董仲舒还指出了有一种情况更是有违"正我"之"义"的精神的，他说："夫我无之而求诸人，我有之而诽诸人，人之所不能受也。其理逆矣，何可谓义？……故曰：有为而得义者，谓之自得；有为而失之者，谓之自失；人好义者，谓之自好；人不好义者，谓之不自好。以此参之，义，我也，明矣。"（《春秋繁露·仁义法》）意思是说，自己还没做到的却要求别人做到，自己拥有了东西却要讥讽别人没有，这是别人所不能接受的，因为这样的行为是有违道理的，是不适宜的，如此又怎么可以叫作"义"呢？做事合义叫"自得"，做事背义叫"自失"；做人好义叫"自好"；做人不好义叫"不自好"。参透了上述之义，就会明白义之本旨要归就在"我"而不在"人"！

而如果不懂得仁与义分别针对什么对象的话，必然会造成严重的混乱悖理的结果。"诡其处而逆其理，鲜不乱矣。是故人莫欲乱，而大抵常乱，凡以闇于人我之分，而不省仁义之所在也。是故《春秋》为仁义法，仁之法在爱人，不在爱我；义之法在正我，不在正人。"（《春秋繁露·仁义法》）意思是说，如果你将"仁"理解成了"爱我"，将"义"理解成了"正人"，那么你就用错了地方，违背了"仁义"各自应该所具有的道理，如此一来很少有不发生混乱的。从人之常情来说都不想社会发生混乱，然而社会大多却常常出现混乱，究其原因大都是因为人们不明白人与自我的分别，不清楚仁义应该归止于何处。所以《春秋》便提出了仁之法则和归止在爱别人，不在爱自己；义之法则和归止在端正自我，不在端正别人。如果分判不清楚"仁"与"义"各自的法则所在，那么就会造成很大的混乱。给你一个好东西，你只知道自己享受而全然想不到别人；给你一把尺子，你只知道裁量别人而全然想不到裁量自己。再有，给你一只手电筒，你只知道照别人而全然想不到照自己。这是小人的做法。而君子明察仁义之分，寻求仁义之别，归止仁义各当其所止也。

让我们再来看一看君子的表现。君子是不会模糊"仁"与"义"的区分和界限的，相反是明察到了它们之间的不同，"君子求仁义之别"，此之谓也。具体来说，君子会回到"义"的自身道理并按其理来端正自身，依据礼的规则来增进福祉。也就是说，"义"的归止的方向是向内的，"内治"是也；同样，君子也会回到"仁"的自身道理并按其理来将恩爱广泛地推广给别人，以宽厚之心待人并能容纳众人。也就是说，"仁"的归止的方向是向外，"外治"是也。董仲舒是这样说的："是故内治反理以正身，据礼以劝福；外治推恩以广施，宽制以容众。"（《春秋繁露·仁义法》）

君子在寻求到仁义各自的要归以后自然就会"以仁治人，义治我，躬自厚而薄责于外"（《春秋繁露·仁义法》）。用仁对待别人，用义对待自我，做到严厉地责备自己的过失而轻微地责备别人的过失。而这种严于律己、宽以待人的精神被董仲舒指出早在《论语》中就具备了，"且《论》已见之，而人不察。曰：'君子攻其恶，不攻人之恶。'不攻人之恶，非仁之宽与？自攻其恶，非义之全与？此之谓仁造人，义造我，何以异乎？"（《春秋繁露·仁义法》）《论语·颜渊》篇已明确指出过，君子只责备自己的过错，而不去责备别人的过错。董仲舒深以为然，并进一步分析道，不去责备别人的过错，这难道不是在体现宽容的仁爱之理吗？而责备自己的过错，这难道不是在反映完备的义正之理吗？所以，仁造就别人与义造就自己不是要实现同一个目的吗？也就是说，仁与义所要实现的最终目标其实就是"成己"与"成人"的"爱"的精神和至善的境界！

### 3. 仁义与恕道

我们通过论述董仲舒的"君子求仁义之别"的思想会发现，实际上这一思想是对儒家思想以及君子之道的会通与融合。具体来说，是在会通和融合仁义之学与忠恕之道，当然更是阐明儒学就是君子之学的道理。儒学的核心思想是"仁义"，或者说是"仁义礼"。孔子称自己宣扬的道理是一以贯之的，"吾道一以贯之"（《论语·里仁》），此之谓也。而这一以贯之的"道"就是"忠恕而已矣"。把握构成儒学核心的思想是极其重要的，当然这是需要在充分理解各个范畴内涵及其定位、功能的前提下才能完成的任务。也正是在这个意义上，董仲舒对"仁"与"义"两个范畴的剖析给我们提供了这种会通和把握的可能性。

在孔子那里，仁被规定成"自爱"与"爱人"。"自爱"的内涵是"正己""克己"，所以综合孔子与董仲舒的观点来说，"正己"属于义的属性和功能；"克己"属于礼的属性和功能。由此可见，"自爱"当包含了义和礼。而"爱人"则专指仁。也就是说，"自爱""爱人"两个命题实际上是由"义""礼""仁"三个概念揭示出的道理和精神。

这里重点要讨论的问题是"忠恕"与"仁义"的关系问题。根据本人的研究，本人对于"忠恕"的理解是持这样一种观点，即"忠"是解决"恕"的心性基础性问题的，并不具有具体的内容。而"恕"则是包含了正反两方面的内容及其意义。"己欲立而立人，己欲达而达人"属于正面意义的内容；而"己所不欲，勿施于人"属于反面意义的内容。"己立""己达"是义之法，也是礼之法；而"立人""达人"是仁之法。所以说正面意义的"恕道"包含了"义之正己""礼之克己"与"仁之爱人"三方面的内容，或说兼谈了"义礼仁"，当然重点还是在显示"仁义"的问题；而"己所不欲，勿施于人"是义之法。所以说反面意义的恕道只是"义之正己而非正人"单方面的内容，或说专谈了"义"的问题。另外，"己立己达"就是"自爱"；"立人达人"就是"爱人"。所以恕道的正面意义包括了"自爱"与"爱人"的仁道思想。也可以说"自爱"就是"正己""正我"的功夫；而"爱人"就是"推爱"的功夫。所以，恕道就是"仁义"而已矣。

忠道解决的是心性问题；恕道解决的是仁义问题；恕道的"己所不欲，勿施于人"又是专论"正诸己""有诸己"以及"躬自厚而薄责于人"（《论语·卫灵公》），"行有不得反求诸己"（《孟子·离娄上》），"躬自厚而薄责于外"（《春秋繁露·仁义法》）等这种厚责于己而不厚责于人以及自己没做到的就不要强求别人做到等思想观念的。而这些问题又反映着儒家的修身问题。由此可见，儒家的忠恕之道包含了心性问题、仁义问题、修身问题等，而这些问题当是儒家思想最为关注的问题了。正因为忠恕之道具有了这种性质，所以我们在讨论君子之学的时候自然会在不同章节、从不同角度和不同层次切入对忠恕之道的阐释，让人们不仅对忠恕之道本身内容及其意义的有所了解，而且要揭示其与君子之道、与整个儒学的关系。当然，所有这一切又都是建立在对构成儒家思想体系的最重要范畴及其精神准确把握的基础之上的。

在儒家那里，被强调的"其恕乎"的"己所不欲，勿施于人"之主旨在于要求先做好自己，才开始推及爱人的进程。换句话说，如自己尚未做到就不要要求别人做到。说得再通俗些，如果没有做到"正我""正己"的"义"，那么其他一切免谈。只有自己做到了，即"义"了，"正我"了，"其恕乎"了，你才能做到"爱人"。当你"正我""正己"了，你所做的才会是"爱人"的行为。所以它是实施"爱人"的"仁"的前提条件，因此才显得尤其首要和重要。爱人是一种能力，而这种能力培养的前提正是"正我"的"义""恕"。厚责自己而薄责别人，这反映着宽以待人的精神。所以严于律己、宽以待人体现的是一种爱的精神！有了这种情怀以后，再加上自我得到了端正以后，你的心量就被打开，你的心性就被净化，接下来你自然地会进入"爱人"的阶段。可见，具备了"正我"之"义"，"厚责于我"之"恕"就会自然地进入"爱人"之"仁"的境界。也就是说，有了反面意义上的恕道情怀，你才获得了"推恩施爱"的资格！这也就是孔子将"有一言可以终身行之者乎"（《论语·卫灵公》）的答案落实到"己所不欲，勿施于人"这句话的真正原因。

# 六

## 立于礼者为君子

### 通行的敬门

乃孔子生而叔梁紇元

孔子為兒嬉戲常陳俎豆

設禮容

贊曰

大人嬉戲　俎豆是將

差降俯仰　有谷有儀

夫尼而純　不闕而

化浴草童

名傳列國

俎豆礼容图

孔子幼时嬉戏，常喜欢摆上俎豆等祭祀用品，模仿
礼仪的情态（明版彩绘绢本《孔子圣迹图》）

在中国传统文化尤其是在儒家文化中，君子是实践和维护道德的主体，所以"有德者"遂成为君子最本质的规定。中国传统文化虽然有非常多的道德德目，但就其最核心的来说一定是仁、义、礼三德。在早期儒家那里就通过比喻的形式来表示仁、义、礼的重要性。孟子说："仁，人之安宅也；义，人之正路也。"（《孟子·离娄上》）意思是说，仁是人的安适的住宅；义是人的正当的道路。荀子说："礼者，人之所履也。"（《荀子·大略》）意思是说，礼是人行走穿的鞋子。通俗地说，仁、义、礼分别形容人所要居住的安宅、人所要行走的正路、人所要挺立的大道。人要住安宅，所以人要居仁；人要走正路，所以人要由义；人要立大道，所以人要立礼。孟子提出了"居仁由义"，并发出警示："旷安宅而弗居，舍正路而不由，哀哉！"（《孟子·离娄上》），意思是说，空着安适的住宅不住，舍弃正当的道路不走，悲哀啊！实际上还可以在"旷安宅而弗居，舍正路而不由"后，再加上一句"弃大道而不立，不亦哀哉！"如此也就解决了"居仁由义立礼"这一仁、义、礼并举的大问题。由此可见，仁、义、礼是要解决人如何安身、人如何处世以及人如何立命的人生的大问题！仁、义、礼就是要使人住得安、行得正、立得直。儒家认为只有解决了这些问题，大人、君子之事才算真正完成。

孔子强调，作为一名君子是断不可没有仁德的，"君子去仁，恶乎成名？"（《论语·里仁》），此之谓也。孟子强调大人和君子的"居仁由义"，认为作为一名君子既要"存仁"，也要"取义"，"居仁由义，大人之事备矣"（《孟子·尽心上》），此之谓也。而在儒家看来，君子还要解决挺立于社会这样一个大问题。孔子说："不知礼，无以立也。"（《论语·尧曰》）荀子说："君子慎其所立乎！"（《荀子·劝学》）君子一定要谨慎于自己的立身处世啊！在儒家经典中常见到"君子"与"礼义"直接并提。孔子曰："君子义以为质，礼以行之。"（《论语·卫灵公》）意思是说君子以义为本质，按礼去实行。荀子说："积礼义而为君子。"（《荀子·儒效》）意思是说积累了礼义就成为君子。还说："道礼义者为君子。"（《荀子·性恶》）意思是说，遵循礼义的就是君子。《礼记·仲尼燕居》："是故君子无物而不在礼矣。"意思是说君子做事没有一件是不合乎礼的。所以我们可以得出结论：立于礼者为君子。

## （一）礼的重要地位及其意义

中国传统文化尤其是儒家文化对"礼"的重视，与"礼"自身所具有的特殊属性有着直接关系。值得注意的是，在整个中国传统文化中，被视为是"天地之道"的道德，只有三个德目：一个是诚，一个是孝，一个是礼。孟子和《中庸》都指出："诚者，天之道也。"而被视为是"天经地义"的只有两个德目，一个是"孝"，一个就是"礼"。由此亦足见礼德和孝德的重要性。《左传·昭公二十五年》说："夫礼，天之经也，地之义也，民之行也。"《孝经·三才》说："夫孝，天之经也，地之义也，民之行也。"

"礼"是"天经地义民行"的存在。天有其常道，地有其适宜，人有其准则。具体来说，天有日月星三光，有春夏秋冬四时，普照和覆盖万物为常，是为天之经，亦为天之礼；地有山川河流，土石草木，载育生养万物为宜，是为地之义，亦为地之礼；人取法天地之德性并遵照而行，是为民之行，亦为人之礼。可见，礼是天、地、人三者共通之道。对礼的这一贯通性的本性，荀子更是有明确阐述。他说："礼有三本：天地者，生之本也；先祖者，类之本也；君师者，治之本也……故礼，上事天，下事地，尊先祖而隆君师，是礼之三本也。"（《荀子·礼论》）意思是说，礼有三个本源，天地是生命的本源，祖先是种族的本源，君师是治国的本源。所以礼，上事奉天，下事奉地，尊敬祖先而推崇君师，这是礼的三个根本所在。在荀子看来，天有天的规则和功能，地有地的规则和功能，人有人的规则和功能，而礼正是贯通天、地、人三者最根源性的存在。实际上儒家之所以重视对礼的本源性探讨，其目的还是要突出君子的地位及其作用的。诚如荀子所说："天地者，生之始也；礼义者，治之始也；君子者，礼义之始也。为之，贯之，积重之，致好之者，君子之始也。"（《荀子·王制》）这是强调君子是礼义的本源，而实行礼义、贯彻礼义，积累并注重礼义，极其喜好礼义，这就是君子。如此，就将君子与天地和礼义有机地联系在一起了，从而大大增强了君子之行的神圣性。

儒家之所以强调"积礼义而为君子""君子者，礼义之始也"（《荀子·王制》），其目的是要强化对社会人道的治理以及突出君子在这一治理中的重要作用。荀子所指出的礼有三个本源，天地是生命的本源，祖先是种族的本源，君师是治国的本源，这一思想后来被概括为"天地君亲师"这五个对象，并最终成为中国人长期尊奉的五大崇拜对象。而对这些神圣对象的敬畏则是作为君子的一个必要条件和素养。正如孔子所说的那样："君子有三畏：畏天命，畏大人，畏圣人之言"。对于这一"天地之序也"（《礼记·乐记》）"人道之极也"（《荀子·礼论》）的礼，君子视之为神圣的"道"的存在，而对于这一不可离却的"道"，不管是天道还是人道，君子都是持有敬畏、戒惧和恐惧之心的。"道也者，不可须臾离也，可离非道也。是故君子戒慎乎其所不睹，恐惧乎其所不闻。"（《中庸》）从君子对"天经地义民行"之礼的敬畏、戒惧和恐惧之情来看，礼在中国传统文化中不但地位崇高，而且作用也极其巨大。

### （二）礼的重要作用及其意义

从最宏观的层次上来看，礼的作用是全面又重要的，《左传》和《礼记》两部经典中的两段话最有代表性。《左传·僖公十一年》说："礼，经国家，定社稷，序人民，利后嗣者也。"就是说，礼的作用在于治理国家、安定社会、秩序人民以及有利于后世子孙。《礼记·曲礼上》说："夫礼者，所以定亲疏、决嫌疑、别同异、明是非也。礼，不妄说人，不辞费。礼不逾节，不侵侮，不好狎。修身践言，谓之善行。行修言道，礼之质也。"这里对"礼"的作用做了更加具体的说明。第一，礼用来确定人与人之间关系的亲疏远近；第二，礼用来判断彼此容易相混淆之嫌和是非相似之疑；第三，礼用来分别事物的相同或相异；第四，礼用来辨明是非对错。而且，礼要求人做到以下"五不",即不阿谀取悦他人,不说无用多余的话,不逾越节度规矩,不侵犯侮慢他人,不轻佻戏弄他人。所以说,礼是一种修养身心,言行合一的善行。总之,礼的本质在于行为有修养,说话合道理。

荀子在儒家中是比较重礼的一位思想家,尽管他主张"礼法并用",但他是"隆礼而不隆法",所以遵循的依然是儒家的价值取向。对于国,他说:"国无礼则不正。"(《荀子·王霸》)意思是说国家没有礼就无法端正;"国之命在礼。"(《荀子·强国》)意思是说国家的命运取决于礼。对于人,他说:"礼者,人之所履也。"(《荀子·大略》)意思是说礼是人们行为的依据。荀子所有这些思想都可以看作是对孔子思想的继承。《礼记·哀公问》记载:"丘闻之,民之所由生,礼为大。"意思是说,孔子听说并同意这样的观念,即人们在生存中要依凭的礼是最重要的。

"经国家"的目标在于"正";"定社稷"的目标在于"安";"序人民"的目标在于"生";"利后嗣"的目标在于"养";"定亲疏"的目标在于"顺";"决嫌疑"的目标在于"断";"别同异"的目标在于"分";"明是非"的目标在于"明"。而不阿谀取悦他人,不说无用多余的话,不逾越节度规矩,不侵犯侮慢他人,不轻佻戏弄他人的目标在于"义",即不要做不应当和不适当的事。礼是一种修养,一种道理,一种善行。而所有这些也就构成了礼的本质。对礼的作用的肯定、对礼的本质的揭示以及对礼的全方位的运用,其最终目标都是要集中到一个字之上,那就是"和"。《论语·学而》记载:"有子曰:'礼之用,和为贵。先王之道,斯为美,小大由之。'"有子是要告诉人们,礼的运用,以和谐为可贵。过去圣明君王的治政之道,美好的地方就在这里,无论小事大事都朝着这个方向和目标去做。

以和为贵、以和为美应该说是"礼"所要追求和实现的理想和精神所在,"礼之以和为贵"(《礼记·儒行》),此之谓也。正因为"礼"的意义在于和美,所以必然地受到以行善行美为己任的君子的高度推崇。孔子反复强调的"立于礼"(《论语·泰伯》),"不知礼,无以立也"(《论

语·尧曰》）正是针对君子而发的。荀子更是直接指出："君子慎其所立乎！"（《荀子·劝学》）

当然，为君子所重的"礼"，其重要地位和重要作用不仅反映在那些最宏观的层面上，而且反映在社会人道、人伦纲常、为人处事、待人接物等这些具体事情之上。蕴含在"礼"中的精神实质恰又是通过上述内容的展开而得到显现的。而欲全面展现"积礼义而为君子"的丰富内涵及其精神，展现其在中国传统文化中的积极意义，就必须要对礼的含义的多样性进行揭示和研究。

### （三）礼的含义的多样性以及君子之礼

如果要在中国传统文化中选取一个德目，可以表征其文化的全部及其特征，那一定是礼德。一般来说，只有全面反映着一个国家的制度文化、政治文化、宗教文化、伦理文化、习俗文化，并且体现着这种文化的价值取向、思维方式、行为方式、交往方式及其本质特征的思想文化才可以被称为一个国家的总体性文化。例如要称谓和研究中国传统文化，就需要在上述层面上得到全面揭示才可成立和完成。而在中国传统文化中，正是靠着这个"礼文化"实现了这一点。通俗地说，礼文化几乎包括了中国传统文化，尤其是儒家文化的全部及其特征。为何礼德能够做到这一点，直接的原因就是在于"礼"的含义的多样性。所以在广泛意义上对"礼"之含义的诠释就成为必须。

#### 1. 释礼

"礼"的字源意义由东汉许慎的《说文解字》所揭示："禮（礼），履也，所以事神致福也。从示，从豊。"履表示足所依。凡所依皆曰履，从示，表示宗教的祭祀；从豊，表示行礼之器。所以"礼"的字源意思就是依据器皿祭祀神灵而获福的一种宗教实践行动和形式。这种原先只是祭神仪式的礼，随着中华文明的不断发展，由宗教领域转向了社会人事领域。

在儒家经典中对"礼"的含义进行了多层次和多方面的揭示。《礼记·仲尼燕居》说："礼也者，理也。"礼就是道理。那么礼所蕴含以及所履行的是一些什么样的道理呢？

其一，礼是天之经，地之义。"礼，天之经也，地之义也。"（《左传·昭公二十五年》）这是从天地根源上去规定礼。要之，礼是天经地义。其二，礼是治理国家、安定社会、秩序人民、利益子孙之社会人道的制度总则。一句话，礼是用来治国理政、济世安民的制度和准则。"礼，经国家，定社稷，序人民，利后嗣者也。"（《左传·隐公十一年》）这是从宏观制度上去规定礼。要之，礼是制度。其三，礼是人们行为的依据。"礼……民之行也。"（《左传·昭公二十五年》）"礼者，人之所履也。"（《荀子·大略》）这是从微观准则上去规定礼。要之，礼是准则。其四，礼是秩序。"礼者，天地之序也。"（《礼记·乐记》）就是说，礼是体现、维护秩序的一种道德规范。要之，礼是秩序。其五，礼是分别等差。无论是强调天地的秩序，还是强调社会的秩序，其目的都是要使人明白，正是因为有了秩序，所以万物万事也才有了区分和差别。其间的逻辑关系被《礼记》所揭示："序，故群物皆别。""礼者，天地之别也。"所以礼即是区别异同从而让有差别的存在各自扮演好应该和适宜的角色，"礼者，别宜"（《礼记·乐记》），此之谓也。首先区别出天地万物的不同。"在天成象，在地成形，如此，则礼者，天地之别也。"（同上）就是说天有日月星辰等不同的天象，地有鸟兽树木山川河流等不同的形态、殊异的物种。礼就是表示这种天地万物的差异和区别的。同样，在社会人道中，存在着不同等级阶层，贵贱亲疏远近等这些差异和区别也要通过礼表示出来。这一理念正是《礼记》第一篇的《曲礼》记载的那段名言："夫礼者，所以定亲疏，决嫌疑，别同异，明是非也。"就是说，礼是用来规定人与人之间的亲近疏远、判断容易混淆和相似的事物、分别事类的相同或相异、明辨是非对错的。《曲礼》又说："君臣、上下、父子、兄弟，非礼不定。"荀子说："礼者，贵贱有等，长幼有差，贫富轻重皆有称者也。"（《荀子·富国》）所谓礼是指贵贱有等级、长幼有差别，贫富和地位都要有相应的规定。《大学》说："亲亲之杀，尊贤之等，礼之所生也。"杀（音shài）是等差的意思，是说亲爱亲族要有远近亲疏的差别，尊敬贤能要有德才高下的等次，礼就由此而产生了。要之，礼是秩序，礼是分别，礼是等差。

儒家认为，从国到民，再到事，一切都不可以没有礼。诚如荀子所说："礼之于正国家也，如权衡之于轻重也，如绳墨之于曲直也。故人无礼不生，事无礼不成，国家无礼不宁。"《荀子·大略》礼对于正道治国，就像秤对于轻重一样，就像绳墨对于曲直一样。所以人们没有礼就不能生存，事情没有礼就不能成功，国家没有礼就不得安宁。这一思想显然是继承孔子"立于礼""无礼不立"思想的。孔子十分强调大到国家、小到个人"不知礼，无以立也"（《论语·尧曰》）。

我们虽然知道了礼是制度、准则、秩序、分别、等差的道理，但更重要的是要揭示这些道理的意义，尤其是要结合君子之德、君子之行来加以分析和研究。换句话说，绝对不能一提到传统的制度文化及其等级秩序等思想观念，不加具体分析就简单地否定。

"五四"以后，由于种种复杂的历史原因，中国人在反思中国自近代以来为什么落后了、为什么老是被外国列强欺侮，结果找到了中国传统文化。许多人认为落后的中国传统文化是造成上述情况的根本原因，进而提出了一些非常激进的结论，其中尤以"以理杀人""礼教吃人"两个命题为甚。影响所致，在许多中国人那里只要一提到"礼"，当即就会得出负面的结论并加以否定和批判。在一些学者那里，在讨论到中国的制度文化时，往往不会作历史和具体的分析，一味全盘否定，只看到由礼体现出来的中国传统文化中的制度方面的各种弊端。

上文诠释了礼的内涵，首先涉及的就是礼的制度文化的相关内涵。在这些内容中实际上包含着非常多的正面意义和价值。中华文明之所以延续几千年而不断，在于有四根大绳在支撑和维系着，其中第一根的名字就叫作"礼"，"国之四维，礼义廉耻。四维不张，国乃灭亡"，此之谓也。

礼是一种制度规定，是一种社会秩序，是一种万物别宜。这些集中到一点就是"节度"。有节就会有高下，有节就会有先后，有节就会有差别。任何制度下的国家都有领导与被领导的自然高下之分，但一定要有度，一定要适宜。对于领导的高下之分，中国传统社会给它起了个名字，叫作"君臣"。领导高下的相处要有分寸，要有适度，中国传统社会给它起了个名字，叫作"有义"，"君臣有义"，此之谓也。任何制度下的社会都有要长者与幼者、先生与女士的自然先后之别，中国传统社会给它起了个名字，叫作"长幼""男女"。长者与幼者、先生与女士有自然先后之别，但一定要有序，一定要适宜，中国传统社会给它起了个名字，叫作"有序"，"长幼有序"，此之谓也。在任何一个可以被称为文明社会的国度里，无不宣扬老人、女士优先的价值观。天地万物的生长有着万千的差异，社会人员的分工有着百行的不同，这都属于自然的条理、社会的合理。由此可见，所有的天地万物，任何的国家社会都是承认和讲究秩序、差别的，而中国又早在千年以前就强调秩序、差别的"适宜"和"节度"。值得特别注意的是，对于"礼"在国家社会层面所显示的属性和功能，一定要留意两个概念，一个是"别"，一个是"宜"。中国传统文化所强调的"礼不逾节"（管子语），即不要逾越礼节，同时想告诉人们的是，既要看到"差别"，又要注意"适宜"。这才是"礼者别宜"（《礼记》语）的真正内涵及其意义之所在！通过这样的分析，我们不但不能简单地去否定中国传统文化中的"礼"，而且能深刻感受到中国传统文化中的"礼"有着极其宝贵的营养和智慧。因此，"礼义"才会受到有德有才的君子的高度推崇！"君子者，礼义之始也"，"道礼义者为君子"（荀子语），此之谓也。

其六，礼是恭敬，礼是辞让。孟子认为恭敬之心，也说辞让之心，乃是礼德的开端。这是从礼产生的人性根源上来对"礼"进行的规定。所以孟子又明确指出："有礼者敬人。"（《孟子·离娄下》）敬是礼的内涵，更是礼最根本的精神。礼敬是千百年来制礼与行礼者的共识。《礼记》开篇就说道："《曲礼》曰：毋不敬。"所谓的"毋不敬"就是指人身心内外不可有一点不恭敬之意。尽管礼的外在形式成百上千，但所有的形式都要反映同一个精神理念，那就是恭敬。所以后人有言："经礼三百，曲礼三千，亦可以一言以蔽之，曰：'毋不敬。'"郑玄注释曰："礼主于敬。"所以《礼记·乐记》说："礼者，殊事合敬者也。"礼以不同的方式使人彼此敬重。《左传·僖公十一年》说："不敬则礼不行。"要之，一切礼法都以一个"敬"字为依归。而敬又具体表现为恭、肃、慎之情。

其七，礼是报。报就是报答的意思。《礼记·表记》说："报者，天下之利也。"意思是说，礼物的往来报答是天下的利益。孔颖达疏："报，谓礼也。礼尚往来，相反报物得其利，故云天下之利也。"相报者就是有礼，不报者就是失礼。所以《礼记·曲礼》才说："礼尚往来。往而不来，非礼也；来而不往，亦非礼也。人有礼则安，无礼则危。故曰：礼者不可不学也。"人的交际有来有往，相互报答，如此人际关系就能平和安定，而无礼就会有危险。所以说，礼是不可不学的。

其八，礼是养。礼之养的规定主要是从礼产生的根源上来谈的。这一思想观念被儒家的荀子高度重视。《荀子·礼论》说："故礼者，养也。"意思是说，礼是用来满足人们欲望和要求的，"以养人之欲，给人之求"，此之谓也。

通过对"礼"这个概念的诠释分析，我们会发现，在礼的众多含义中，礼的"节"义当属于核心要义。"礼，节也，故成。"（《荀子·大略》）所谓"节"就是规范、规定，就是节制、约束。有节制、有约束、讲适当才会使事物成功。但如何准确理解"礼"的这一要义，就成为研究包括君子文化在内的中国传统文化的一个非常关键的问题。礼之节是要强调通过规则来制约、调节事物使之达到适中状态，"子曰：'礼乎礼！夫礼，所以制中也'"（《礼记·仲尼燕居》），此之谓也。

"制中"也等于"中节"，而所谓"中节"也正是通过调节而达到符合自然之节度，符合道德之规范，如此境界就是"和"的境界，"发而皆中节，谓之和"（《中庸》），此之谓也。可见，礼之节所要达到的目标乃是成功与和谐。《论语》的"礼之用，和为贵"，也是在这个意义来说的。成功、和谐不但是尊贵的、高贵的，而且是美善的。因此，"礼"又被规定为是一种"文"的存在。《礼记·乐记》说："礼自外作，故文。"礼反映在外表，所以就显现文采。又说："礼也者，动于外者也……礼减而进，以进为文。"礼虽减省但也要自我勉励，礼以自我勉励为善为美。郑注说："文，尤美也，善也。"

当然在儒家思想里，有时是将礼作为对仁、义等其他德目的调节、细化和文饰。《孟子》和《礼记》对此都有过非常明确的论述。但孟子与《礼记》不同的是，孟子专就狭义的仁义来谈礼对它们的"节文"，而《礼记》则是在更加普遍的含义上来谈礼对诸德的"节文"的。孟子说："仁之实，事亲是也；义之实，从兄是也……礼之实，节文斯二者是也。"（《孟子·离娄上》）在这里孟子都是在对仁、义、礼等德目进行狭义性的规定。认为仁爱的实质是侍奉双亲；义的实质是顺从兄长；礼的实质是调节、修饰这两者。也就是说，因为仁义的实质仅被限定在血缘的事亲和从兄之上，而礼则是对仁义的调节和修饰，由此也决定了礼的功用被限定在了血缘的事亲和从兄的范围之内了。《中庸》也说："仁者，人也，亲亲为大；义者，宜也，尊贤为大。亲亲之杀，尊贤之等，礼所生也。"可见，礼既落实了亲亲的差别之仁，又落实了尊贤的等次之义。通俗地说，礼既调节文饰了仁，又调节文饰了义。所以说，礼是仁、义二德的"节文"。

当然，包括孟子在内的儒家思想家都又在更广泛和普遍的意义对"仁义"进行着定义和阐发。孟子说："亲亲而仁民，仁民而爱物。"（《孟子·尽心上》）"仁民"与"爱物"显然是突破了血缘的"亲亲"范围而具有了更普遍的意义。孟子又说："仁，人心也。"（《孟子·告子上》）"仁也者，人也。"（《孟子·尽心下》）孟子的"仁者，爱人也"的思想显然是直接继承孔子思想的。《论语·颜渊》记载："樊迟问仁，子曰：爱人。"韩愈说："博爱之谓仁。"（《原道》）程颢说："仁者浑然与物体同体。"（《识仁篇》）王阳明说："其一体之仁。"（《大学问》）

所有这些都清楚地表明，儒家的"仁爱"思想绝对不是仅局限在血缘的"亲亲"范围之内的。由此逻辑可以得出，作为"节文"仁、义二德的礼当然相应地具有了与仁、义二德同样的更普遍意义的规定性，从而也体现着礼的更广泛的意义和价值。所以，如果在这个意义上来理解礼的"节""制中""文""节文"等含义，就会更深入地把握到礼的作用及其价值意义！一句话，礼是用来调节、体现、贯彻、修饰、完善、美善仁、义等道德的。仁是爱人。如何爱人呢？这就需要礼德来加以具体规范、落实和修饰。孟子认为爱人的进一步表现一定是尊敬、恭敬别人。换句话说，敬人乃是爱人的更具体、更广泛的呈现，"有礼者敬人"（《孟子·离娄下》），此之谓也。应该看到，"敬"不仅是对"爱"的具化、泛化，而且是对"爱"的升华。孟子说："食而弗爱，豕交之也；爱而不敬，兽畜之也。"（《孟子·尽心上》）意思是说，喂养却不爱他，是用对待猪的方式和他交往；爱他却不尊敬他，是用对待兽的方式畜养他。

坚守做人标准的"道义"，遵循分配财富的"正义"，信奉忠诚不欺的"信义"，则又是礼对义的调节和文饰。正因为礼与义的联系如此紧密，从而形成一个"礼义"的概念而受到重视，更成为君子所行的道德规范。"积礼义而为君子。"（《荀子·儒效》）"君子者，礼义之始也。"（《荀子·王制》）"道礼义者为君子。"（《荀子·性恶》）

礼的多重意义和价值乃是通过"君子"这一主体而得到具体展现的。

对"礼"的多重含义进行详尽的诠释，其目的是要在广泛的意义上对"立于礼"者的君子进行论述。《礼记·仲尼燕居》明确指出："是故君子无物而不在礼矣。"认为君子凡做事没有一件是不合乎礼的。这就充分证明君子立于礼、行于礼是体现在方方面面的。

礼就是理，"礼也者，理也"（《礼记·仲尼燕居》），此之谓也。立于礼就是立于理，行于礼就是行于理，在礼就是在理。要之，君子做事"在礼"就是"在理"。

礼是讲求多种道理的，概括起来有：其一，礼是天经地义的道理，

"礼，天之经也，地之义也"（《左传·昭公二十五年》），此之谓也；其二，礼是国家社会制度的道理，"礼，经国家，定社稷。序人民，利后嗣者也"（《左传·隐公十一年》），此之谓也；其三，礼是准则的道理，"礼者，人之所履也"（《荀子·大略》），此之谓也；其四，礼是秩序的道理，"礼者，天地之序也"（《礼记·乐记》），此之谓也；其五，礼是分别、等差的道理，"礼者，别宜"，"礼者为异"（《乐记》），"礼者，贵贱有等，长幼有差，贫富轻重皆有称者也"（《荀子·富国》），此之谓也；其六，礼是辞让、恭敬的道理，"辞让之心，礼之端也"（《孟子·公孙丑上》），"恭敬之心，礼也"（《告子上》），"有礼者敬人"（《离娄下》），"不敬则礼不行"（《左传·僖公十一年》），此之谓也；其七，礼是报答的道理，"报，谓礼也"（《礼记·表记》孔疏），此之谓也；其八，礼是用来满足人们欲望的道理，"故礼者，养也"（《荀子·礼论》），此之谓也；其九，礼是仁义等道德的"节文""制中"的道理，"礼，节也"（《荀子·大略》），"子曰：'礼乎礼！所以制中也'"（《礼记·仲尼燕居》），"礼节者，仁之貌也"（《儒行》），"礼之实，节文斯二者是也"（《孟子·离娄上》），此之谓也。

## 2. 制度、秩序、分别意义上的君子之礼

儒家谈国家制度的建立以及治理，总是喜欢与天地自然结合起来，这是儒家的思维方式。其目的是要将国家制度神圣化和绝对化。天地是生命的本源，礼义是治国的本源，而君子则是礼义的本源。也就是说，天地之于生命，礼义之于治国，君子之于礼义有着内在的逻辑关联性。荀子对此有过精彩的阐述，他说："天地者，生之始也；礼义者，治之始也；君子者，礼义之始也。为之，贯之，积重之，致好之者，君子也。故天地生君子，君子理天地。君子者，天地之参，万物之总也，民之父母也。无君子则天地不理，礼义无统，上无君师，下无父母，夫是之谓至乱。"（《荀子·王制》）荀子对君子的职责提出了全面要求，也可以看作是对"君子"的定义。也就是

说，能够实行礼义、贯彻礼义、积累加强礼义、极其喜好礼义的人叫作"君子"。君子按礼义去治理天地，治理国家，治理人民。正因为如此，君子是天地的匹配，万物的总领，人民的父母。如果没有君子，天地就得不到治理，礼义就没有头绪，上没有君师，下没有父子，这就叫作"大乱"。天地秩序在于礼，政治秩序在于礼，伦理秩序在于礼。而"积重礼义"的君子正是维护这一秩序的杰出者。

荀子这里所说的"君子"既指最高的统治者，也泛指能够参与高层的治国理政者。但不管什么身份的君子，对礼义要"致好之"是其必要的素养。荀子之所以在制度秩序层面将礼与义联用，正是要突出礼义的"分"的功能。"分莫大于礼。"（《荀子·非相》）"故序四时，裁万物，兼利天下，无它故焉，得之分义也。"（《荀子·王制》）所以人们根据四时的顺序管理万物，使天下都受益，没有别的原因，就是因为有了名分和道义。礼义之分的目的乃是在于一个"和"字。换言之，秩序所要实现的是和谐，"礼之用，和为贵"（《论语·学而》），"故义以分，则和"（《荀子·王制》），此之谓也。

不能将儒家强调不同身份所谓的"有等""有差""轻重"一味看作是维护封建的专制和等级的思想观念，实际上儒家重点考虑的是"德必称位"（《荀子·富国》）。也就是说，道德一定与地位相称。君有仁才配为君，臣有敬才配为臣，父有慈才配为父，子有孝才可配为子，朋友有信才配为朋友，"为人君止于仁，为人臣止于敬，为人父止于慈，为人子止于孝，与国人交止于信"（《大学》），此之谓。君子那么尊敬秩序意义上的"礼义"的根本原因在于一个"德"字，"君子以此之为尊敬然"（《礼记·哀公问》），此之谓也。在儒家那里，礼总是与德相连而成为治理人民的有效方式。要之，君子所以重礼义，正是在于礼义是道理，礼义是道德！

### 3. 行为方式意义上的君子之礼

人之所以为人在于他有着自己独特的属性及其意义和价值，而所有这些都需要通过他的行为方式反映出来。"人之所以异于禽兽者几希"（《孟子·离娄下》），这"几希"就表现在有没有礼上。《礼记·曲礼》是这样说的："今人而无礼，虽能言，不亦禽兽之心乎？……是故圣人作，为礼以教人，使人以有礼知自别于禽兽。"意思是说，而今作为人要是无礼的话，虽然能说会道，不也是禽兽之心吗？圣人制定礼并让人有礼，其目的是使人知道把自己和禽兽区别开来。值得注意的是，感叹人的行为与禽兽"何以别乎？"（孔子语），担忧人的生活"近于禽兽"（孟子语），主张人要过上和践行"别于禽兽"（《礼记》）的生活和行为，乃是儒家一直非常关注的问题。儒家是想通过"人兽之别"的讨论来突出人之为人的特殊意义和价值之所在。

人的行为要是符合人的本质属性，那一定是道德的行为，即是超越了人的动物生理需求以及语言知觉的那种行为。孔子将连狗马都能做到的"能养"的行为方式排除在人的孝行之外，认为如果做不到对父母的"敬顺"，那么就与狗马无法区别开来，"至于犬马皆能有养，不敬，何以别乎？"（《论语·为政》），此之谓也。在孟子看来，君子不把人的"口味，目色，耳声，鼻臭，四肢安佚"看作是人性，"君子不谓性也"（《孟子·尽心下》），此之谓也。君子所认为的"人性"乃是根植于人心的仁、义、礼、智等德，"君子所性，仁义礼智根于心"（《孟子·尽心上》），此之谓也。另外，那种将语言和知觉视为人的本质的观点也是儒家所反对的。"鹦鹉能言，不离飞鸟；猩猩能言，不离禽兽。今人而无礼，虽能言，不亦禽兽之心乎？"（《礼记·曲礼》）鹦鹉、猩猩虽然能说话，但就其本质来说不过是一种禽兽，如人无礼，即使能说话，那与禽兽的本质就没什么区别了。荀子更明确地指出："禽兽有知而无义。人有气有生有知，亦且有义，故最为天下贵也。"（《荀子·王制》）结论是：人之为人的本质属性不在语言和知觉，而在于礼义。由此可见，整个儒家要告诉人们的是，决定人的本质属性及其行为方式的不是"能养"，不是"生理需求"，不是"语言"，不是"知觉"，而是以"仁义礼智"为代表的"道德"。

　　而在这些道德中当推礼德更具有"行动""行为"等属性。换句话说，实行、实践、修行这些"行为动作"构成了礼德的本质。说得通俗点，所有道德，如果没有礼来加以实行，那是无法完成其道德使命的。《礼记·曲礼》说："修身践言，谓之善行。行修言道，礼之质也。"意思是说，修养身心，实践所言，叫作"善行"。行为要体现出修养，言语要合乎道理，这是礼的本质。又说，"道德仁义，非礼不成"。就是说，道德仁义，没有礼就不能完成。正因为礼具有了这样的性质及其功能，所以受到君子的高度重视，"故君子之于礼，敬而安之"（《荀子·君道》），此之谓也。就是说君子对于礼，既恭敬它，又安止于它。

　　礼是仁的外貌和外在表现形式，"礼节者，仁之貌也"（《礼记·儒行》），此之谓也。由此也说明礼与仁的紧密关联性。仁是爱人。那作为贯彻仁爱的礼，应该表现出什么样的德行呢？实际上儒家指出了其间的逻辑关系。孟子说："仁者，爱人也。有礼者，敬人。"（《孟子·离娄下》）荀子也说："仁者必敬人。"（《荀子·臣道》）意思是说，仁的本质精神是爱人；礼的本质精神是敬人。仁人一定尊敬别人。

　　仁的道理和精神是爱人，然而，说爱人总觉得有些抽象和笼统，它一定要落实到更具体的行为方式之中。而敬人的礼则恰恰将爱人的仁具体化了、细致化了。礼的精神实质在一个"敬"字。礼的人性论的根据乃是人的天生的恭敬之心，"恭敬之心，礼也"（《孟子·告子上》），此之谓也。一切作为仪式、仪态的形式之礼，其所要表达的精神都归于"敬"！《礼记》开篇第一章的《曲礼》第一句就是三个字："毋不敬"，即不要不恭敬。

　　作为履于礼者的君子，必然地表现出对"礼之敬"的道理和精神的推崇和尊奉。《论语·颜渊》记载："子夏曰'君子敬而无失，与人恭而有礼'。"就是说，君子行事敬而没有过失，处人恭而有礼。一句话，"君子无不敬也"（《礼记·哀公问》）。

　　那么，反映和体现礼的道理和精神的"敬"，其具体的内涵又是怎样的呢？以及君子又是如何在具体的行为方式中去表现不同的"敬"之精神的呢？

所谓人的行为方式，是指人在与诸多不同对象的相处过程所表现出的行为手段、形式和方法。在中国传统文化中，一般来说，人要与天命、天地、亲人、君王、大人、人民、邻里、朋友、国人以及由圣人文人创造的文化、学说、思想等构成关系。所谓的"国人"是指陌生人。《大学》说的"与国人交止于信"正是指没有血缘关系的人与人相交，要归止于诚信。曾子让人参省的三件事包括了他人、朋友和圣人之言，"吾日三省吾身。为人谋而不忠乎？与朋友交而不信乎？传不习乎？"（《论语·学而》），此之谓也。北宋思想家张载的"四为说"，亦称"横渠四句"，就涉及天地、人民、文化，"为天地立心，为生民立命，为往圣继绝学，为万世开太平"，此之谓也。而所有这些人与对象形成的关系及其行为方式全由"礼"来加以统摄，"礼者，天之经也，地之义也，民之行也"（《左传·昭公二十五年》），此之谓也。有道有德有才有艺的君子则是"礼"的最好的践履者。君子处人做事没有一件是不合乎礼的，"是故君子无物而不在礼矣"（《礼记·仲尼燕居》），此之谓也。而履于礼的君子是按照什么样的具体精神来实施的呢？答案是"敬"。《左传·僖公十一年》说："不敬则礼不行。"郑玄说："礼主于敬。"《荀子·君道》说："故君子之于礼，敬而安之。"《礼记·曲礼》说："是以君子恭敬、撙节、退让以明礼。"一句话，"君子无不敬也"（《礼记·哀公问》）。对于君子之义在于敬，从总体上论述最为清晰的当推孔子。孔子在回答其弟子子路请教何为君子问题时，给出了定义性的答案：在孔子看来，能够按照敬去修养自身的人就叫作君子，"子路问君子。子曰：'修己以敬'"（《论语·宪问》），此之谓也。孔子又认为，如果要成为一个真正的君子，除了自身做到"居恭执敬"以外，还需要"修己以安人""修己以安百姓"（同上）。实际上这里涉及"敬己""安人""安百姓"等多层次人与人相处的行为方式问题。

《说文解字》说："敬，肃也。"《释名》说："敬，警也，恒自肃警也。"《玉篇》说："恭也，慎也。"《广韵》说："恭也。肃也。慎也。"可见，"敬"字在肃之肃敬、恭之恭敬、慎之慎敬等义上获得了它的本旨要归。要之，肃敬、恭敬、慎敬构成了"敬"的内涵及其意义。

而与肃敬、恭敬、慎敬相悖的一切行为方式就被称为"不敬"。与肃敬相悖的不敬包括轻佻、狎侮、嬉笑，即包括一切不庄重、不严肃的行为；与恭敬相悖的不敬包括傲慢、怠慢、轻慢，即包括一切不谦逊、不重视的行为；与慎敬相悖的不敬包括苟且、懒惰、懈怠，即包括一切不戒惧、不畏惧的行为。轻佻随便的不在意、随性散漫的不谨慎、苟且马虎的不精心构成了不敬的内涵。不懈怠即是敬，"敬，不懈于位也"，此之谓也；惰怠即是不敬，"惰，不敬也"，此之谓也。正面的敬与反面的不敬如用一句话来表示，正是《礼记》开篇的第一句"毋不敬"。

其一，肃敬之敬以及君子之道。在孔子看来，给人以庄重感是君子应该具备的气质。"子曰：'君子不重则不威，学则不固。'"（《论语·学而》）意思是说，君子如果不庄重，就不会有威严，学了东西也不会牢固。《论语·公冶长》说："子谓子产：'有君子之道四焉：其行己也恭，其事上也敬，其养民也惠，其使民也义。'"孔子认为子产在四个方面具备了君子之道：第一，他自己的行为庄重恭肃。第二，他侍奉君王恭敬忠诚。第三，他施予恩惠来养护人民。第四，他用道义来管理人民。

孔子的两位弟子也对君子的有关庄敬的风度问题进行了论述。一位是曾参。《论语·泰伯》记载："曾子言曰：'君子所贵乎道者三：动容貌，斯远暴慢矣；正颜色，斯近信矣；出辞气，斯远鄙倍矣。'"意思是说，君子所重视的道表现在三个方面：第一，使自己容貌严肃，如此就可远离粗暴懈怠。第二，使自己神色庄重，如此就可近于真诚可信。第三，使自己言辞和顺，如此就可远离鄙俗无理。这里对君子的仪表、举止、言辞提出了明确的要求，具体要做到仪表堂堂、神色端庄、言辞正当。也就是说，容貌之动在于严肃，神色之正在于庄重，言辞之出在于文雅。这样的行为方式就叫作君子风度。另一位是子夏。《论语·子张》记载："子夏曰：'君子有三变：

望之俨然，即之也温，听其言也厉。'"意思是说，君子有三个变化的形象：远远望去庄重威严，与他接近温和可亲，听他说话义正词严。在子夏看来，庄严而不失温文，词严而不失尔雅。要之，庄重威严，温文尔雅，义正词严，乃君子之象也。

其二，恭敬之敬与君子之道。作为礼的本质及其精神的"敬"有肃敬、恭敬和慎敬的具体规定，但一般来说，被人想到的首先应该是它的"恭敬"之义。《论语》明确指出："恭近于礼，无耻辱也。"（《论语·学而》）对人对事态度恭敬是接近符合礼的，如此就可以远离耻辱。亚圣孟子更是直接将"恭敬之心"作为"礼"的开端来论述的。孟子说："恭敬之心，人皆有之……恭敬之心，礼也。"（《孟子·告子上》）意思是说，恭敬之心是每个人生来就都本有的，恭敬之心是礼这一道德产生的根源和开端。孟子在其著作中有时也将"恭敬之心"另说成"辞让之心"。这也表明，辞让、谦让、退让、卑让是恭敬之德的具体表现形式。孟子说："无辞让之心，非人也……辞让之心，礼之端也。"（《孟子·公孙丑上》）没有辞让之心就不能算是真正的人，辞让之心是礼德的根源和开端。

在儒家那里，君子所具备的恭敬之德首先表现在对礼本身的态度上以及自觉受礼约束的行为中。荀子说："故君子之于礼，敬而安之。"（《荀子·君道》）荀子在这里强调君子对于礼要持有恭敬的态度并实际地去遵循它。孔子认为，如能恭敬地接受礼的约束，那么人们的行为就会有规范，也就能不背离道了。子曰："君子博学于文，约之以礼，亦可以弗畔矣夫。"（《论语·雍也》）意思是说，君子通过广博地学习文献典籍，并以礼约束自己，这样就可以不违背大道了。孔子最看不下去的事情之一就是"为礼不敬"。"为礼不敬……吾何以观之哉？"（《论语·八佾》）恭敬地接受礼的约束，已然成为君子的风范。这也可能是《论语》三次提到同样主张的原因所在吧。《雍也》篇说："君子博学于文，约之以礼，亦可以弗畔矣夫。"《子罕》篇说："博我以文，约我以礼。"

对于人和事都要恭敬乃是君子之德。子夏曰："君子敬而无失，与人恭而有礼。四海之内，皆兄弟也。君子何患乎无兄弟也？"（《论语·颜渊》）子夏认为只要君子做事认真而没有过失，对人恭敬而合于礼，全天下的人都是兄弟，所以君子没必要忧愁没有兄弟。对事以敬、对人以恭是君子处人处事的原则。

做到了对人对事的恭敬，那一定会远离一切傲慢、怠慢、轻慢以及不谦逊、不重视的行为。为人处事把握好不偏不倚的中庸之道，这也是对君子提出的要求。当然这里包括对恭敬而不失度提出的要求。关于这个问题论述得最为完备的当推荀子了。他说："君子宽而不僈，廉而不刿，辩而不争，察而不激，寡立而不胜，坚强而不暴，柔从而不流，恭敬谨慎而容，夫是之谓至文。"（《荀子·不苟》）君子应该具有以下品德，宽容而不侮慢，方正而不伤害人，辩理而不争胜，明察而不偏激，独立正直而不盛气凌人，坚强而不凶暴，宽柔和顺而不随波逐流，恭敬谨慎且从容不迫。做到这些就可以叫作最有文德。《诗经》中所谓的温和恭敬待人正是道德的基础，说的就是这个道理。

对人对事的恭敬具体表现在处人处事中的退让和不争。孔子十分明确地将"不争"规定为君子的品格。他说："君子无所争。必也射乎！揖让而升，下而饮。其争也君子。"（《论语·八佾》）君子没有什么可争的事，如果有争一定是在射礼上吧！但他们首先相互行礼，然后登堂进行比赛，赛毕下堂共同饮酒。这样的争才是君子之争。孔子又说："君子矜而不争，群而不党。"《论语·卫灵公》意思是说，君子持重而不与人相争，合群而不结党。君子为什么与事与人都不争呢？实际上这里还有一个更根本的修养作为支撑，那就是卑己而尊人。孔子说："君子贵人而贱己，先人而后己，则民作让。"（《礼记·坊记》）意思是说，君子尊重别人而贬抑自己，先人而后己，这样人们就会养成谦让的风气。

虽然恭敬别人是美善的德性，是君子所为，但这里还存在一个区分不同对象的问题。简单地说，敬人是有道的。荀子说："敬人有道：贤者则贵而敬之，不肖者则畏而敬之；贤者则亲而敬之，不肖者则疏而敬之。其敬一也，其情二也。"（《荀子·臣道》）恭敬别人有一定的原则：对贤人就用崇敬的心情来尊敬他，对不贤的人就用畏惧的心情来尊敬他；对贤人就用亲近的方式尊敬他，对不贤的人就用疏远的方式尊敬他。尊敬是一样的，实质是不一样的。当然，我们更希望有更多的发自内心的尊敬别人，而不是基于畏惧等功利的考量而对别人的尊敬。与此相关，君子重视恭敬的实质而不是虚伪外在的形式，"恭敬而无实，君子不可虚拘"（《孟子·尽心上》），此之谓也。

对事对人的恭敬具体表现在谦让、谦卑、不争等之上，但不可以将这种礼让的精神视为缺乏勇气、软弱可欺、不思进取。儒家主张人的勇气和进取要来自心性的强大，取决于情感的力量，并认为唯有基于心性的强大才是最终的强大。在爱人、敬人中实现人与人的相互感应，也就是说，在"爱人者，人恒爱之；敬人者，人恒敬之"（《孟子·离娄下》）的相互情感的感应与交换中赢得最终的胜利。儒家的价值观是始终拒绝那种生物意义上的人与人的相互争斗、互争高下，更反对弱肉强食式的一方战胜另一方的争夺方式。这一富有特色的价值观往往是通过君子这一形象来得到体现的。荀子说："故曰：君子隐而显，微而明，辞让而胜。"（《荀子·儒效》）君子隐居也显著，卑微也荣耀，辞让也会胜过别人。这也被理解成为另一种形式的"无为而无不为"。在中国传统文化思想中，儒家与道家共同推崇和奉行一个价值观——慈。无论是儒家的"慈爱"，还是道家的"慈柔"，都具有强大的力量！"夫慈，以战则胜，以守则固"（《道德经》第67章），此之谓也。以辞让、不争、给予为特征的"慈"，以它去战则攻无不克，以它去守则牢不可破。因而，"辞让而胜"构成了儒道两家共同的价值观。中国人相信，只要能够做到笃实恭敬，天下国家自然就会太平，"是故君子笃恭而天下平"（《中庸》），此之谓也。

儒家的"敬而有道"，更重要的是要强调一切恭敬的行为方式都应该始终遵循着"制中"原则。《礼记·仲尼燕居》说："子曰：'敬而不中礼谓之野，恭而不中礼谓之给，勇而不中礼谓之逆'……子曰：'礼乎礼！夫礼，所以制中也'。"在孔子看来，貌似敬却不合乎礼的要求，那是鄙俗；貌似恭却不合乎礼的要求，那叫谄媚；貌似勇却不合乎礼的要求，那是逆乱！所谓礼，就是要用礼来制约、调节使之适中。也就是说，恭敬是礼的表现，所以要始终按照礼的精神去践行任何形式的恭敬，否则就会出现如《礼记》所说的"野"（鄙俗）、"给"（谄媚）、"逆"（逆乱）的情况。而礼的本质即在于规范和约束，礼的功用即在于调节和中节，并最终达到和谐和成功，"礼，节也，故成"（《荀子·大略》），"礼者，殊事合敬者也"（《礼记·乐记》），此之谓也。作为"节文"的礼正是通过调节、中节不同的对象和事宜，从而使恭敬的结果产生文采、美善性的效果。所以，君子不会行没有礼（道理）之事，不会做没有节制之事，"君子无理不动，无节不作"（《礼记·仲尼燕居》），此之谓也。君子正是要在这种恭敬、节制、谦让中去彰显礼的精神的，并最终通过礼去体现仁爱的本质精神，"是以君子恭敬、撙节、退让以明礼"（《礼记·曲礼》），此之谓也。

其三，慎敬之敬以及君子之道。与慎敬相背的不敬包括苟且、懒惰、懈怠，即包括一切不戒惧、不畏惧的行为。对人对事有了慎敬之情就不会做出苟且之事。所谓苟且是指那些只顾眼前、急功近利、敷衍了事、得过且过、马马虎虎、随便草率、怯懦软弱等不正当行为，而"不苟"要求的正是不要那样做。荀子为此专门写了一篇文章，起名就叫《不苟》，并认为君子所为恰恰表现在他们的"不苟"精神。从而也说明儒家对慎敬的重视。荀子说："君子行不贵苟难，说不贵苟察，名不贵苟传，唯其当之为贵。"（《荀子·不苟》）也就是说，作为一名真正的君子，不会将那些只是为了博取所谓名利而不顾正义的种种行为当作可贵的事情加以肯定。由此可见，儒家所肯定的君子"不苟"的精神是基于心中的慎敬和敬畏。

对于每个人自己的"性命"要慎敬和敬畏；对于每个人自己的"职业"要慎敬和敬畏。孔子之所以将"畏天命"作为"君子有三畏"的首位而提出，正是要唤醒人们对那些神圣存在的敬畏之情。人之所率之性乃"天"之所赋、所命。"畏天命"实际上就是"率性"，就是敬畏、慎敬地对待自己的身份、角色以及所要遵循的种种道德规范。敬畏自己的"职分"，各司其职，各安其分，做好自己。于是"率性敬职"遂成为君子之位、君子之分。对于这样具有神圣意味的"天下之达道""天下道""天下法""天下则"之"天命之谓性"（《中庸》），作为一名真正的君子，绝对应该遵循而行并不钦慕本分以外的东西，"君子思不出其位"（《论语·宪问》），"君子素其位而行，不愿乎其外"（《中庸》），此之谓也。君子之所以有此行、有此愿都是基于对"性与职"的慎敬与敬畏！

### （四）礼之用的文明美丽性以及君子之道

中华文明是以礼义、礼仪、礼乐文明而著称并显示出它的文明特征的。换言之，中华文明是礼义文明，是礼仪文明，是礼乐文明。只有当一个概念或说范畴能够涵盖这个文明的多重内涵、意义及其作用的时候，才可以被用来表征这种文明的特征，而"礼"正是这样一种概念或说范畴。

#### 1. 礼为大

礼之大不仅表示它的范围之广大，而且表示它的作用之巨大。《礼记·哀公问》说："丘闻之，民之所由生，礼为大。非礼无以节事天地之神也。非礼无以辨君臣上下、长幼之位也，非礼无以别男女、父子、兄弟之亲，婚姻、疏数之交也。君子以此之为尊敬然，然后以其所能教百姓，不废其会节。"这是在转述孔子所听闻的思想观点，同时也说明此种思想观点在中国的流传是长久深远的。人民在生存中所依凭的礼是最广大和最重要的。没有礼就无法调节事奉天地神灵；没有礼就无法分辨君臣、上下、长幼的不同地位；没有礼就无法区别男女、父子、兄弟的不同感情以及婚姻、朋友交往的亲疏关系。因此，君子对礼是十分尊敬的，他们遵循着礼并以自己的能力来教导民众，使他们不失时节地开展各种礼仪活动。礼所涉及的范围是广泛的，包括了国家之治理、社稷之安定、百姓之安抚、子孙之继嗣等，"礼，经国家，定社稷，序人民，利后嗣者也"（《左传·隐公十一年》），此之谓也。

## 2. 礼是序

在儒家文化看来，礼首先是天地的秩序，而天地秩序又是社会人道秩序的根源。这也被看成是人道法天的天人合一的思维方式在"礼"文化上的体现。在儒家看来，礼是天、地、人三者的共同之道。"礼者，天地之序也。"（《礼记·乐记》）"在天成象，在地成形，如此，则礼者，天地之别也。"（《礼记·乐记》）中国古人观察到，天空的日月星辰灿烂地闪烁，大地的山水草木繁茂地生长。也就是说，天空中日月星辰形成各种天象，大地上鸟兽、山水、草木生成各种形态。简单地说，天有不同的天象，地有不同的地形、殊异的物种，而礼就是用以显示天地万物的差异和区别的。由天地之序和天地万物之别，可以联想到我们人类社会其实也是表现为不同的形态、地位、身份和关系。因此，儒家文化基于天道秩序和万物差异性的领悟，转向对人道秩序的建设。诚如荀子所说："故序四时，裁万物，兼利天下，无它故焉，得之分义也。"（《荀子·王制》）意思是说，人们根据四时的顺序管理万物，使天下都受益，这没有别的原因，就是因为有了名分和道义。而礼也正是用来显示社会人事的差异和区别的。具体来说，礼是对贵贱的等级、长幼的差别、贫富的不同、轻重的不同等给出、制定的相应规定，"礼者，贵贱有等，长幼有差，贫富轻重皆有称者也"（《荀子·富国》），此之谓也。

天地有序，万物有别，社会有分，这都属于客观现实性的存在。不要一说到秩序和分别，就错误地认为这是一种不讲自由和平等的思想观念。对贵贱有等、长幼有序、贫富轻重应做实事求是具体的分析和评价，它是任何一个社会的客观现实性。有不同的规定和不同的待遇也是任何一个社会的客观现实性。希望一个社会实现完全平等齐一，这是不符合实际的幻想。

对礼的这一巨大和重大作用的承担者，是被称为有道有德有才的君子！也就是说君子是天道之礼与人道之礼的承担者、实践者和维护者。荀子是这样说的："天地者，生之始也；礼义者，治之始也；君子者，礼义之始也。为之，贯之，积重之，致好之者，君子之始也。故天地生君子，君子理天地。君子者，天地之参也，万物之总也，民之父母也。无君子则天地不理，礼义无统，上无君师，下无父子，夫是之谓至乱。"（《荀子·王制》）也就是说，天地是生命的本源；礼义是治国的本源；君子是礼义的本源。实行礼义，贯彻礼义，积重礼义，完成好礼义，这就是君子的本质属性。所以天地生育君子，君子治理天地。君子是天地的匹配、万物的总领、人民的父母。如果没有君子，天地就得不到治理，礼义就没有头绪，上没有君师，下没有父子，这就叫作"大乱"。这也应该被看作是对君子本质属性的抽象，对君子神圣责任的概括，对君子理想人格的要求。

中国的"礼"文化在论述了天道与人道的有序、有等、有差、有分作用之后，紧接着要强调不同存在、不同主体的"各得其宜"。也就是说，让不同的存在、不同的主体找到各自应当与适当的属于自己的位置和自己的责任。"礼之宜"在促成文明、和谐、美丽局面中是起着非常关键性作用的，而君子将继续充当着行礼的主体的角色。

### 3. 礼是宜

中国传统文化，尤其是儒家文化在观察到了天地自然的差别、不同和有序基础之上又发现了社会人道的有等、有差和有分。天地自然的有别以及有序是自然形成的，而要使社会人道有序，那就不是自然形成的，而是需要人去设计和创造的，是要抽象和概括出达到和实现社会秩序有序的原则和准则。在儒家看来，这一原则和准则就是"分义"，"得之分义也"（《荀子·王制》），此之谓也。如果要实现社会各等级之间的分而有序，则必须按照一定的"义"去做才行。这也就是"礼之宜"要做的事了。

所谓"义"就是"宜"的意思，"义者，宜也"（《中庸》），此之谓也。而"宜"所要强调的意义就是"适宜"。"适宜"强调"三当性"：一是应当性，二是正当性，三是适当性。一句话，所谓"义之宜"就是强调做事要合宜得当。"宜"的意思除了由义德来体现，还另外通过礼德来体现。这也就是儒家习惯将"礼义"连用的原因。《礼记·乐记》明确指出："礼者别宜。"意思是说，礼能区别异同并最终能达到合宜得当的局面。礼正是让差别性的存在扮演好各自应该和适宜的角色的一种存在。礼之宜更多的是通过礼之节、礼之中节观念而得到体现的。所谓的"节"就是节度，就是调节而适当。因为在行事中有了节度，注意了适当，所以事情才会成功。《荀子·大略》说："礼，节也，故成。"礼就是适当，适当所以成功。"子曰：'礼乎礼！夫礼，所以制中也。'"（《礼记·仲尼燕居》）孔子认为，礼最重要的功能和目的正是在于制约、调节，使所有的事情达到适中的状态。

### 4. 礼是文

文就是文采、美丽、美好的意思。制约、调节以后而达到适中，从而就能实现美善。所以礼的意思及其作用往往规定为"节文"。《礼记·坊记》说："礼者，因人之情而为之节文。"礼就是根据人的性情而进行制约、调节从而达到有文采、现美善的状态和境界。孟子具体通过指出礼的实质在于对于"仁义"二者的"节文"来突出礼的文采和美善功用。孟子说："仁之实，事亲是也；义之实，从兄是也……礼之实，节文斯二者是也。"（《孟子·离娄上》）孟子认为礼的实质在于调节、修饰仁义，使"仁义"的行使更加合宜得当，从而使得仁义得以充分发挥出本有的美善之性。既然仁是事亲，义是从兄；仁是亲亲，义是尊尊，那么作为"节文斯二者"的"礼"就是将其综合起来而加以具体落实。礼既"节文"父子、兄弟、夫妇，又"节文"君臣、长幼。礼的功用正是将这些不同的关系调节得妥妥当当、和和美美。该孝的孝，该慈的慈；该良的良，该悌的悌；该义的义，该听的听；该仁的仁，该忠的忠；该惠的惠，该顺的顺。使其各归其性，各安其位，各司其职。各种关系在"合宜得当"中实现"美美与共"。

虽然这里孟子是在"事亲""从兄""亲亲""尊尊"的狭义意义上

使用"仁"和"义"概念的，但是他又在更广泛和普遍的意义上对"仁"和"义"做出了规定。例如他始终主张的"仁者爱人也""仁民而爱物""仁，人心也""义，人路也"等思想观念显然是这种广泛性和普遍性的陈述和表达。仁是爱人，义是正人，而礼是敬人，"有礼者敬人"（《孟子·离娄下》），此之谓也。由此可见，更广泛和普遍意义的"礼之敬"是对更广泛和普遍意义的"仁之爱"和"义之正"的"节文"。具体来说，礼之敬是对仁之爱、义之正的具体化、美善化。爱的精神一定包括尊重、尊敬、恭敬，而礼就将这些属性发扬光大，推广到更多的对象上去了。

坚持礼义的"宜"以及"节文"的原则当然地成为君子的标准之一。这就是荀子那么强调"道礼义者为君子"（《荀子·性恶》）的原因所在。遵循礼义的就是君子，否则就是小人，"而违礼义者为小人"（同上），此之谓也。而且，君子的任务之一正是要能够很好地处理仁、义、礼之间的相互关系。荀子说："君子处仁以义，然后仁也；行义以礼，然后义也；制礼反本成末，然后礼也。三者皆通，然后道也。"（《荀子·大略》）就是说，君子用义来处理仁，然后才是仁；根据礼来实行义，然后才是义；制定礼要抓住根本，完成细节，然后才是礼。这三方面都明白，然后才合乎大道。孔子更是强调诸德的打通乃是君子所具的品格。子曰："君子义以为质，礼以行之，孙以出之，信以成之。君子哉！"（《论语·卫灵公》）君子把义作为行事的根本，依据礼节来实行它，用谦逊的言辞来表达它，用诚信的态度来完成它。这才真是君子！

## 5. 礼是让

礼之用所要达到的文明美丽的"和"的局面和境界，应该说是由礼的多重规定而共同实现的。也就是说，所有礼的内涵所要指向或说归止的都是"和谐""和顺""和气""和平"。中国传统文化将这一以"和"为特征的状态称为"文明美丽"。"和"既是中国传统文化的价值取向，也是中国传统文化的思维方式，它是决定中国之所以为中国的文化根基和终极规定。

具体来说，除了礼之别、礼之宜等可实现人与人关系的和谐，进而促成整个社会的和谐，实际上还有个更为重要的因素在发挥着作用，这就是礼所蕴含的"让"的精神。

刘韶在其《人物志》曾指出："盖人道之极，莫过爱敬。"荀子明确指出"仁者必敬人"（《荀子·臣道》），孟子更是直接将仁与礼两德作为君子以存心的重要修行的内容和形式。孟子说："君子所以异于人者，以其存心也。君子以仁存心，以礼存心。仁者爱人，有礼者敬人。"（《孟子·离娄下》）君子之所以重礼，最为关键的因素正是在于一个"敬"字，"故君子之于礼，敬而安之"（《荀子·君道》），此之谓也。而礼之敬所要彰显的主要精神之一乃是"让"。而对他人的谦让，则又往往表现对他人的"贵"，对自己的"贱"，让他人的"先"，而使自己"后"这样一种样态中。孔子说："君子贵人而贱己，先人而后己，则民作让。"（《礼记·坊记》）在孔子看来，君子尊重别人而贬抑自己，先人而后己，这样人们就会养成谦让的风气。

君子的这种"贵人贱己"的贵贱观是极具中国特色的，反映出中国传统文化的胸怀和气度。"孔融让梨"这种先人后己的礼让精神是中华民族提倡的优良品格。"将相和"这种卑己尊人的礼让精神是中华民族崇尚的博大胸怀。先人后己、尊人卑己的品格和胸怀是多么高尚的一种精神，只有在超越人的自私自利之自然本性的前提下方能形成和养成！相较于有些国家整天宣称着自己是上帝的选民、时时夸耀着自己是最优秀的、到处高喊着自己的利益优先等这种自我中心、唯我独尊、极端利己主义来说，中华民族由君子体现的这种礼让精神显得如此高尚和美善。

《论语》所提倡的"礼之用，和为贵"，《礼记》所宣扬的"礼之以和为贵"，都是在指向一个"和"的局面和境界。中国传统文化相信，达到和谐的前提一定是对对方的恭敬，乃至于对对方的尊重和抬爱，且是在后己和卑己的情况下实现这种尊重和抬爱。这是一种更高的做人做事的品格，也是更难做到的品格。但正因为它"难能"，所以就更加"可贵"，因此它成为君子的品格。

在中国文化看来，自以为是、自高自大、目中无人、尊己卑人、先己后人，甚至恃强凌弱、恃才傲物、以大欺小等行径是无法实现和谐局面的。中国传统文化从人性的角度去告知世人，礼之让的精神乃是由人的本有和独有的恭敬之心即辞让之心生出来的。因此，只有实现了礼让才是确立了人与人符合人性的对待方式。中国传统文化还坚信，只要你真诚对他人礼敬和礼让，那么别人一定会回你以礼敬和礼让，"敬人者，人恒敬之"（《孟子·离娄下》），此之谓也。当然，中国传统文化也会理性地看到有一种现象的存在，即你不论怎么对对方礼敬和礼让，他们总是表现出"横逆"的态度，即不知好歹，继续对你无礼行事。对此，君子的态度是：将其视为"禽兽"了事。孟子说："自反而忠矣，其横逆由是也。君子曰：'此亦妄人也已矣，如此，则与禽兽奚择哉？于禽兽又何难焉'？"（《孟子·离娄下》）意思是说，君子通过自我反省觉得真诚地做到了对对方敬了，但是蛮横人并没有改变他的态度，即并没有礼敬地回应，于此，君子就会说，这不过是个狂妄之徒罢了，此与禽兽有什么不同呢？对于禽兽又有什么可计较的呢？中国人讲究的是"礼让三先"，如对方不知好歹而无回应，中国人当会表明自己的严正立场。

然而，中国传统文化坚信，对他人的恭敬和辞让，对他人的尊崇和抬举，那一定是能够被一切文明之人理解和接受的，最终会得到他人真心礼敬地回报。君子尤其相信这一点，"是故君子虽自卑，而民敬尊之"（《礼记·表记》），此之谓也。

和谐是由礼来实现的，中华文明是礼仪文明，是礼义文明，是和合文明，是君子文明。这种文明追求是美善的，"礼也者……以进为文"（《礼记·乐记》），"礼之以和为贵"（《礼记·儒行》），"道礼义者为君子"（《荀子·性恶》），"是故君子无物不在礼矣"（《礼记·仲尼燕居》），此之谓也。

# 乐于智者为君子

## 判择的善根

夹谷会齐图

鲁定公十年（公元前500年）夏，齐鲁两国国君会于夹谷，孔子担任鲁国相礼。齐国欲凭强国地位在外交上欺负鲁国，孔子以智慧和口才维护了鲁国的尊严和利益（明版彩绘绢本《孔子圣迹图》）

　　说过"仁义礼"及其与君子的关系以后，当要说"智"及其与君子的关系问题。智是仁义礼智信之"五常"之一的德目。然而，在这"五常"中最难说的正是这个智德，要联系君子来谈说则显得更为困难。其原因在于，智不像其他诸德那样有明确而具体的道理和精神显现，而是表征一种更根本、更抽象、更普遍的道理和精神。所以，在论述君子与智德关系的时候，需要经过一些转换式的揭示，从而找到两者之间内在的逻辑关联性。

　　智即知。这可从"智"的词源意义上以及儒家经典中得到证明。《说文》段注认为，"智"字"与矢部知音义皆同，故二字多通用"。《释名·释言语》说："智，知也，无所不知也。"东汉的《白虎通义·情性》说："智者，知也。"《二程遗书》说："智，知也。"虽然我们确认了智与知相通，但是，不能简单地将"五常"中的智等同于"知识"或"智慧"来理解。换言之，你可以将智理解为知，却要对知的具体内涵以及所知对象有一个非常明确和严格的限定。

### （一）君子以智为善

　　从人性根源上讲，智与其他仁、义、礼三德一样，都不是外部环境给予的，而是本性就有的。孟子说："仁义礼智，非由外铄我也，我固有之也。"（《孟子·告子上》）在孟子看来，人天生的是非之心是智德产生的根源，或说开端。"是非之心，智之端也。"（《孟子·公孙丑上》）"是非之心，智也。"（《孟子·告子上》）由此可见，智是一种人的判断能力。而这种判断力不是判断事物的有无以及有用没用，而是判断事物的是非、善恶、美丑。通俗地说，智是一种价值判断能力。一句话，这是一种对特殊对象和内容所具有的智能、智力。包括智在内的仁、义、礼、智诸德一起构成了君子所认为的人之为人的本性，"君子所性，仁义礼智根于心"（《孟子·尽心上》），此之谓也。从这里我们可以看到君子与智德的内在关联性。

　　孟子明确告诉我们，智的道理是什么？通俗地说，智是用来做什么的？

他说："仁之实，事亲是也；义之实，从兄是也；智之实，知斯二者弗去是也。"（《孟子·离娄上》）意思是说，仁爱的实质是侍奉双亲；义的实质是顺从兄长；智的实质是知道、懂得仁义这两者并且不放弃它们。宋代的朱熹也是这样规定智的作用的。他说："智则是个分别是非底道理……智则仁之分别也。"（《晦庵集》第74卷）"智……别之情。"（《朱文公文集》第67卷）也就是说，智用来分别是非，分别仁与非仁。可见，无论是"知仁义"，还是"别是非"以及"别仁与非仁"，它们指向的都是道德之知、德性之知、是非之知，一句话，都是价值之知。

在儒家思想体系中，智、知和学都获得了知"道"、知"德"、知"人"、知"善"、知"美"、知"仁义"以及学"道"、学"文"等义旨及其意义。总之，以上所知所学的内容已然构成了智的认知对象，从而也构成了"君子之学"。孔子说："君子食无求饱，居无求安，敏于事而慎于言，就有道而正焉，可谓好学也已。"（《论语·学而》）子夏说："君子学以致其道。"（《论语·子张》）《中庸》说："故君子尊德性而道问学。"《礼记·曲礼》说："博闻强识而让，敦善行而不怠，谓之君子。"《荀子·劝学》说："君子之学，以美其身。"也就是说，在孔子看来，君子好学就是有道，子夏认为，君子通过学习来获得道，《中庸》主张，君子既要尊崇天赋的固有德性，又要致力于好问勤学，《礼记》将"敦善行"等规定为君子的内涵，荀子更是直接指出君子学习是用来完善自己的身心。孔子明确规定君子的三个标准，后又被《中庸》规定为"三达德"。子曰："君子道者三……仁者不忧，知者不惑，勇者不惧。"（《论语·宪问》）君子所要做到的是仁、知、勇三个通达的品德，"知、仁、勇三者，天下之达德也"（《中庸》），此之谓也。

学、知、智都是在同一的概念框架下被规定为道德之知、德性之知、价值之知。换句话说，学、知、智都与道、德、善、美相连。正是这一属性构成了君子的根据和独特品格，君子正是在"致其道""尊德性""敦善行""美其身"，即"知道""尊德""行善""美身"中实现和完成着他们特殊的使命。知是知非，知仁知义，区别仁与非仁实际上就是行善，就是善行。所以，智就是善的道理，君子当以乐于行善为己任，"君子以好善"（《礼记·乐记》），此之谓也。

### （二）中西文化对"爱智"的不同理解

我们通过对智德的分析，可以清楚地发现智的内容以及它所要"判断"与"选择"的动作的对象是道德，是伦理，这从另一个方面也证明了中国传统文化尤其是儒家文化是一种"重德"的文化，"重美"的文化，"重善"的文化。中国传统文化所形成"爱智"与西方古希腊哲学的"爱智"，二者的特征有重大差别。将哲学理解成"爱智之学"是有专指的，古希腊哲学就是属于这种类型，它是试图对现象世界背后的最原始的基础性存在进行探讨和研究。无论是侧重不同"物质质料"作为万物的"始基"，例如泰勒斯的水，阿那克西美尼的气，赫拉克利特的火，恩培多克勒的水火土气四元素，德谟克利特的原子，还是侧重"观念形式"作为万物的"始"，例如，毕德哥拉斯的数，赫拉克利特的逻各斯，巴门尼德的存在，柏拉图的理念，它们的价值取向全都指向"形而上者"的视域，都是对经验世界背后、之前最本原存在的追问和探讨。这是一种对对象进行"思想"的知识性和逻辑性的思辨活动，所以西方哲学所爱的"智"是有其特殊规定性的。而儒家思想所形成的爱"智"活动是一种对对象进行"判断"的道德性和伦理性的实践活动。

西方爱智学面对的是整个世界，对它的"根""元"的认知形成了"思思"的价值取向；中国爱智学面对的是人的世界，对它的"根""元"的认知形成了"思德"的价值取向。西方"思思"调动的是"脑"，中国"思德"调动的是"心"。"脑之思"与"心之思"的取向是不同的，前者是观念，后者是心性。观念指向的是宇宙的统一普遍之理性之理，心性指向的是人生的统一光明德性之理。

由此可见，传统的中西文化对智的理解不同，从而造成了整个中国传文化与西方传统文化的不同。理解这种不同，其意义是非常巨大的。正因为存在着不同的价值对象的选择，与此相应形成的思维方式必然存在着差别，并最终导致中西文化有着各自侧重的不同的价值规范。当然，之所以形成中西传统文化的不同——这里主要是指中国与古希腊的哲学思想的巨大差异性——那是由各自所具有的不同的地理环境和经济、社会、文化决定的。

由于所爱智的不同，又造成了中西文化的创造者和实践者身份的不同。西方文化产生了爱智的哲人，爱智的科学人；中国文化产生了爱智的圣人，爱智的贤人，爱智的士人，而这其中产生了最大的一个群体，那就是"君子"！由此可见，君子文化与圣贤文化一起构成了作为中国传统文化主体的儒家文化的主要内容及其鲜明特色。

# 八

## 主于信者为君子

### 成事的诚体

孔子既再仕而

李氏宰吏料量

平

贊曰

宣聖嘗仕

委積是司

會計當理

料量逼宜

才生甲

汲行自別

不盡才

所以

职司委吏图

孔子年轻时，担任季氏大夫家掌管仓库的小官，称
量算数都公正实诚（明版彩绘绢本《孔子圣迹图》）

信是仁义礼智信"五常"之一的德目，由此可见它的重要。信与忠一起受到儒家的高度重视，被视为儒学思想的主旨、主导。所以"主忠信""言忠信"被《论语》等经典多次提及。信还与诚连用而构成"诚信"，并被视为能产生神明的存在，"诚信生神"（《荀子·不苟》），此之谓也。以忠言信、以诚言信都是在规定和强化信德的根本的本体作用、内在的本质作用。"忠"者尽心、竭诚、不欺也；"诚"者真心、实在、不妄也。"尽""竭"表示程度；"真""实"表示状态。所以由忠作为本体和前提的"忠信"，由诚作为本体和前提的"诚信"，就将"信"牢牢地建立在"真心不妄"的基础之上！心而存信、言而有信、行而现信、义而证信于是成为信德的重要规定。

## （一）具有普遍意义的"信"以及君子之道

说信具有普遍意义，是指它包括的对象和涉及的内容是广泛的。它有人性的根据，它是人的信条，它是民所重的精神，它是儒者的护具，它是君子的大道。

### 1. 信也是根于人心的

大家知道，孟子只将良心以及由此产生的仁、义、礼、智等道德规定为"性"或说"人性"，除此之外的人的其他存在，孟子不把它们视为"人性"。并明确指出："君子所性，仁义礼智根于心。"（《孟子·尽心上》）在这里，虽然孟子没有将信德列入其中，但并不表明孟子认为君子所谓的性只有仁、义、礼、智四德，也不表明孟子认为只有此四德是"根于心"的。实际上，"根于心"的还包括了信、诚、孝、悌等德目。儒家是通过与信同义同旨的诚德的论述确证了这一点。首先我们应该知道，从字的本义上来说，信就是诚。"信，诚也"（《说文解字》），此之谓也。诚信之心、诚信之性乃天然具有。关于这一点，《中庸》说得最明确："自诚明，谓之性。"就是说，由天然具有真诚之心而自然明白什么是善叫作"性"。

孟子在解释什么是善、什么是信的时候，将信与善紧密联系在一起了，从而证明天生的良善之心是信的基础。《孟子·尽心下》说："'何谓善？何谓信？'曰：'可欲之谓善，有诸己之谓信。'"什么叫善，什么叫信？孟子认为有欲望、意愿的追求和行施道德的知行就是善。而自己确实地拥有这种天生自然的善就叫"信"。简言之，信也是"根于心"的，所以它也是"君子所性"的内容。由此也就确立了信德的普遍性和绝对性的意义。

## 2. 信是人所遵循的信条

这里所说的人是泛指一切人。在儒家看来，诚信是一切人都应该遵循的道德信条。《大学》曾有言："自天子以至于庶人，壹是皆以修身为本。"我在这里借用这个句式来表达上述之意，即在主张人们都要以诚信为其遵循的道德信条这点上，儒家是具有"自天子以至于庶人，壹是皆以诚信为本"的思想观念的。孟子和《中庸》都明确认为追求真诚是做人的准则，使自己达到真诚是人为努力所得的品德，"思诚者，人之道也"（《孟子·离娄上》），"诚之者，人之道也"（《中庸》），此之谓也。孔子所主张的弟子"谨而信"（《论语·学而》）即年轻人要谨慎而有信用的思想，也具有普遍的意义。在孔子的学生子张向孔子提问怎样做事才能行得通的时候，孔子明确提到了"言忠信"。《论语·卫灵公》说："子张问行。子曰：'言忠信，行笃敬，虽蛮貊之邦，行矣。言不忠信，行不笃敬，虽州里，行乎哉？'"子张问怎样做事才能行得通。孔子认为，言语忠诚守信，行为笃实恭敬，即使到蛮貊地区，也能行得通。言语不忠诚，行为不笃实恭敬，纵然是在乡里本土，能行得通吗？这同样是针对众人而说的。荀子在谈及人之所恶和人之所好的时候，也将忠信看作是人之所好的品德。他说："人之所恶何也？曰：污漫、争夺、贪利是也。人之所好者何？曰：礼义、辞让、忠信是也……道也者何也？曰：礼让忠信是也。"（《荀子·强国》）在荀子看来，人们所厌恶的是污秽、争夺和贪利，人们所喜好的是礼义、辞让和忠信。那大道又是什么呢？答案是：礼义、辞让和忠信。

以上都是从人道以及人们的言行举止、厌恶喜好等方面来揭示遵循忠信、诚信的必要性，反映出儒家思想对信德的关注度。尽管我们会在以后的论述中清楚地看到，儒家把忠信、诚信直接看作是君子的品德，甚至以此去规定何为君子的标准。但是在儒家思想中，信德又绝对不仅仅是对君子的道德要求，它显然是更广泛和普遍的对象应该遵循的一种道德规范和行为准则。这一点还体现在儒家所重视的民信问题之上，具体来说就是孔子在治理国家这一政治层面上的"民信之矣"的思想主张。

### 3. 信是国所重视的精神

一个人要在社会上立足和成就事业，诚信是必要的前提。而大到一个国家政府以及统治者，如何赢得人民的信赖是至关重要甚至首要的。孔子在这方面有明确的论述。在与其弟子讨论有关政治诸要素的时候，孔子正是将"民信"置于首位。《论语·颜渊》记载："子贡问政。子曰：'足食，足兵，民信之矣。'子贡曰：'必不得已而去，于斯三者何先？'曰：'去兵。'子贡曰：'必不得已而去，于斯二者何先？'曰：'去食。自古皆有死，民无信不立。'"也就是说，子贡向孔子请教有关政治管理的问题——用今天的话就是治国理政问题。孔子认为要做到三点：粮食充足、军备充足和人民对国家政府的信任。子贡问，如果迫不得已在食、兵和信三者之中一定要去掉一项，先去掉哪一项？孔子的意见是去掉军备。子贡又问，如果迫不得已在食和信两者之中一定要再去掉一项，先去掉哪一项？孔子的意见是去掉粮食。自古以来人都有一死，但如果国家政府不能取信于民的话，那么国家是站立不起来的。对于国是如此，对于一个人亦如此。"人而无信，不知其可也"（《论语·为政》），此之谓也。《论语·卫灵公》又记载了这样一件事。"子张问行。子曰：'言忠信，行笃敬，虽蛮貊之邦，行矣。言不忠信，行不笃敬，虽州里，行乎哉？'"孔子弟子子张向孔子请教怎样做事才行得通。孔子的答案是，言语忠诚守信，行为笃实严肃，即使到蛮貊的地区也能行得通。言语不忠诚守信，行为不笃实严肃，即便在本乡本土，你能行得通吗？在孔子看来，国家政府与民相处，是诚信为上，诚信为先，诚信为重。

### 4. 信是儒者的护具

作为儒家重要经典的《礼记》有一篇名叫《儒行》，记载着鲁哀公与孔子的问答，是专门讨论儒者德行的，其中将诚信放在了非常重要的德行位置上。文中借孔子之口阐述儒者的德行，喜用"儒有"的句式去概括儒者的诸种德行，而信之德行被多次提及。"儒有……怀忠信以待举"；"儒有……言必先信"；"儒有不宝金玉，而忠信以为宝"；"儒有……忠信之美"。这就是说，儒者有心怀忠信等待别人的举荐之意；儒者有说话一定先考虑诚信之心；儒者有不以金玉为宝，而以忠信为宝之念；儒者有讲究忠信之美。由此，《礼记》得出结论："儒有忠信以为甲胄。"也就是说，儒者把忠信视作护卫人身安全的铠甲和头盔。通俗地说，儒者是将忠信看作自己立于世间的护具。哀公在听到孔子概括了包括忠信在内的儒者的诸种德行以后，不无感慨地说道："闻此言也，言加信，行加义。终没吾世，不敢以儒为戏。"哀公听了孔子的话，自己的言语更加讲信用，自己的行为更加符合道义，并强调指出，直到我离世，再不敢拿儒者开玩笑了。

### 5. 信是君子的本质规定

实际上在儒家思想和行为准则中，儒者的德行也就是君子的德行，"君子之道无非儒学之事"，此之谓也。反过来我们又说，儒家以忠信为主的价值观又通过君子这样一个主体的言行而得到了强化。将忠信视为君子的大道，即本质规定，儒家经典多有强调。《大学》明确指出："是故君子有大道，必忠信以得之，骄泰以失之。"也就是说，君子一定要以忠信的态度才能拥有君子的原则和德行，反之，如果骄纵傲慢，君子就会丧失君子的原则和德行。先秦几位大儒都以"主""言"等词汇来强化忠信乃是君子的本质规定的结论。孔子说："君子不重则不威，学则不固。主忠信。"（《论语·学而》）君子如果不庄重就不会有威严，即使学习了也不会牢固。君子之所以为君子在于他的为人以忠信为主导。孔子在谈到君子有九种考虑（九思）时提到了"言思信"（《论语·季氏》）。荀子在其《荀子·哀公》中说道："哀公曰：'善'！敢问何如可谓君子矣？孔子对曰：'所谓君子者，言忠信而心不德，仁义在身而色不伐。'"孔子在回答什么样的人是君子时明确指出，所谓君子就是说话忠诚守信而内心不认为自己有美德，以及心存仁义而脸上没有炫耀之色的人。

"所谓君子者""故君子者"等句式都是下定义的方式。简单地说，什么人是君子，答案是：诚信的人是君子，"故君子者，信矣"（《荀子·荣辱》），此之谓也。《周易·乾》更是将君子的两项规定，即"德"和"业"直接以"信"和"诚"来具体规定其内涵，"君子进德修业。忠信，所以进德也。修辞立其诚，所以居业也"，此之谓也。

"信"与"诚"是可以互释的两个概念，其旨一也。不过，在儒家那里又通过另一种方式将"诚"以及君子之道提升到了一个更高的境界！

## （二）具有天道意义的"诚"以及君子之道

在儒家思想体系中，"信"与"诚"属于同一个道德价值范畴，其有着语词学的根据。东汉许慎《说文解字》说："信，诚也。从人，从言。"信就是诚，诚就是信，二者可以互相解释。《字汇·人部》说："信，诚实也。"孔颖达疏："信，不欺也。"而将"诚实不欺"的含义合而言之即是"诚信"者也。

### 1. 诚者天之道

虽然我们说了诚就是信，信就是诚，但是在儒家思想体系中从来没有将"信"上升到天道的高度来加以论述。与此不同的是，儒家却将"诚"上升到天道的高度来加以认知。孟子说："是故诚者，天之道也；思诚者，人之道也。"（《孟子·离娄上》）《中庸》说："诚者，天之道也；诚之者，人之道也。"也就是说，真诚是天的本质规定，是天的准则，是天的德性，而人想要追求真诚则是人的本质规定，是人的准则，是人的德性。这里可以清楚地发现中国传统文化所具有的特殊的价值观念和思维方式——天人合一、天人合德。值得强调指出的是，在中国哲学史上第一个明确提出"天人合一"命题的人是北宋时代的哲学家张载，他所依据的恰恰是《中庸》中"诚"的思想。张载说："儒者则因明致诚，因诚致明，故天人合一。"（《正蒙·乾称篇》）意思是说，儒者由明察人道世事而通达天道之诚，由通达天道之诚而洞明人道世事，因此，天与人相合为一。《中庸》说："自诚明，谓之性；自明诚，谓之教。诚则明矣，明则诚矣。"就是说，发挥先天之性而达到后天之明，这就叫作"天性"；发挥后天之教而光明先天之性，这就叫作"教化"。天则人，人则天，由上到下，由下到上；由内到外，由外到内，如此就实现了天人合一。

中国传统文化坚信，天地是有德性的，"诚者，天之道也"，"天地之大德曰生"（《周易》），此之谓也。同时也坚信，人之德性来源于天地，"天命之谓性"（《中庸》），此之谓也。人有能力将此"明德"光明和呈现，也有意愿遵循和追求之，"思诚者""诚之者""明明德""尽心""率性""知性""为天地立心""替天行道"，此之谓也。

以"诚"为对象的"天人合德"的思维方式以及价值观念的建立，使得"从人，从言"的"人言之信"，升华为"从天，从心，从性"的"天道之诚"。这种转变使得对"诚实不欺"之"信"与"诚"的理解进入到一个更高的层次和境界。因为有了这种转变，诚信价值才具有了信仰的意味，从而大大增强了诚信的神圣性和绝对性。天道意义的"诚"超越了以世俗利益为根据的诉求，具有了非世俗的价值。由此可知，在中国传统文化中是从来不缺乏信仰这一价值取向及其内容的，只不过这一信仰的对象不是"上帝"，不是"神灵"，而是"价值""德性""理想""主义"。通俗地说，不是宗教神灵信仰，而是德性价值信仰。"与天地合其德"，既是被称为"大人者"的追求，更是被称为"君子"之人的追求。

## 2. 君子以诚为贵

君子之所以将"诚"视为珍贵宝贵的德行，那是因为看到了"诚"是万物存在的最根本的依据。《中庸》说："自诚明，谓之性；自明诚，谓之教。诚则明矣，明则诚矣。"意思是说，真诚贯穿于一切事物的始终；没有诚的存在，也就没有万事万物。所以，君子以达到真诚为最可贵。荀子说："夫诚者，君子之所守也，而政事之本也。"（《荀子·不苟》）荀子认为，真诚是君子所坚守的，也是政事的根本。

荀子得出结论："君子养心莫善于诚。"君子修养身心没有比真诚更好的方式了。如此就突出了"诚"在养心中的重要作用。荀子之论就与孟子的"养心莫善于寡欲"的养心方法一起成为儒家修行的两条重要途径。

《大学》在解释"诚意"一条时也紧紧与"君子"联系在一起。《大学》说："所谓诚其意者，毋自欺也……故君子必慎其独也……故君子必诚其意。"所谓的使自己的意念真诚，就是不要自己欺骗自己。君子在一人独处时，务必要小心谨慎。君子一定要使自己的意念真诚。

诚的可贵、尊贵、高贵、宝贵全在于它可以化育万物，"唯天下至诚为能化"（《中庸》），此之谓也。具体体现在，"诚"能"成己性""成人性""成物性"（《中庸》）；反之，"不诚则不能化万物""不诚则不能化万民"（《荀子·不苟》），而且诚还能"生神"。因此，君子不可不慎也！"诚信生神……君子慎之"（《荀子·不苟》），此之谓也。所以明代哲学家王阳明认为，君子之学是以诚意为其主旨的，"鄙意但谓君子之学，以诚意为主"（《王阳明全集·静心录之一》），此之谓也。

## （三）朋友有信的意义以及君子之道

诚信之德之所以受到儒家的高度重视，以至于宋代哲学家程颢明确指出"不诚无以为善，不诚无以为君子"（《河南程氏遗书》），是因为诚信成了特殊的一伦即"朋友"间相处的道德原则，而君子则是通过朋友间的讲习而相互得益、相互快乐，"君子以朋友讲习"（《周易》），此之谓也。

要回答为什么君子要与朋友一起讲学习道，为什么"有朋自远方来"会感到快乐等问题，那就要注意到朋友之间所遵循的诚信之德。在儒家思想文化中，许多道德都是用来调适和处理人与人关系的。换句话说，儒家许多道德的德目都是用来解决"人伦"问题的。孟子概括出五伦及其各自应该遵循的德目：父子有亲，君臣有义，夫妇有别，长幼有序，朋友有信。《大学》列出了三伦："为人君，止于仁；为人臣，止于敬；为人子，止于孝；为人父，止于慈；与国人交，止于信。"《礼记·礼运》归纳了与孟子有点不同的"五伦"及其各自应该遵循的德目，又称为"十义"："父慈、子孝、兄良、弟弟、夫义、妇听、长惠、幼顺、君仁、臣敬，十者谓之人义。"如果我们足够留意的话，会发现在这些"人伦"关系中，唯有"朋友"一伦是双方共同遵循一个道德德目，那就是"信"。不像其他所有"人伦"关系中，责任的双方是要遵循着不同的道德德目的，例如，父要慈，子要孝；君要仁，臣要敬（忠）；夫要义，妇要听。慈孝对应于父子；仁敬对应于君臣；义听对应于夫妇。也就是说，朋友双方都以同样的"道理"待之，而其他人伦的双方则以适合自己位分的德目来处理彼此之间的关系的，即使用了不同的德目以实现所谓"各得其宜"的目的。其中最基本的观念是强调他们的"别序"，即差异性和秩序性。所以《论语·八佾》才说："君使臣以礼，臣事君以忠。"

彼此之间的相互忠信、相互诚信、相互信任可以构成一个特殊关系体，这就是朋友，"朋友有信"，此之谓也。因为朋友双方必须遵循共同的道德，找到一个共同要尽的责任，所要接受的道理和情感也都是一样的，所以更可能实现彼此之间的情感共鸣。如果我们再对它概括和抽象的话，"朋友有信"呼唤的是一种"平等"的精神！从这里我们似乎也能理解，为什么中国近现代有些思想家尽管从整体上那样猛烈地否定和批判中国传统文化纲常名教，还专门指出了"朋友有信"一伦的进步性和可取性，其重要的原因正是在于他们认识到"朋友有信"所具有的平等精神。人与人只有在平等的关系中才能获得彼此的尊严和快乐。这也就是《周易》那么讲究"君子以朋友讲习"，孔子那么重视"有朋自远方来不亦乐乎？"，曾子那么强调"与朋友交而不信乎？"的真正原因啊！

"同门曰朋，同志曰友。"（孔颖达语）朋友的志同道合正是建立在彼此诚信的基础之上的。而君子之所以为君子的本质规定也正是在于他的诚信。诚如孟子所说："君子不亮，恶乎执？"（《孟子·告子下》）"亮"通"谅"，意思是诚信。也就是说，君子不诚信的话，又怎么能保持品行和节操呢？在儒家那里，"朋友有信"往往正是通过"君子"这一主体来加以体现的。子曰："君子义以为质，礼以行之，孙以出之，信以成之。君子哉！"（《论语·卫灵公》）意思是说，君子把道义作为行事的根本，依据礼节来实行它，用谦逊的言辞来表达它，用诚信的态度来完成它，这才真是君子啊！《大学》说："故君子不动而敬，不言而信。"所以君子在没有行动之时，本来就时刻怀有恭敬之心；在没有言谈之时，本来就时刻怀有诚信之心。荀子说："故君子者，信矣，而亦欲人之信己也。"（《荀子·荣辱》）所以君子对人诚信，也愿意别人相信自己。荀子还说："故君子无爵而贵，无禄而富，不言而信，不怒而威。"（《荀子·儒效》）意思是说，所以君子没有爵位也高贵，没有俸禄也富有，不说话也取信于人，不发怒也威严。《礼记》说："故君子寡言而行，以成其信，则民不得大其美而小其恶。"（《礼记·缁衣》）君子总是少说话而去做，以实际行动成就他的诚信，这样人们就不能夸大自己的美好而缩小自己的丑恶。

要之，"君子信以成之""君子不言而信""君子者信矣""君子以成其信""君子言足信也""君子言思信""君子必忠信""君子者言忠信"等儒家经典中所表达的意思，如果用一句话概括就是"君子有信"。如此也就与"朋友有信"实现了融会贯通、合而为一。由此可知，存在于"朋友有信"中的平等思想也通过"君子有信"的思想得到了丰富，得到了加强。

## （四）信乃诸德之基以及君子之道

信与仁、义、礼、智"四德"合而成为"五常"之德。大家知道，将信德加在被孟子认为是由"恻隐之心、羞恶之心、辞让之心、是非之心"之"四心"产生的仁、义、礼、智之"四德"之后而成为"五常"，那是汉代的事。说信是诸德之基主要是从前提性来立论的。通俗地说，如果没有了以"诚实不妄"为本质规定的诚信为其前提，所有的道德都将会流于虚妄不实的假道德。不诚信的仁是不仁，不诚信的义是假义，不诚信的礼是虚礼，不诚信的智是伪智。换句话说，信是对仁、义、礼、智四者的真实性确证，即确证仁是"真仁"，义是"正义"，礼是"实礼"，智是"明智"。而根据仁是爱的道理、义是正的道理、礼是敬的道理、智是善的道理来说，如果没有了诚信来保证的话，那么就不会有慈爱，不会有正义，不会有恭敬，不会有良善。可见，作为"是个真实无妄底道理"（朱熹语）的信是其他诸德显示其本质规定、道理以及精神的保证者和确证者。

### 1. 信与诸德的关系

上述是从仁、义、礼、智、信"五常"之德的角度来论述信德在其中所起的前提性作用，从而显示它的重要性。然而我们又知道，在儒家经典中对信、诚或说诚信与其他道德的关系问题也多有论述。孔子在回答其弟子子张问的怎样提高道德、辨别迷惑问题时，明确指出要以忠信为主，并加之从义而行。《论语·颜渊》说："子张问崇德辨惑。子曰：'主忠信，徙义，崇德也。'"也就是说，在孔子看来，忠信是提高人们的道德水平和辨惑能力的前提和有效途径，并且，君子正是用诚信的态度完成所有道德的实行，"信以成之，君子哉！"（《论语·卫灵公》），此之谓也。而孟子所言的"君子不亮，恶乎执？"（《孟子·告子下》）同样是在强调，实行和保持所有道德以及行善的前提条件在于信。所以如果不诚信，君子就无法实现他的道德节操和理想目标。荀子也说："君子养心莫善于诚，致诚则无它事矣，唯仁之为守，唯义之为行。诚心守仁则形，形则神，神则能化矣；诚心行义则理，理则明，明则能变矣。"（《荀子·不苟》）就是说，君子修养身心没有比诚信更好的了，达到诚信就能保障所有事的完满。只要坚守仁爱，奉行道义就行了。诚心地坚守仁爱，仁爱就会表现在行动上，表现在行动上就显得神明，显得神明就会化育万物；诚心地奉行道义，做事就会有条理，有条理就明白易知，明白易知就能使人改变。在荀子看来，仁义的坚守和实行唯有依赖于人的诚信之心，才能化育万物、变化万事。

《礼记》则通过"君子"之口来表达信乃是诸德之基的思想观念。"君子曰：'甘受和，白受采。忠信之人，可以学礼，苟无忠信之人，则礼不虚道。是以得其人之为贵也。'"（《礼记·礼器》）在君子看来，甘味可以接受五味的调和，白色可以接受各种颜色。忠信之人才可以学礼，而如果是没有忠信品德的人，礼也就不会真实地影响到他。所以学礼，得到忠信品德的人最为可贵。这就告诉我们，一个人具有忠信的品德，恰如一张白纸和一剂甘味，其纯粹性决定了它们可以提供创造更加美丽事物的空间，人有了忠信之德，他一定会在执行道德规范时更加能够发挥出该道德的属性及其力量。《礼记》在这里专门突出了礼德，认为要学习和实行"礼"，其前提一定要是个忠信之人。要之，守仁、行义、学礼，前提全在于"主信""致诚"，这既是君子的认知，又是君子的信条。

从我们对信德、诚德的论述中可以发现，信、诚是一个对普遍对象作出本质规定的德目，它是天道的规律，"诚者，天之道也"，此之谓也；它是圣人的境界，"唯天下至诚，为能尽其性"，此之谓也；它是儒者的护具，"儒有忠信以为甲胄"，此之谓也；它是朋友的信条，"朋友信之""朋友有信""与朋友交而不信乎？"，此之谓也；它是人民站立的根基，"民无信不立"，此之谓也；它是人的必须，"人而无信，不知其可也"，此之谓也；它是行事的原则，"子张问行。子曰：'言忠信'"，此之谓也；它是尊道贵德的总纲，"子张问崇德辨惑。子曰：'主忠信'"，此之谓也。而所有上述对象的本质规定，最后又都集中到君子身上。于是，诚信最终成为君子内在的本质规定，外在的行动准则。总之，信成为君子所崇拜和奉行的

大道，"是故君子有大道，必忠信"，此之谓也。唯其如此，诚信才能成为
君子之所主者、所守者、所行者、所贵者，"君子主忠信"，"君子以诚为
贵"，此之谓也。

### 2. 君子之信与小人之信

谈论诚信问题之所以要更深入地讨论君子之信与小人之信的问题，那是
因为此问题关乎诚信要遵循的一个更根本、更基础的原则——道义。道义是
普遍之道，是大原则。然而，任何对此的坚守，都是在具体特定的时空下来
实现和完成的。换句话说，人们在按照诚信做人做事时要遵循道义原则，实
际上包含着要根据具体的情况去贯彻和执行诚信的意思，即不可以教条地、
机械地、僵化地、不知变通地去一味兑现所谓承诺、许愿等，以显示自己的
"言必行，行必果"的豪气。于是这时就引出了一个"君子之信"与"小人
之信"，即"大信"与"小信"的问题。

孔子说："君子贞而不谅。"（《论语·卫灵公》）"贞"的意思是
"正"，表示正道、正义，所谓存于己而不变者谓之贞；"谅"的意思是不
择、不管是非而必定求信于人，所谓拘执于小信用谓之谅。君子只固守基于
正道、正义的大信，不拘执于一味求信于人而不知道变通的小信，这是孔
子要告诉我们的道理。通俗地说，如果因为固守小信而违背和伤害了大道正
义，那么这样的承诺不必遵守。在一般人的观念中，所谓说话算话，就是一
言既出，必须兑现，这样就是一个好的行为、美善的行为，而不去考虑这
样做的结果是否符合大道和正道，不去考虑这样做是否符合具体时空下的情
形。这些人所在意的常常是自己所谓的面子，自己所谓的名气。所以孔子非
常明确地将这种人的行为定性为小人之举。他说："言必信，行必果，硁硁
然小人哉。"（《论语·子路》）。孔子认为，说话必定有信用，行为必
定果决，这是不管是非曲直而一味固执地自己贯彻言行的浅薄粗陋的小人的
行径呀！通俗地说，"言必信，行必果"这样的观念和做法，是被孔子视为
小人的行径而受到否定的。当然，需要指出的是，尽管孔子将固守小信的人

视为小人，但是他还是将其归属在"士"的层次之内的！只不过是比较次一等级的"士"而已。因为这是孔子在回答他的弟子子贡问有关怎样才可以称作"士"时所做出的回答，"抑亦可以为次矣"（《论语·子路》），此之谓也。也就是说，此处的"小人"只是与"君子""大人"相比较而显示和区分出的次一等级的表现，并不表示这种人及其行为是不道德的，是恶的。正是在这个意义上，孟子才说："大人者，言不必信，行不必果，惟义所在。"（《孟子·离娄下》）就是说，有大德的人，说出的话不一定信守，做事不一定果决，只要存义合义就可以了。

君子和大人所遵循的"惟义所在"，实际上深刻指出了在诚信问题上要处理好的"正"与"邪"、"是"与"非"的问题。在"正义""正道"的面前，任何以"道德"形式出现的信条和做法，都需要"审问之""慎思之""明辨之"！是否要守信，需要借助义、善、德来"问思辨"之。有子说："信近于义，言可复也。"（《论语·学而》）意思是说，接近、符合正义的信，我们才可能谈论遵守它、履行它。简言之，合道义之承诺才可以兑现。《论语·颜渊》记载："子张问崇德辨惑。子曰：'主忠信，徙义，崇德也。'"当孔子的弟子子张问孔子怎样提高道德、辨别迷惑时，孔子回答说以忠信为主，并使自己依义而行，这样就会提高道德了。《礼记·表记》也说："信近情。"就是说，诚信近于情性善良。由此可见，儒家在论述诚信时始终是与义、德、善联系起来的。其目的正是强调"信"不可以不"近义""徙义""近情"。

"义者，宜也。"而"宜"有两义：一为"正当性"，一为"适当性"。所以君子的"贞而不谅"、大人的"惟义所在"首先强调的是"义"的正当性。诚信这一德目只有在正当性之"义"的前提下才会具有真正美德的意义以及实践的意义。看似"背信"，却没有"弃义"，这种情况我们可以从孔子与其弟子的一段经历中得到说明。《史记·孔子世家》记载，孔子一行要去卫国，经过蒲地（今河南长垣）时，一个叫公叔氏的人想凭据蒲地谋反，他们将孔子围困起来，并逼着孔子发誓不要去卫国，否则就不放他们走，因为他们怕孔子去了卫国会告发他们的谋反行为。孔子于是发誓不去卫国，之后他们也就放孔子他们走了。但结果孔子还是去了卫国，子贡就不解地问孔子说，你刚才发了誓，怎么可以背信呢？孔子回答说，被逼着发的誓，神是听不到的，为了维护正当合宜的事，不必固守发出的誓言。这正是君子所理解和遵守的"大信"。

"惟义所在"的"君子之信"，除了要处理好"义"的正当性，还要处理好"义"的适当性。这一问题则是通过"经"与"权"关系问题而得到具体反映的。

"君子贞而不谅""惟义所在"的"君子之信"，其主旨和精神恰恰体现在"大信"之上！中国传统文化非常重视这一"大"的理念，也是把它作为君子标准来加以提倡和推广的。《礼记·学记》说："君子曰：'大德不官，大道不器，大信不约，大时不齐。察于此四者，可以有志于学矣。'"就是说，在君子看来，最大的德性不局限于任何官职，最高的道理不拘泥于任何器用，最大的诚信不必用符券约束，最普遍的天时不会没有春夏秋冬四季的轮转，明白了这四项就可以有志于学习大学之道了。

正道、大道、正义、大义是大信的前提，也是大信的目标。前提和目标确立是关键，因为它们代表的是社会人生的归止，而这一归止之地正是"善"啊！为了回答和解决好这些问题，中国传统文化又引出了"经"与"权"关系问题。所谓"经"就是常道；所谓"权"就是变通。所以说，经权问题乃是要处理如何在具体时空下对待普遍原则的问题。在持经应变中关注的重点不在于行事过程是否坚守了"常道"，而是看它是否坚守了正义和善良。换句话说，如果从表面上和形式上看，权变后的行为做法是与常道或说经不一样的，通俗地说是"反经"的。但是，在这一"反经"过程中却要遵循一个终极的原则，那就是"善"。正是在这个意义上，儒家经典的《公羊传》才明确主张"权者反于经，然后有善者也""反经有善"。在此可以举一个大家非常熟知的例子加以说明。以毛泽东为首的中国共产党人根据中国具体的革命实践大胆地走出了一条以农村包围城市的武装夺取政权的道路。这种做法显然违背了马克思主义的经典理论以及苏联的社会主义的实践经验，可将此行为称为"反经"。在教条主义看来这是大逆不道的，是不应该做的。而在深受中国传统文化"经权""时中"以及"君子"等思想观念影响的进步中国共产党人那里，他们心中装着中国人民，向往美好的社会主义这一"大义"和"善"，于是坚定地做出了"反经"也即反"教条主义"的选择，最终赢得了中国民主革命的伟大胜利。

由此可见，"权"所要变化的正是"经"，而表现方式乃是"反"。不过，如果到此为止，一定不是经权论所要提倡和坚守的道德操守。问题的实质和关键在于，要在"经权"之上再设立一个更高的价值标准。这个标准就是善。所谓的"大信"与"大义"只有从此意义上来把握，才是能够成立并具有积极正面价值的。通俗地说，对原来承诺的违背只是为了成全"更应该"的善。孔子之所以盛赞管仲"化敌为友""侍奉二主"的行为，也是基于上述理念。管仲辅佐过齐桓公的政敌公子纠，并伤害过齐桓公，但管仲后来却成为齐桓公的国相，并辅佐齐桓公完成"九合诸侯，一匡天下"的霸业。孔子是要通过这种"经"与"权"、"大信"与"小信"的关系问题，来正面肯定管仲的君子之行。因为在这个历史事件中，不存在民族大义的丧失，不存在残害百姓的发生，不存在卖主求荣的苟活。君臣双方都恰体现出宽容、不计前嫌的大义。管仲尽管改变了原来的态度，侍奉了二主而没有从一而终，似乎"反经"了，却成就了善业！"反经有善"，此之谓也。再反过来说，如果管仲只是一味维护并坚守着所谓"信义"，那么只能被称为"小信"，它只是为了维护个人的所谓声誉和名节而已，而与民族、百姓的利益全无关系了。

可见，谈论君子之信的时候，一定要与"大义"紧密相连，一定要与"良善"紧密相关。君子所"主"之"忠信"，正是这种与"义"、与"善"结合的"信"之真义！换句话说，君子所主张和崇尚的"信"是要由"忠"来给予支撑的。"忠"者，尽心也，中心也，无私也，竭诚也，敬也，直也，正也。正因为"忠"包含了这么许多的"美德"，所以孟子才给

出了一个结论性的判断："教人以善谓之忠。"（《孟子·滕文公上》）我
们对君子之大信与小信探讨的真正意义，正是要对"君子主忠信"这一理念
和信仰做出更加深刻的认知和把握。

儒家对于"小信"做出的否定性评价，只是相对于"大信"而言的，这
并不表明"小信"与义没有任何关系。道理很简单，守"小信"者认为守信
本身就表示"遵义"！但是问题仍在于，义有小大之分。义有正当性，也有
适当性。也正是由于重视了义之适当性，才能最终贯彻和实现义之正当性。
适当性就是权变性，而它们最后的价值取向一定是落在善上。所以，君子所
主的忠信绝对不会允许以"权变"为借口或以否定"小信"为理由来做出
"弃义"的不善之举！

# 事于孝悌者为君子

## 推爱的源头

而生，孔子首上紆頂象尼丘山因名

立子仲尼史記

誕聖之本故録此圖

尼山致祷图
孔子出生前，母亲颜氏在尼山祈祷（明版彩绘绢本《孔子圣迹图》）

君子之所以为君子，一定要行道、崇德、务本、修身。而君子所行之道是何种道呢？君子所崇之德是何种德呢？君子所务之本是何种本呢？君子是如何修身的呢？上述所有问题的答案都指向了两个德目——孝与悌。

儒家思想是"祖述尧舜，宪章文武，宗师仲尼"（《汉书·艺文志》）的，而"尧舜之道，孝弟而已矣"（《孟子·告子下》）。由此，以"祖述尧舜"的儒家以及君子所行之道落实到了"孝悌"；"子曰：'先王有至德要道……夫孝，德之本也，教之所由生也。'"（《孝经·开宗明义章第一》）由此，以德为要的儒家及君子所崇之德落实到了孝；"有子曰：'君子务本，本立而道生。孝弟也者，其为仁之本与。'"（《论语·学而》）由此，以"留意于仁义之际"（《汉书·艺文志》）的儒家及君子所务之本落实到了"孝悌"；"故君子不可以不修身。思修身，不可以不事亲"（《中庸》）。由此，以修身为本的儒家及君子将修身落实到了孝——事亲。所以我们可以得出结论：能够从事于孝悌者为君子。

## （一）孝悌是中国传统文化的基因

中国传统文化的特色是由其特殊的文化基因所决定的。所谓的特色当是指不同于其他国家民族的那些独有的价值取向与思维方式。一般来说，文化的基础和核心是思想，而思想又反映在价值取向与思维方式这两个方面。如果要确证一个文化的特征，一定要从价值取向与思维方式两方面入手才可以做到。

儒家及君子选取了以"仁"为主体的诸德为其追求的价值方向和目标。儒家是"留意于仁义之际"（《汉书·艺文志》）的，"君子所性，仁义礼智根于心"（《孟子·尽心上》）的。那么，仁、义、礼、智、乐等德目的实质是什么呢？对此，孟子和《中庸》给出了明确答案。孟子说："仁之实，事亲是也；义之实，从兄是也；智之实，知斯二者弗去是也；礼之实，节文斯二者是也；乐之实，乐斯二者，乐则生矣，生则恶可已也，恶可已则不知足之蹈之手之舞之。"（《孟子·离娄上》）这里孟子明确告诉人们，仁爱的实质是侍奉双亲；义的实质是顺从兄长；智慧的实质是懂得这一两者并且不放弃；礼的实质是调节、修饰这两者；快乐的实质是以这两者为乐，欢乐从中产生，产生了又怎能停止，不能停止就情不自禁地手舞足蹈起来。也就是说，儒家所提倡的仁、义、礼、智、乐诸德，它们的实质及其功用乃是落实在对父母的孝和对兄长的悌呢！换句话说，在儒家那里，"仁义"的实质是通过孝、悌二德而得到具体体现的。所以《中庸》指出："仁者，人也，亲亲为大；义者，宜也，尊贤为大。亲亲之杀，尊贤之等，礼所生也。"意思是说，所谓仁就是人之为人的根据，而亲爱父母双亲就是为人处事的头等大事；所谓义，就是知道人应当和适当地去为人处事，而尊敬贤者长者就是为人处事的头等大事；而亲亲有差，尊贤有等，于是礼就由此而产生了。可见，儒家所重的仁义礼三德与孝悌二德紧密联系在一起。仁义礼智乐以及它们所体现的实质——孝悌最终成为中国传统文化的价值取向。

而为了实现和贯彻这一价值取向，儒家构建起他们独特的思维方式：由近及远、由己推人、由亲及疏、由人及物。换句话说，儒家是通过由近及远、由己推人、由亲及疏、由人及物的思维方式来实现和贯彻儒家的价值取向或说核心价值观的。

儒家的"孝弟也者，其为仁之本与"（《论语·学而》）正是在强调孝悌乃是仁爱的根本和根源这一理念。君子首先要致力于这一根本和根源理念的建立，因为他们深深懂得只有根本和根源的东西建立了，其他与此相连的道理、道德就会随之产生，"君子务本，本立而道生"（《论语·学而》），此之谓也。以仁为主体的诸德之基础性和前提性的情感道德是"孝悌"。有基础就会有上层建筑，有前提就要有结论，有近就有远，有前就有后，有己就有人，有人就有万物，有家就有国，"物有本末，事有终始。知所先后，则近道矣"（《大学》），此之谓也。就是说，万物都有根本和枝末，万事都有开端和结局。知道了事物的先后次序，也就接近于大道了。《中庸》又说："君子之道，辟如行远，必自迩；辟如登高，必自卑。"就是说，君子做人处事的原则和方法好比行走远路，一定得从近处出发；好比攀登高山，一定得从低处起步。"则近道矣"也好，"君子之道"也好，"君子务本"也好，其实既是对诸德之基础性和前提性的孝悌之德的强调，又是对其上、其后的行为、德行展开的交代！要之，确立孝悌的"本""始"的地位和属性，是为了"道"的过程的展开和推及！

### （二）孝悌之德的神圣性、普遍性和重要性

中国传统文化，尤其是儒家文化，一个基本价值观就是孝与悌。无论行使什么样的美德，其前提和基础一定是"顺乎亲"的。儒家文化也将此与"知天"紧密地联系在一起。更为重要的是，作为有德有才、有理想有境界的君子，则是实践这一价值观的表率。关于孝悌与道德的关系、天与人的关系以及君子之德行的关系，儒家经典论述是极为详备的。《中庸》说："故君子不可以不修身，不可以不事亲；思事亲，不可以不知人；思知人，不可以不知天。"（《中庸》第20章）也就是说，君子不可以不修养自身的品德；想要修养自身的品德，就不可以不尽心地侍奉父母；想要尽心地侍奉父母，就不能不了解人情；想要了解人情，就不能不知晓天道。这里强调的是君子之德行必须做到以下几点：第一，修身；第二，事亲；第三，知人；第四，知天。而事亲则又是沟通"天人"的前提和基础。由此可知，"思事亲"与"思知人"并最终"知天"构成了中国传统文化的致思特征。也就是说，中国传统文化始终重视的是"人"天生的"思"的功能及其效用。在儒家看来，这是人之为人的"良能"与"良知"。只有人才具有这种"思"的能力，也只有人能够知道运用这种能力。但值得注意的是，中国传统文化是将"思"的对象选择为了"事亲""知人"，从而决定了中国传统文化是向着家庭、社会等"人事"方向而用力的。

将人的心性与天相连，或说将尽心、知性、知天比类和贯通起来，其成熟表述是在孟子那里得以完成的。孟子说："尽其心者，知其性也。知其性，则知天矣。存其心，养其性，所以事天也。夭寿不贰，修身以俟之，所以立命也。"（《孟子·尽心上》）意思是说，完整地将人的善心呈现和光

明出来，就可以认知到人的本性，如此就可以认知天道、天理、天命。保存人的本心，养护人的本性，如此也就可以治天了。不论寿命是长是短都始终坚信天道、天理、天命，通过修身来等待天道、天理、天命的赋予和彰显，这才是安身立命的方法。"心性"代表人的本性；"天"代表天地自然的规律、原则和使命。安身立命既是对人身人命的安顿和确立，同时也是对天道、天理、天命的彰显和落实。由此可见，孟子的"心—性—天"的认知进程及其模式最终奠定了中国传统文化的价值取向和思维方式。

应引起我们高度重视的是，"知天"在中国传统文化范式中从来就没有形成其"独立"呈现的情形。换句话说，以天地为其代表的自然，在中国传统文化中从来没有取得过"独立"的地位。即在中国传统文化中，是不存在"纯自然"这个概念的。老子道家倒是提出了"自然"的范畴，其可以解释为"自己的本来样子"，但即便在老庄那里"自然"也没有取得独立呈现的情况，而是始终作为人及社会政治"效法"的对象，与儒家一起构成中国传统文化的"天人合一"的思维方式。而儒道天人相类合一的思想，在源头上都是作为"群经之首"的《周易》指出的："以通神灵之德，以类万物之情。"这一传统在中国延续了几千年，也最终将中国传统文化与西方传统文化区分开来。一般来说，西方文化当然也认为人之为人有其"良能""良知"的天性，但是，西方文化将这种"思"的对象选择了"思想""理性"本身，从而形成"思思"的传统。而中国传统文化则是以"思德"为其传统的。要之，"思德"与"思思"表征了中西传统文化的不同特征。

而中国传统文化的"思德"传统又总是以孝悌之德为其入手处，并扮演和承担起"知天""受命"的基础性和前提性的角色和任务。《中庸》记载孔子所论："舜其大孝也与！德为圣人，尊为天子，富有四海之内，宗庙飨之，子孙保之。故大德必得其位，必得其禄，必得其名，必得其寿。故天之生物，必因其材而笃焉。故栽者培之，倾者覆之。《诗》曰：'嘉乐君子，宪宪令德。宜民宜人，受禄于天。保佑命之，自天申之。'故大德者必受命。"这里通过舜的大孝、大德、地位、俸禄、名誉、寿考与天命的比类和贯通，来证明孝德的基础性、前提性的决定作用。在中国传统文化中，任何一个道德及其社会人事的寿夭祸福、事功名誉等要素，如果要论证其重要性，那一定要与"天""命"关联起来。接下来，孔子更引述《诗经》中的君子之德行来加强上述理念：和善而安乐的君子，具有显著光明的美好品德，他使平民和百官都和善相安，所以能够获得上天赐予的富禄。由此，结论是：具有大德的人，必定能够秉承天命。

孝道与天道的贯通反映和体现出的是中国传统文化的基本特征，这一特征最精当的表述乃是认为孝是天经地义的！

中国传统文化的思维的基本特征，反映和体现在天人合德以及人对这一德的思想和体悟中。也就是说，在中国传统文化中，对天道和天德的"类比""联通"构成了"人道"的内容，"以通神明之德，以类万物之情"（《周易》），"思诚者""诚之者"（《中庸》《孟子》），此之谓也。这种思想，我谓之"思德"，在儒家思想体系中，有直接将诚视为是"天之道"的，有直接将礼与孝视为是"天之经""地之义"的。尤其值得注意的是，在中国传统道德的德目中，以同样的句式来表达其神圣性、普遍性和重要性的有两个德目，一个是礼，另一个就是孝。中国传统文化的价值取向和思维方式全部集中在天、地、人这"三才"之中。而统摄天、地、人"三才"的一个被说成是礼，一个被说成是孝。《左传·昭公二十五年》说："夫礼，天之经也，地之义也，民之行也。"《孝经》说："夫孝，天之经也，地之义也，民之行也。"可见，它们都是把礼、孝看成是天的当然之道之则、地的应然之道之则，而人是体现这"当然"与"应然"的主体，从而也就完成和实现了人与天地并立为"参"的神圣使命！

由此我们明白，要想认识中国传统文化就要通过研究具体的道德德目才能做到。当然这里正是最"中国"的礼德、孝德为我们提供了进入中国传统文化的路径。

在礼德与孝德的比较中，"孝"又以更根本、更基础的性质在中国传统文化中扮演着它的角色。曾子曾经问过孔子这样一个问题，那就是在圣人的德行中，难道就没有比孝行更为重要的吗？孔子面对这样的提问，明确给出答案说，天地之间的万物生灵，只有人最为尊贵，人的品行中，没有比孝行更加伟大的了。《孝经》这样记载："曾子曰：'敢问圣人之德，无以加于孝乎？'子曰：'天地之性，人为贵。人之行，莫大于孝。'"在这里，孔子非常明确地告诉世人，在所有构成美德的德目中，孝是最大的德，最基本的德。

于是，"百善孝为先""孝是百善之源"这样的为中国人熟知的命题和观念就建立起来了。儒家文化将"孝"视为"百善之源""德之本也，教之所由生也"（《孝经》）的根本原因建立在"天人合一""天地人三才并立"这样一个思维方式之上。具体来说，孝道是天之道，天空中日月、星辰永远有规律地照临人世，孝道也是如此，乃是永恒的道理，不可变易的规律，"天之经也"，此之谓也；孝道是地之道，大地化育万物，为人类提供丰饶的物产，皆有合乎道理的法则，孝道也是如此，乃是必须严格遵从的义务，是有利、有益的准则，"地之义也"，此之谓也；孝道是人之百行中最根本、最重要的品行，"民之行也"，此之谓也。要之，孝是永恒的天道，孝是不变的地道，孝是根本的人道。孝道与天地之道一样是自然、必然、当然、应然的存在。故天道为大，地道为大，人道亦为大。天、地、人三才皆为大。唯其如此，才会有孔子弟子曾子的感叹。《孝经》记载："曾子曰：'甚哉，孝之大也！'"孝道太好了，太伟大了！

这就是中国传统文化的"本"。此"本"一立，"道"即生矣，而君子正是致力于这一根本以及遵循这一大道的实践者啊！所以《论语》才如此强调"君子务本，本立而道生。孝弟也者，其为仁之本与！""仁"在儒家思想中被看作是"全体之性"，"仁者，全体"，"仁，体也"（《二程遗书》），而这一"全体""体"的存在者则又以"孝悌"为其根本！"孝弟也者，其为仁之本与"，"弟子入则孝，出则弟，谨而信，泛爱众，而亲仁。行有余力，则以学文"（《论语·学而》），"孝弟者，仁之祖也"（《管子·戒第》），"首孝弟，次谨信"（《弟子规》）。

"本""祖""首"等正是要凸显"孝悌"在诸德中的地位及其作用！由此证明孝悌之德在儒家思想中的重要地位及其基础性作用。"君子务本"也成为君子的神圣使命！

所以说，本于性、志于道、据于德、依于仁、由于义、立于礼、乐于智、主于信的君子首先要做的乃是"事于孝悌"！志于道、闻于道、行于道、合于道的君子深深懂得，如果要使"道"产生，前提是要抓住它的根本。这个根本就是"孝悌"，"君子务本。本立而道生"，此之谓也。君子之道就是仁道，仁道的根本和基础就是孝悌之道。"君子去仁，恶乎成名？"（《论语·里仁》）所以，君子去孝悌，恶乎成名呢？也就是说，离开了仁就不成其为君子，离开了孝悌也必然不成其为君子。

那么何谓"孝悌"呢？君子当要做出回答并笃行之！

在中国传统文化中，君子是体道、行道、合道的担当者和先行者。君子的修身，君子的安居，君子的务本，君子的本怀，君子的奉事，君子的教化，君子的快乐全都与孝悌二德紧密相连。《中庸》说："故君子不可以不修身；思修身，不可以不事亲。"这是在强调君子的修身要与侍奉父母兄弟血亲的孝道相连。孟子说："君子居是国也……则孝悌忠信。"（《孟子·尽心上》）君子住在这个国家，就会孝顺友爱，忠诚守信。这是在强调君子的安居与孝悌忠信的实行有关。有子说："君子务本……孝弟也者，其为仁之本与。"（《论语·学而》）君子致力于作为仁德之根本的孝悌二德。这是在强调君子务本与孝悌的关系。《礼记》说："君子反古复始，不忘其所由生。是以致其敬，发其情，竭力从事，以报其亲，不敢弗尽也。"（《礼记·祭义》）君子返本怀远，追念本始，不忘诞生自己生命的由来，所以对亲人致以敬意，抒发感情，竭尽全力从事孝道之事来报答亲人，不敢不尽心尽力。这是在强调孝道乃是君子的本怀。《孝经》说："子曰：君子之事亲孝，故忠可移于君。事兄悌，故顺可移于长。"（《孝经·广扬名章第十四》）君子侍奉父母能尽孝道，因此能够将对父母的孝心，移作侍奉君王的忠心；侍奉兄长知道服从，因此能够将对兄长的服从，移作侍奉官长的顺从。这是强调君子的侍奉就是侍奉父母而尽孝道。《礼记》说："是故君子之教也，外则教之以尊其君长，内则教之以孝于其亲。"（《礼记·祭义》）所以君子施行教化，在外要教导民众尊敬君长，在内要教导民众孝顺双亲。这是强调君子的教化与孝亲尊君的内在关系。孟子说："君子有三乐，父母俱存，兄弟无故，一乐也。"（《孟子·尽心上》）君子有三件快乐的事情，父母都健在，兄弟没有疾病灾患，这是第一件乐事。这是强调君子的快乐与父母兄弟的健康平安直接相连。可见，尧舜之道，孝弟也；君子之道，亦孝弟也。

### （三）何谓孝悌以及君子之道

《说文解字》说："孝，善事父母者。从老省，从子，子承老也。"这个解释有以下几层意思。其一，孝是善于侍奉父母的行为或说德行。其二，"孝"字是将"老"字的下方的"匕"字省掉，换成"子"字组合而成的。其三，"老"在上，"子"在下，所以"孝"表示的是在上的父母与在下的子女的关系；其四，子女有承奉和承传父母老者的责任和义务。从"孝"字的属性来说，它是一个会意字。金文的"孝"字上部像戴发佝偻老人，下部表示由子搀扶之意。其突出的是在下的子女对在上的父母的照顾和关爱之情。

四维八德中所说的"孝悌忠信，礼义廉耻"中的"孝悌"，在儒家经典著作中都被写成"孝弟"。"其为人也孝弟……孝弟也者，其为仁之本与。"（《论语·学而》）"弟子入则孝，出则弟。"（《论语·学而》）"尧舜之道，孝弟而已矣。"（《孟子·告子下》）"故孝、弟忠顺之行立，而后可以为人，可以为人而后可以治人也。"（《礼记·冠义》）"首孝悌，次谨信。"（《弟子规》）"弟"表示的就是"悌"的意思。《广雅·释亲》说："弟，悌也。"当然，既然用"弟"来表示"悌"，那么，"弟"字的本义一定与"悌"的意思有某些关联性。《说文解字》说："弟，韦束之次弟也。"弟是用牛皮束物的次序。"弟"的次序、次第的意思为"悌"字所包含。

我查阅了《说文解字》，竟然没有查到"悌"字，所以"悌"的本义只能从其他经典中来获得了。《墨子·兼爱》说："为人弟必悌。"《新书·道术》说："弟敬爱兄谓之悌。"朱熹在解释《论语·学而》"其为人也孝弟"句时明确指出："善事父母为孝，善事兄长为弟。"可见，"悌"的本义就是弟弟敬爱兄长。我们从这些定义中可以清楚地发现，悌德在开始就是单向性对象的一种情感。具体来说，就是指在下的弟弟对在上的兄长的一种敬爱之情。这一带有显著"次序""次第"色彩的悌德，其意义完全与"弟"的本义是相契合的。《孝经》也说："教民礼顺，莫善于悌……敬其兄则弟悦。"儒家的五伦之一的"长幼有序"正是这一德目及其意义的集中体现。悌德的这一单向性特征，随着南唐宋初人徐铉为补录《说文解字》所著的《说文新附·心部》中对"悌"作了"悌，善兄弟也"的解释以后，才得以解决。通俗地说，至此，悌德才具有了兄弟双向彼此相互的情感和责任！兄友弟恭，此之谓也。

不过，孝悌二德连用时多是从下对上的一种情感和责任来立意的，与此相连的君子之道当然也具有了上述意义。那么具体怎么做才算作善事父母的孝与善事兄长的悌呢？

在儒家思想观念中始终强调"君子务本"。本者大本也，根本也。大道之生、大道之行全在于这一根本的确立，"本立而道生"（《论语·学而》），此之谓也。君子所务之本正是孝悌二德。那么孝悌是作为何德的根本呢？儒家明确指出，那就是"仁道"啊！"孝弟也者，其为仁之本与"（《论语·学而》），此之谓也。由此可见，儒家思想紧紧地将"君子""本""道""孝悌""仁"等观念联系在一起了，从而使得基于不可丝毫动摇的"孝悌"，志于不可须臾离却的"正道"，依于不可随意违背的"仁道"等儒家的价值追求和伦理规范在这种联系中得到加强和彰显。值得注意的是，儒家的所有这些价值观又都与"君子"形成了内在的关联性。具体来说，孝悌之本与君子的关系以"君子务本"体现了出来；不离之道与君子的关系以"道也者，不可须臾离也。可离，非道也。是故君子戒慎乎其所不睹，恐惧乎其所不闻"（《中庸》）表现了出来；仁爱之道与君子的关系以"君子去仁，恶乎成名？君子无终食之间违仁，造次必于是，颠沛必于是"（《论语·里仁》）呈现了出来。

君子将"与人为善"当作自己的德行和责任。这也就是孟子那么强调"君子莫大乎与人为善"（《孟子·公孙丑上》）的原因所在。这句话原意是说，对于君子来说，最重要的莫过于与别人一同为善。后来被直接解释成了为别人做善事。也就是说，在儒家看来，人的所有善念和善行一定要体现在为他人着想，为他人谋利益。通俗地说，一切为了他人好。而这种为善于他人的思想观念和道德规范又首先被落实到了"孝悌"之上！"百善孝为先"，此之谓也。

什么叫"孝"？善事父母叫作孝。什么叫"悌"，一是"善事兄长"叫作悌，一是"善事兄弟"叫作悌。可见，"孝悌"的实质性规定都落实到两个字上——善事。在儒家思想体系里，善的本质最集中的体现者一定是仁德！《说文解字》说："仁，亲也。"仁就是对他人、他者的亲近、亲密、亲热、亲切、亲爱之情。所以，仁就是亲爱。这种爱有亲亲之爱，有仁民之爱，有爱物之爱，"亲亲而仁民，仁民而爱物"（《孟子·尽心上》），此之谓也。儒家将这种广泛和普遍的爱赋予了不少名称，例如泛爱（孔子）、博爱（韩愈）、同体之爱（程颢）、一体之爱（王阳明）。用朱熹的话说，仁就是个对对象"温和慈爱底道理"。儒家之学是仁爱之学，君子之学也是仁爱之学。而无论是儒家之学，还是君子之学，其推行"仁爱"都是从"孝亲"开始的。

那么，孝道的具体内容是什么呢？

善事父母的孝和善事兄弟的悌，其精神实质当然地落实到"仁爱"之上了！在这里，我们以"孝"为例来看看是如何规定在下的子女对在上的父母的"仁爱"的，即是如何规定"善事父母"的具体内容的。

第一，惜身。如果你要孝，即爱你的父母，那么一定要能够珍惜自己的身体发肤而不至于毁伤，因为这是父母给的生命形式。《孝经》开宗明义章第一就记载了这样一件事。"仲尼居，曾子侍。子曰：'先王有至德要道，以顺天下，民用和睦，上下无怨。汝知之乎？'曾子避席曰：'参不敏，何足以知之？'子曰：'夫孝，德之本也，教之所由生也。'复坐，吾语汝。身体发肤，受之父母，不敢毁伤，孝之始也。"意思是说，孔子在家闲坐，他的学生曾参侍坐在旁边。孔子问道，先代的帝王有至高无上的品行和最重要的道德，以其使天下人心归顺，人民和睦相处。人们无论是尊贵还是卑贱，上上下下都没有怨恨不满。你知道那是什么吗？曾参站起身来，离开自己的座位回答说，学生不够聪明，哪里会知道呢？孔子说：这就是孝。它是德行的根本，也是教化产生的根源。你回原来位置坐下，我告诉你。人的身体四肢，毛发皮肤，都是父母赋予的，不敢予以损毁伤残，这是孝的开始。

这里孔子要告诉人们的是，孝道首先要子女做到"惜身"。这是因为，作为父母最关心的是子女的生命安全和身体健康，所以也是最担心孩子有生命之虞，最记挂孩子的身心是否安康。诚如孔子在回答别人问什么是孝时说的"父母唯其疾之忧"（《论语·为政》）。不过，需要指出的是，对《论语》这句话的解释历史上一直存在两种不同的意见，一是说儿女担忧父母的疾病，一是说父母担忧儿女的疾病。我这里是采取后一种说法。意思是说，父母只是为子女的疾病发愁担忧。所以作为子女的你如果不想让父母担忧的话，就应当体念父母爱子女的心，你就要好好地保重自己的身体，不敢稍有毁伤，能做到这一点就是孝的表现，且是孝的开始。可见，"惜身"是从子女与父母的生理关系上来规定孝的。

第二，能养。君子"务本""思亲""亲亲"的孝悌，尤其是被称为"百善之源""百善为先""德之本""教化之始"的"孝"，其具体内容的第二个方面表现在在下的子女对在上的父母的"能养"。所谓"能养"就是在物质生活上能够保障父母的需求，即赡养父母。

儒家将"能养"视为是子女对父母孝行最起码应该做到的事情。所以在孟子所转述的对是否"不孝"的五条规定中，是否对父母做到"能养"就占了三条。孟子说："世俗所谓不孝者五：惰其四支（肢），不顾父母之养，一不孝也；博弈好饮酒，不顾父母之养，二不孝也；好货财，私妻子，不顾父母之养，三不孝也；从耳目之欲，以为父母戮，四不孝也；好勇斗很（狠），以危父母，五不孝也。"（《孟子·离娄下》）这是说，不孝有五种表现，一是四肢懒惰，不管父母的生活；二是好下棋喝酒，不管父母的生活；三是贪钱财，偏袒妻子儿女，不管父母的生活；四是放纵耳目之欲，使父母因此蒙受耻辱；五是逞勇好斗，危及父母。概而言之，好吃、懒惰、贪财、纵欲、好斗而不顾父母的生活和安全的行为谓之不孝。

儒家对孝道孝行的"能养"规定，也是建立在父母与子女之间的情感的"对等"感应与交换这一"关系"的基础之上的。你为什么要"善事父母"呢？因为父母以前对你是那样做的啊！儒家使用了一个概念"慈"来表达之。慈德是对在上的父母出自本性情感的美德的描述以及责任伦理的要求。《大学》说："为人父止于慈。"常言道"慈母手中线，游子身上衣""可怜天下父母心"。所以所谓"慈"是指父母用心去爱子女。由上爱下通称为"慈"。《说文解字》说："慈，爱也。"《新书·道术》说："亲爱利子谓之慈，恻隐怜人谓之慈。"《管子解·形势》才说："慈者，父母之高行也。"

人们常用"乌鸦知反哺"来比喻和告诫子女要知道报恩于父母，但对为什么小乌鸦要反哺老乌鸦往往没有引起重视。明代著名医学家李时珍对乌鸦有过这样的描述："慈鸟，此鸟出生，母哺六十日，长则反哺六十日。可谓慈孝矣。""母哺"在先，且耗尽心血，从而失去捕食能力；而"长则反哺"在后。这是一个老者对幼者养育在先，而幼者对老者养育在后的双向性的施爱过程。所以，李时珍才说"可谓慈孝矣"。

你的父母那样地对待你了，你长大有能力以后，应该怎样对待你的父母呢？换句话说，你怎样做了，才可以"心安"呢？儒家在这里就引入了一个非常重要的情感和心理概念"心安"。这个问题是孔子在回答其弟子所问"三年服丧"时提出的。《论语·阳货》记载："宰我问：'三年之丧，

期已久矣……子曰：'食夫稻，衣夫锦，于女安乎？'曰：'安！''女安
则为之！夫君子之居丧，食旨不甘，闻乐不乐，居处不安，故不为也。今女
安，则为之！'宰我出，子曰：'予之不仁也！子生三年，然后免于父母之
怀。夫三年之丧，天下之通丧也，予也有三年之爱于其父母乎！'"意思是
说，宰我问，父母死了，服丧三年，为期太久了。孔子说，丧期不到三年就
吃稻米、穿锦缎，对你来说心安吗？宰我说，心安。孔子说，你心安就那样
做吧。君子服丧，吃美味不觉得香甜，听音乐不感到快乐，住在家里不觉得
舒适安宁，所以不那样做。现在你心安，就那样去做吧。宰我出去了，孔子
说，宰我不仁啊！孩子生下来三年后，才能完全脱离父母的怀抱，三年丧
期，是天下通行的丧礼。宰我难道没有从他父母那里得到三年怀抱之爱吗？
虽然孔子这里指的是"服丧"的问题，即"祭之以礼"的孝道问题，故而对
于这一问题我们当然要做出具体历史的分析和评价，不可简单地否定宰我的
意见和简单肯定孔子的意见，但这里所提出的是一个带有普遍意义的问题，
即"心安"。大家知道，"不忍之心"乃是"仁之端也"啊！孝与仁的心理
情感基础皆出于人的"不忍之心"。

现实中许多儿女得到了父母慈爱，但在"奉养"意义上都没有做到对父
母的孝爱啊，作为儿女，你心安吗？你忍心吗？现在为什么那么多的孩子不
孝了呢？甚至把其不孝的行为视为理所当然。如此一来，反而没有什么心安
与心不安的问题了。造成这一现象的背后原因乃在于这些孩子"心不在焉"
（《大学》），即"良心""孝心"不在了啊！所以，儒家最忧患的事情正
是人们的"心不在焉"。也正因为如此，儒家全部思想的最终目的是将人们
"不在焉""放逸"（丢失、跑掉）的"良心"寻找回来，"学问之道无
他，求其放心而已矣"（《孟子·告子上》），此之谓也。

那么，"心在"的状态下，孝道又会呈现怎样的状态呢？君子之道还会
对孝道做出怎样更加超越性的规定呢？

第三，能敬。你千万不要对儒家的孝道只是从物质、利益的交换、回
报的意义上来理解，而是要进入人的内心，要上升到人的生命情感的高度来

加以认知和把握。所以为君子所重的孝道一定还有其更加超越性的规定和意义！《礼记·祭义》说："曾子曰：'孝有三：大孝尊亲，其次弗辱，其下能养。'"在曾子看来，孝有三等：大孝是尊敬、敬重父母，其次是不令父母蒙受羞辱，最下等是在物质生活上能够赡养父母。所以我们所知道的"故君子顷步而弗敢忘孝也"（《礼记·祭义》），那是有着更为深刻的规定。具体来说，为君子半步也不敢忘记孝道的内涵，恰恰反映在子女对父母双亲的"恭敬"啊！

儒家之所以把"善事父母"的"孝"的本质规定落实在"能敬"之上，是因为这是站在人之为人的人性上来给予关照的。而为了做到在人性层面上讨论人的道德伦理问题，儒家实际上运用了非常独特的比较方式。具体来说，一是人与禽兽的比较，一是君子与小人的比较。即通过"人兽之辨"与"君子小人之辨"来突出"孝道"之本质规定性。作为儒家的创始人的孔子正是通过这两种方式对孝的本质进行了论述。孔子说："今之孝者，是谓能养。至于犬马，皆能有养，不敬，何以别乎？"（《论语·为政》）意思是说，现在许多人认为对父母的孝就是能够养活父母，其实养狗养马也是给它们吃喝，而如果只是给父母吃喝，而不能够做到尊敬、敬重他们的话，那么，这与狗马还有什么区别呢？孔子实际上在这里提出了这样一个非常严肃的问题，那就是"可以人而不如禽兽乎？！"人之所以为人，人之所以尊贵，正是在于拥有禽兽动物所没有的东西，或者说为人所独有的东西，"人之所以异于禽兽者几希"（孟子语），"禽兽有知而无义。人有气有生有知，亦且有义，故最为天下贵也"（荀子语），此之谓也。孔子认为，"能养"是人兽之共同所有的能力；而"能敬"则是为人所独有的能力。换句话说，禽兽没有"能敬"之"良能"，它只为人所独有！对此，孟子也有过精彩的揭示："食而弗爱，豕（shǐ）交之也；爱而不敬，兽畜之也。"（《孟子·尽心上》）意思是说，养活而不爱，那是养猪；爱而不敬，那是养狗猫等宠物。可见，"善事父母"的"能敬"，才称得上是人的生活方式！

在儒家思想体系里，君子又是作为人性光辉的代表而出现的。我们在以前已经论述过"本于性者为君子"的问题。关于"能养"与"能敬"的不同，孔子又直接将其视作判别小人与君子的标准。《礼记·坊记》记载，子云"小人皆能养其亲，君子不敬何以辨"。在孔子看来，小人也能够做到在物质生活上去赡养他们的双亲，君子如果只能做到赡养而不能尊敬双亲，那与小人还有什么区别呢？

在儒家思想体系中，"敬"是比"爱"更高一层级的精神内涵。正因为如此，才会将"敬"作为君子修身的原则来看待和推崇。孔子在回答其弟子子路请教怎样才是君子问题时做出明确答复，那就是：严肃恭敬。"子路问君子。子曰：'修己以敬'"（《论语·宪问》），此之谓也。

《礼记·祭义》说："君子生则敬养，死则敬享，思终身弗辱也。"意思是说，君子在父母健在时要恭敬地奉养，父母去世后要恭敬地祭享，牢记终身都不能做有辱父母的事。"生则敬养，死则敬享"乃是对君子的要求，而这种要求又全都落实到一个"敬"字上。儒家从生到死再到死后，对于"善事父母"的"孝道"，都通过"礼之敬"的内容与形式完整地反映出来："生，事之以礼；死，葬之以礼，祭之以礼。"（《论语·为政》）

可见，做到"能敬"才是高层次的"孝"，这是属于精神层面的。当然，正因为它是高层次的，所以也就最难做到。《论语》记载："子夏问孝。子曰：色难。"在孔子看来，晚辈子女对父母长辈和颜悦色的神色是最难做到的。胡适曾说过："世间最可厌恶的事莫如一张生气的脸，世间最下流的事莫如把生气的脸摆给旁人看。这比打骂更难受。"（《我的母亲》）所以对父母是否"色悦"成了衡量一个人是否孝的标准。虽然这难做到，但我们必须加强这方面的道德修养。这里实际上涉及一个人去变化气质的问题，每个人都需要改变你身上本存的那些属于自然的不好的气质。诚如曾国藩所说："人之气质，由于天生，本难改变，惟读书则可以变其气质。"（《曾文正公家训》）不要对父母乱发脾气，不要给老人摆脸色，和气地对待他们，这才是真正的孝啊！也才是君子所为啊！"孝子之有深爱者，必有和气；有和气者，必有愉色；有愉色者，必有婉容"（《礼记·祭义》），此之谓也。

第四，有后、立身、扬名。中国的孝道思想有着丰富的具体内容，而这其中，能养、能敬是在直接侍奉父母中体现出"善事父母"的孝道，而惜身、有后、立身、扬名是儿女在做好自己中来体现出"善事父母"的孝道。值得注意的是，在其中许多行为又往往与君子之行紧密联系在一起。

所谓"有后"就是指子女要生孩子，有后嗣，以保证家庭的繁衍和家庭祭祀的不断。所以《孝经·圣治章第九》说："父母生之，续莫大焉。"在儒家看来，生养下一代乃是继承上一代，就可以连续不绝，并且认为这是人伦关系中最为重要的事情。关于这一观念，对于中国人来说最熟悉的莫过于孟子的这句话："不孝有三，无后为大。"但是孟子本人并没有具体指出是哪三不孝。而汉代的赵岐注曰："于礼有不孝者三事，谓阿意曲从，陷亲不义，一不孝也；家贫亲老，不为禄仕，二不孝也；不娶无子，绝先祖祀，三不孝也。"孟子列举舜为了怕没有子嗣而瞒着父母娶妻的不孝之举的例子来突出"不孝有三，无后为大"的孝道，并通过君子之口来为舜的行为辩护。孟子说："舜不告而娶，为无后也。君子以为犹告也。"（《孟子·离娄上》）也就是说，在君子看来，为了有子嗣，虽娶妻不告父母，但这样做如同禀告了父母一样。由此可见，君子也是非常重视"有后"的问题。当然，这一孝道观应作历史地具体地分析和评价，是否应该将此视为衡量孝的标准，不能一概而论。

所谓"立身"就是指子女能够在道德修养上使自己挺立起来。所谓"扬名"就是指子女进德修业，名声传扬于世。"立身""扬名"是孝道一个非常重要的内容，被视为是"善事父母"之"孝"最终要完成的事情。《孝经·开宗明义章第一》就明确指出："身体发肤，受之父母，不敢毁伤，孝之始也。立身行道，扬名于后世，以显父母，孝之终也。夫孝，始于事亲，中于事君，终于立身。"就是说，一个人的身体、四肢、毛发、皮肤，都是从父母那里获得的，所以要特别地加以爱护，不敢损坏伤残，这是孝的开始，是基本的孝行。一个人要立德立业，遵循正道，扬名于后世，使父母荣耀显赫，这是孝的终了，是完满的、理想的孝行。孝，开始时从侍奉父母做起，中间的阶段是效忠君王，最终则要建树功绩，成名立业，这才是孝的圆满的结果。子女走正道，干事业，有成就，此乃是做父母最希望看到的事。儿女做人做事都好，父母就会感到高兴，感到欣慰，感到荣耀，感到自豪。反之，做人做不好，做事做不成，终日无所事事，无所作为，游手好闲，一句话，无德无能，而只知"啃老"，甚至做些悖理违法的事情，那么这就属于不孝了。所以这种不孝的行为，一定为君子所不耻。

《孝经·圣治章第九》说："不在于善，而皆在于凶德，虽得之，君子不贵也。君子则不然，言思可道，行思可乐，德义可尊，作事可法，容止可观，进退可度，以临其民。是以其民畏而爱之，则而象之。故能成其德教，而行其政令。《诗》云：'淑人君子，其仪不忒。'"也就是说，君子不会看重和赞赏有违道德而有所得的事情，相反，君子说话，要考虑说的话能得到人民的支持，被人民称道；君子做事，要考虑行为举止能使人民高兴；君子的道德和品行，要考虑能受到人民的尊敬；君子从事制作或建造，要考虑能成为人民的典范；君子的仪态容貌，要考虑得到人民的称赞；君子的动静进退，要考虑合乎规矩法度，成为人民的楷模。如果君子能够这样做，人民就会敬畏他；就会以他为榜样，仿效他，学习他。因此，君子能够顺利地推行道德教育，使政令顺畅地得到贯彻执行。诚如《诗经》所说：善人君子，最讲礼仪；容貌举止，毫无差池。

立身、扬名而立德、行善、行事的"孝道"是有利于社会文明的建设的。君子施行这种意义的孝道，对社会的良好风气的形成当有着非常积极的意义。作为精英化身的君子，其昂扬的"上达"精神对于任何一个社会的进步发展都有着引领、示范、楷模的巨大作用。当下社会，要呼唤和发挥这种君子之风！作为领导者，具有"君子之德风"对于净化社会文明风气和引领社会前进方向是断断不可或缺的。君子应成为社会"可道之言""可乐之行""可尊之德""可法之事""可观之容""可度之法"的榜样啊！"则而象之"，此之谓也。

孝道所宣扬的"终于立身"的宗旨通过君子的言行而得到了具体体现。"故君子顷步弗敢忘孝也"（《礼记·祭义》）的最终目的正是在让全社会培植仁爱的精神，培育责任的意识，培养道德的情感，并以此实现社会的和谐！

### （四）君子行孝悌的文化意义

孝悌之德表现的是一种"亲情"的伦理情怀。君子是事亲之孝和事兄之悌的表率。"君子笃于亲。"（《论语·泰伯》）"君子……亲其亲。"（《大学》）"君子……不可以不事亲。"（《中庸》）"君子不以天下俭其亲。"（《孟子·公孙丑下》）"是故君子之教也……内则教以孝于其亲。"（《礼记·祭义》）儒家强调事亲事兄之孝悌乃是君子之情怀。"亲情"是伦理关系的本质规定。君子要宣传和践行这种伦理情怀，不仅局限在处理家庭成员之间的关系问题，而且欲将这种以"亲情"为特征的伦理情怀拓展到整个社会中去，要求社会中的人们在相处当中保持着一种恰似家庭成员之间的"亲情"关系。"亲亲而仁民，仁民而爱物"（《孟子·尽心上》），此之谓也。当我们在形容和表达一种带有纯洁性、温暖性的情感时常喜欢用"亲情"一词，它应该是合乎人性的一种情感形式。一个高度文明的社会，需要呼唤这种"亲情"的伦理情怀！

孝悌之德呈现的是一种"立身"的道德情操。孝道最终所要落实的乃是立身。所谓的立身一定是道德的确立、道德的挺立，从而使自己的身体及其生命获得一种安立。儒家传统向来主张通过"立德，立功，立言"而达到人生的不朽。但不管怎样，"立德"一定是首位的。孔子之道也是通过"忠恕之道"得以建立的。孔子所说的"已欲立而立人，已欲达而达人"（《论语·雍也》）正是强调人们自己首先应该在道德上"立达"并随之帮助别人也实现"立达"。孝道中所包含的"立身"内容是要求每个人在社会中做一个有道德的人，一个有益于社会的人。由此可见，孝道的推行实际上就是一种道德情操的培植。一个高度文明的社会，呼唤需要这种"立身"的道德情操!

孝悌之德展现的是一种"温和"的仁爱精神。君子要以孝悌之德为其立身之本,其目的乃是推行在此基础之上建立起的仁爱精神!儒家非常强调凡事要讲究"知所先后,则近道矣"(《大学》)的道理。孝悌不等于仁,而是作为根本性和基础性的存在。在孝悌之德以及其所发展出的仁德里,最重要的精神实质乃在于它的"慈爱温和"。这种温和的仁爱精神体现在对人、动物、草木、瓦石这些不同对象所表现出来的恻隐、不忍、悯恤和顾惜之情。明代思想家王阳明将此称为"天地万物一体之仁"。一个高度文明的社会,需要呼唤这种"温和"的仁爱精神!

孝悌之德显现的是一种"奉献"的责任意识。"善事亲""善事兄"的孝悌之德强调对对象的责任意识。通俗地说,我善事他们,这是我的责任所在。而责任最显著的本质内涵之一正是在于它的不可推卸性。君子所重的富有强烈责任感的孝悌之德,更是着眼于向着更广阔的领域推及。在儒家思想体系中是主张由孝悌发展到忠君顺长的。所以《孝经》说:"君子之事亲孝,故忠可移于君;事兄悌,故顺可移于长。"事亲是对父母的责任,忠君是对国家的责任,事兄是对兄长的责任,顺长是对长辈的责任。当然,忠君以及移孝为忠问题在中国传统社会是一个非常复杂的问题,对此应做具体的历史性分析和评价。但要同时看到,这种从内到外的教化的目的乃在于使家齐,使国治,使天下平。其最终培植的是爱家族、爱家乡、爱故土、爱国家、爱我们千年不断的中华文化的责任意识和家国天下情怀。此乃"君子之教"的本怀呢!"是故君子之教也,外则教之以尊其君长,内则教之以孝于其亲"(《礼记·祭义》),此之谓也。一个高度文明的社会,需要呼唤这种"奉献"的责任意识!

孝悌之德体现的是一种"互助"的平等思想。提倡相互"善事"并带上强烈平等思想的,要当推悌德。南唐人徐铉的《说文新附·心部》对悌德的定义是:"悌,善兄弟也。"这里突出的是兄与弟彼此对对方的"善事"。兄良弟恭,兄友弟恭,是也。在家为兄弟,而进入了社会,兄弟就变成了朋友。所以"出则悌"就承担起处理社会中人与人的关系的任务。人与人关系的理想境界是和谐，而达到和谐的前提是相互尊重、相互帮助、平等相爱、团结友爱，"出入相友，守望相助，疾病相扶持，则百姓亲睦"（《孟子·滕文公上》），此之谓也。悌敬友爱是相互的，是感应的，是交换的，其结果必然是和谐的，"子之友悌，和如瑟琴"（晋人潘岳语），此之谓也。一个高度文明的社会，需要呼唤这种"互助"的平等思想！

总之，一个高度文明的社会，需要呼唤蕴藏在"君子……则孝悌"（《孟子·尽心上》）思想中的"亲情"的伦理情怀！"立身"的道德情操！"温和"的仁爱精神！"奉献"的责任意识！"互助"的平等思想！

# 行于廉耻者为君子

## 防恶的护栏

因膰去鲁图

孔子仕鲁，鲁国大治，齐人担心鲁国崛起，送给鲁君供享受的女乐文马。鲁君遂贪图享乐，荒废国事，又不遵守祭祀时分送胙肉的礼仪，孔子于是辞职离鲁，开始周游列国（明版彩绘绢本《孔子圣迹图》）

尼哉吾道
縱笑聖躊
始難終保
卵逐正移
女樂乃歸
用衰遺襄
強齊長哦
望暮相聖
贊曰
遂行
道進觀怠於政事孔子
馴以遺暮君暮君為周
皆以紋衣而舞馬二十
乎於是進女子八十人
之而不可則火地庸埜
地為到幽回諸先嘗沮
暮伯就為先伴笑立致

礼义廉耻被称为"四维"，先秦管子说："国有四维……一曰礼，二曰义，三曰廉，四曰耻。"孝悌忠信礼义廉耻被称为"八德"，合而谓之"四维八德"。这"八德"有一个特点，那就是"八德"是由四组两个紧密相连的德目组成的，"孝悌""忠信""礼义""廉耻"是也。

## （一）廉耻是立人之本、君子之道、国家之维

在中国传统文化中，廉耻二德由于被认为是人之为人的本质规定以及"人之高行也"而备受重视。汉代学者赵岐在其《孟子赵岐注》中指出："廉惠勇，人之高行也。"孟子有言："人不可以无耻"，"耻之于人大矣。"（《孟子·尽心上》）在孟子看来，作为一个真正的人不可以没有羞耻之心，不可以不知羞耻，羞耻心和羞耻感对于人来说是至关重要的大问题。古人明确指出：耻，乃人禽之别也。南宋理学家朱熹在解释孟子的"耻之于人大矣"思想时明确强调："存之则进于圣贤，失之则入于禽兽。"明代袁坤仪在他的著作《了凡四训》中也发挥了朱熹的思想，说："以其得之则圣贤，失之则禽兽耳。"

有鉴于明末清初有些学人和士大夫寡廉鲜耻、趋炎附势而丧失民族气节，顾炎武把孔子在《论语》中分别提到的"博学于文""行己有耻"结合起来，明确提出"博学于文，行己有耻"的口号，并将此视为"圣人之道"。清代学者龚自珍说："士皆知有耻，则国家永无耻矣。士不知耻，为国之大耻。"

既然"廉"是"人之高行"，既然"耻之于人大矣"，一方面说明它们的重要，另一方面也说明它的实践者一定是一个社会的精英阶层和人士。在中国传统社会能够成为社会的精英分子的一定是"君子"和"士"。"廉"更多的是对在上者、有权者、为官者所提出的道德要求。"耻"更多的是对当政者、文化人所提出的道德要求。然而，不管是在上者、有权者、为官者，还是当政者、文化人，即不管是官员还是知识分子，都是社会的精英，都是"关键少数"。

作为"上达"的"君子"和"士",既要"知廉""行廉",又要"知耻""有耻"。所以,知廉耻乃君子之道也。知廉耻是"君子之德风",无廉耻是"小人之德草"。"君子之德风"的形成对于一个国家民族的稳定和安宁关系直接而重大。

"礼义廉耻"是国之四维,对这四根绳索的维护,作为社会精英的君子有着率先和主导性的地位和作用。因为"积礼义而为君子"(荀子语),因为"廉,人之高行也"(赵岐语),"耻之于人大矣"(孟子语)。而当我们站在这样的高度,重新认识"廉耻"在"国之四维"中的特殊而又重要的作用时,会产生更深的认知。

"维",原指系物或结网的大绳,古人说:"维,网罟之纲。"而"纲"者即是指提网的总绳,比喻决定事物的那个最关键的部分。《管子》所提出的"国之四维""国有四维"以及后人概括的"礼义廉耻,是谓四维,四维不张,国乃灭亡",均在告诫世人,廉耻二德是维系国家这座大厦的第三根和第四根大绳。具体来说,如果"廉"这根绳子断绝了,那么国家大厦就要"倾覆","三维绝则覆"(《管子》),此之谓也;如果"耻"这根绳子断绝了,那么国家大厦就要"灭亡","四维绝则灭",此之谓也。实际上,《管子》是在提醒人们,第三根的"廉"和第四根的"耻"乃是国家存在的最后两道"屏障"和"护栏",它们是保证国家存亡与否的关键所在!

而仅就廉耻二德来说,耻德又是更为重要和关键的因素。因为第三根的廉德断绝了,虽然大厦倾覆,但还可以将其重起,"覆则可起",此之谓也;而如果第四根的耻德断绝了、灭亡了,那是再也没有任何举措可以挽救了得了,"灭不可复措也",此之谓也。顾炎武在其《日知录》中将这一道理发挥到了极致。他说:"《五代史·冯道传》论曰:'礼义廉耻,国之四维;四维不张,国乃灭亡。善乎!管生之能言也。礼义,治人之大法;廉耻,立人之大节。盖不廉则无所不取,不耻则无所不为。人而如此,则祸败乱亡亦无所不至。况为大臣,而无所不取,无所不为,则天下其有不乱,国家其有不亡者乎？’然而四者之中，耻尤为要……人之不廉，而至于悖礼犯义，其原皆生于无耻。故士大夫之无耻，是谓国耻。”要之，人，尤其是大臣、士大夫，“不廉”"悖礼犯义"的最终原因都产生于这些人的"无耻"啊！强调"廉耻"，尤其是"耻"对国家的重要性，从一定意义上正是凸显士、君子的作用呢！

而在君子文化中，"君子之廉"则是与礼义之德紧密结合在一起的。

## （二）"行己有廉耻"即为君子之德行

### 1. 廉与耻恰是对士、君子之高行大德的具体规定

"行己有耻"是孔子对"士"的规定，"博学于文，行己有耻"，是顾炎武对儒家"圣人之道"的概括。"子贡问曰：‘何如斯可谓之士矣？’子曰：‘行己有耻。’"（《论语·子路》）在孔子看来，对自己的行为能持有羞耻之心的人可以称作"士"。在儒家那里，士也可被称为"君子"呢！而"廉"当是士与君子必备的德行。古人将是否具有廉德作为判断"高行"与否的标准，"廉，人之高行也"（赵岐语），此之为谓也。而孟子又认为"耻"对于一个人来说是十分重大的一个德行，"耻之于人大矣"（孟子语），此之谓也。而我们说，"高行"与"大德"当属于君子之德，于是我在这里提出了"行己有廉耻可谓君子矣"的命题。

### 2. 释廉耻

《说文解字》："廉，仄也。从广，兼声。"意思是说，"廉"是指空间地方的逼仄、狭窄，所以字形与表空间的"广"（音yǎn）相关。正是因为"廉"有狭窄的意思，所以古人又谓"堂之侧边曰廉"。《九章算术》也说："边谓之廉，角谓之隅。"可见，逼仄、狭窄、侧边的"廉"之本义是与广阔的空间相对的。通俗地说，"廉"字的本义是现代汉语广大的"广"（"guǎng"）字的反义词。"廉"的本义在于突显少、小、俭，"廉，俭

也"（《广韵》），"廉，敛也"（《释名》），此之谓也。"廉"的本质集中体现在清、洁品性之上，所以就有了《玉篇》和《广雅》的定义："廉，清也。"王逸曰："不求曰清，不受曰廉，不污曰洁。"（《楚辞章句》）清廉、廉洁已然成为士大夫、君子必备的品行。要之，"廉"的基本含义就是廉洁，不贪污；廉清，不受贿；廉明，不徇私；廉正，不枉法。反之，多拿多占则失廉，可取可不取而取则伤廉，不公不明则违廉，不正不忠则背廉。也就是说，失廉伤廉必然贪污受贿，违廉背廉势必徇私枉法。

《说文解字》说："耻，辱也。从心，耳声。""耻"就是耻辱、羞辱、侮辱的意思。"耻"的繁体字写为"恥"，它是一个会意字，表示有过而心生惭愧之意，继而表现出耳朵发烧、面红耳赤、心跳加快的状态。耻是强调这样一系列情感和行为，即对什么感到耻，以什么为耻，知道什么是耻。可见，耻既是一种感觉，又是一种认知，更是一种行动。概而言之，耻是关乎"有耻"和"知耻"的问题。

### 3. 廉耻二德的内在关联性

所谓"廉耻"就是廉清的节操与羞耻的情感。廉耻二德相连使用是自古及今的传统。《管子》的国之四维论即是将"廉耻"连用，荀子说："今是人之口腹，安知礼义？安知辞让？安知廉耻隅积？"（《荀子·荣辱》）在荀子看来，在他那个时代的许多人只知口腹之欲，哪里知道什么是礼节道义？什么是推辞谦让？什么是廉洁耻辱？《淮南子》更直言："民无廉耻，不可治也。非修礼义，廉耻不立。"

顾炎武著名的《日知录》中有专篇"廉耻"一文。他指出："廉耻，立人之大节。"他引罗仲素语："教化者朝廷之先务，廉耻者士人之美节；风俗者天下之大事。朝廷有教化，则士人有廉耻；士人有廉耻，则天下有风俗。"意思是说，教化是朝廷急要的工作；廉耻是士人优良的节操，风俗是天下的大事。朝廷有教化，士人便有廉耻；士人有廉耻，天下才有良风美俗。引《尉缭子》言："国必有慈孝廉耻之俗，则可以死易生。"意思是说，一个国家必须有慈孝廉耻的习俗，那就可以用牺牲去换得生存。《儒林外史》说："读书人全要养其廉耻。""知廉耻""要有廉耻之心"已然成为现代社会激励人们努力向善的价值观和响亮的口号。

廉是你知道应当做什么与不应当做什么才会有的德行和操守。有了廉，你一定会远离耻辱。所以荀子才说："故君子苟能无以利害义，则耻辱亦无由至矣。"（《荀子·法行》）君子如果能够做到不以利益损害道义，那么耻辱也就不会到来了。一句话，廉洁可以远离耻辱呢！当然，如果你没了羞耻心，那么你一定会不廉，当然也一定会不仁不义无礼无信的。耻是对己对人一切应做而没做、不应做而做的"不义"之举而生发的"羞恶"的情感。只要一个人丧失了这个羞恶之心，就敢做出种种无道无德之事来！所以顾炎武深刻地揭示道："盖不廉则无所不取，不耻则无所不为……人之不廉，而至于悖礼犯义，其原皆生于无耻也。故士大夫之无耻，是谓国耻。"（《日知录》）大凡不廉的人什么都可以拿；无耻的人便什么都可以做。因为一个人的不廉洁，乃至于违犯礼义，推究其原因都产生在无耻上。因此，作为精英分子的士大夫的无耻，可谓国耻。

君子一定是以此为耻的！

### 4. 耻所包含的具体内容及其君子之道

羞恶之心、羞耻之感是对自己的不当行为和对他人的不当行为的羞愧与厌恶之情感。这种情感的具有是保证一个人不至于一错再错的最后一道护栏和屏障。一切无道缺德、不仁不义、非礼非善、不忠不孝、不廉不清者，其最后和根本的原因全在于人的无耻，"其原皆生于无耻也"（顾炎武语），此之谓也。

哪些是君子认为可耻的行为？又有哪些是君子不以为耻的行为？再有就是当做到"行己有耻""知耻"以后又会发生怎样的变化呢？这些问题都是在研究廉耻之德与君子之道时应该解决的问题。

在孔子看来，以下行为是他以及君子认为可耻的。其一，那些花言巧语、神情伪善、过度恭顺以及对某人心藏怨恨而表面却对其友善的人，他和左丘明都认为是可耻的。孔子说："巧言、令色、足恭，左丘明耻之，丘亦耻之。匿怨而友其人，左丘明耻之，丘亦耻之。"（《论语·公冶长》）其二，说得多、做得少以及言过其实的人是可耻的。孔子说："君子耻其言而过其行。"（《论语·宪问》）其三，国家清明有道，但自己甘于贫贱的做法是可耻的。而国家黑暗无道，自己却只求富贵的行为是可耻的。孔子说："邦有道，贫且贱焉，耻也。邦无道，富且贵焉，耻也。"（《论语·泰伯》）

在孔子看来，以下行为君子不认为是可耻的。其一，对于一个追求和从事于道的人来说，就不应该以吃粗食穿破衣为耻辱，否则的话，这种人是不足为道的。孔子说："士志于道，而耻恶衣恶食者，未足与议也。"（《论语·里仁》）正因为如此，孔子盛赞其弟子子路（仲由）能够坦然地穿着一身破棉袍而与穿着皮袍子的人站在一起，却并不感到有什么羞愧难当。孔子说："衣敝缊袍，与衣狐貉者立，而不耻才，其由也与。"（《论语·子罕》）其二，不要因为向比自己低下的人询问讨教而感到有什么耻辱。孔子说："敏而好学，不耻下问。"（《论语·公冶长》）

由上可知，以什么为耻和不以什么为耻，孔子根据最终的标准乃是"合道"还是"违道"。

在孟子看来，以下行为是他以及君子认为可耻的。其一，声望名誉超过了实际情形，君子以此为耻。孟子说："故声闻过情，君子耻之。"（《孟子·离娄下》）其二，用虚伪欺诈的不正当的行为去求得富贵发财，这不但为君子所不齿，而且很少有妻妾不为此而深感耻辱的。孟子说："由君子观之，则人之所以求富贵利达者，其妻妾不羞也，而相泣者，几希。"（《孟子·离娄下》）其三，最无耻的行为当是不知羞耻的那种羞耻。孟子所要得出的结论是，人不可以没有羞耻。孟子说："人不可以无耻，无耻之耻，无耻矣。"（《孟子·尽心上》）

在荀子看来，以下行为在君子看来是耻辱的。其一，以利益为先而以道义为后的行为是耻辱的。荀子说："先利而后义者辱。"（《荀子·荣辱》）其二，君子以品行不好为羞耻，以不讲信用为羞耻，以没有才能为羞耻。荀子说："故君子耻不修……耻不信……耻不能。"（《荀子·非十二子》）与此相关，荀子认为君子不会以被人污辱为耻，不以不被信任为耻，不以不被起用为耻。荀子说："故君子……不耻见污……不耻不见信……不耻不见闻。"（《荀子·非十二子》）结论是：因此不被名誉所诱惑，不被诽谤所吓倒，按照道义行事，严肃地端正自己，不为外物所动摇，像这样才是真正的君子。荀子说："是以不诱于誉，不恐于诽，率道而行，端然正己，不为物倾侧，夫是之谓诚君子。"（《荀子·非十二子》）其三，有一天自己双亲死了，而葬礼不悲哀不恭敬，这种近于禽兽的行为，君子以此为耻。荀子说："而所以送葬之者不哀不敬，则嫌于禽兽矣，君子耻之。"（《荀子·礼论》）其四，耳听淫声、目看女色、口出恶语这三件事，君子以此为耻并要谨慎小心地对待它们。荀子说："故君子耳不听淫声，目不视女色，口不出恶言。此三者，君子慎之。"（《荀子·乐论》）其五，对用钱财礼物进行的贿赂行为，君子以此为耻并不会答应。不是经过正当途径而来的，君子要谨慎小心地对待。荀子说："货财禽犊之请，君子不许……不官而衡至者，君子慎之。"（《荀子·致士》）

在《礼记》看来，君子穿上符合君子身份的衣服，却无君子的仪容，君子深以为耻；有了君子的仪容，却无君子的言辞，君子深以为耻；有了君子的言辞，却无君子的道德，君子深以为耻；有了君子的道德，却无君子的行为，君子深以为耻。《礼记·表记》说："是故君子耻服其服而无其容，耻有其容而无其辞，耻有其辞而无其德，耻有其德而无其行。"

在君子看来，知耻、有耻是行为的准则，而远耻去辱才是目的！

《礼记·杂记》指出"君子有五耻"：其一，身居其位，不能有所建言，君子以此为耻辱。其二，有所建言，但不能付诸实行，君子以此为耻辱。其三，实行有成效却又遭到失败，君子以此为耻辱。其四，土地多而有富余，民众却穷困不足，君子以此为耻辱。其五，国民人数力量与别国均等，但他国的绩效比本国高出一倍，君子以此为耻辱。《礼记·杂记》说："君子有五耻：居其位，无其言，君子耻之。有其言，无其行，君子耻之。既得之而又失之，君子耻之。地有余而民不足，君子耻之。众寡均而倍焉，君子耻之。"《礼记·祭统》又指出君子感到耻辱的三种情形：其一，对于先祖没有的美德却去称颂的诬枉行为，君子以此为耻辱。其二，对于先祖有美德自己却不知道的愚暗行为，君子以此为耻辱。其三，对于先祖的美德不能使之流传于后世的不仁行为，君子以此为耻辱。《礼记·祭统》说："其先祖无美而称之，是诬也；有善而弗知，不明也；知而弗传，不仁也。此三者，君子之所耻也。"

总之，君子将下列行为视为可耻。为人巧言伪善、表里不一是可耻的；说得多，做得少，言过其实是可耻的；有道时不为，无道时苟且是可耻的；名不副实，失道而求富贵是可耻的；不以为耻反以为荣是可耻的；先利后义是可耻的；品行不端，不讲信用，庸才无能是可耻的；临丧不哀不敬是可耻的；沉溺淫声女色，常爆粗口是可耻的；用钱财交易，腐败贿赂是可耻的；在其位而没有建言是可耻的；有建言却不实行是可耻的；先做好事后做坏事而不能善终是可耻的；地大民穷是可耻的；条件相同而落后于人是可耻的；亲人无德而称赞之是可耻的；亲人有善而不知是可耻的；知亲人有美德有善行而不加以传承是可耻的。

君子的德行不仅反映在他们"知耻"，更重要的是体现在他们懂得"远耻"，并最终实现和成就道德的目的。有德可以远耻，知耻可以成德。

儒家提出了远离耻辱的方法。有子说："恭近于礼，远耻辱也。"（《论语·学而》）也就是说，礼的实质在于对人态度的恭敬，当人做到了礼恭礼敬时，就可以远离耻辱。孔子在回答子张问仁时给出的答案是，能在天下实行恭、宽、信、敏、惠五种道德就是仁了，并指出："恭则不侮。"（《论语·阳货》）即对人恭敬庄重就不会遭受侮辱。孔子盛赞子产有"其行己也恭"（《论语·公冶长》）的君子之风。"行己有耻"是"知耻"，"行己也恭"是"远耻"。

孟子显然继承了孔子的这一思想。他认为远离和去掉耻辱最简单、最直接的方法就是"行仁爱"。孟子说："仁则荣，不仁则辱。"（《孟子·公孙丑上》）"苟不志于仁，终身忧辱，以陷于死亡。"（《孟子·离娄上》）就是说，行仁结果就光荣，行不仁结果就会得到羞耻和侮辱。如果不立志于实行仁爱，终身都会受忧受辱，以至于死亡。由上可知，无论是对人的礼敬，还是对人的仁爱，都是"远耻去辱"的重要手段！

知耻也可以养德，"知耻近乎勇"，此之谓也。也就是说，作为君子"三达德"之一的勇德，是可以通过"知耻"获得的。子曰："君子道者三，我无能焉：仁者不忧，知者不惑，勇者不惧。子贡曰：'夫子自道也。'"（《论语·宪问》）孔子自谦地认为他没能做到君子应有的三种品格：仁德的人不忧愁，智慧的人不迷惑，勇敢的人不畏惧。但其弟子子贡却认为这恰是孔子自己的写照。也就是说，孔子做到了仁、知、勇之"三达德"。孔子是君子中的君子！

在研究"耻"文化时，要注意区分不同概念的相同内涵与相同概念的不同内涵。具体来说，"有耻"和"知耻"虽然是两个概念，但它们属于同一个概念框架，即所要表达的是同一个意思。当你有了羞耻之感，知道了什么行为是羞耻的话，你就不会去做那种事，结果当然在你身上就不会发生耻辱的事情。这种状态就被称为"无耻"，意思是没有耻辱的事情发生了。而这个意义上的"无耻"与被斥为"无耻之徒"的"无耻"不属于同一个概念框架。后一个"无耻"是指不知道羞耻的人。

"有耻""知耻""行己有耻"最通俗的解释就是自己知道错了，为此感到耳朵发烧，心跳加快，难为情，不好意思，感到羞愧。有此情感以后就会对自己所做的坏事有"自责"，就会进行自我否定，甚至鞭挞。如此就会纠正自己的错误行为，最终成为一个有道德的人。而如果代表国家的精英，士、君子都"行己有耻"的话，那么这个国家就不会有羞耻的事情发生了，"士皆知有耻，则国家永无耻矣"（龚自珍语），此之谓也。这就是所谓的"知耻可以全人之德""知耻可以养人之德""知耻可以成人之德"。

## （三）礼义之德与君子之廉耻

### 1. 礼义与廉耻是互释的关系

在构成中华传统美德的诸多德目中，它们彼此之间实际上存在着非常内在的逻辑关系和递进关系。通俗地说，虽然它们是不同的概念，但彼此之间则可以相互包含、相互说明。像仁义礼智信之"五常"，正是具备了这种关系的五个德目。而被称为"国之四维"的礼义廉耻更是具有了这样的特点。作为一个社会的精英分子的君子，当是遵守"大法"的模范，当是拥有"大节"的典型。"礼义，治人之大法；廉耻，立人之大节。"（顾炎武语）《淮南子》也说："民无廉耻，不可治也；非修礼义，廉耻不立。"由此可见，没有廉耻这一大的气节的建立，就不可能建立起治人的大法，有了也不可能去真正地遵守。同样，如果不修持礼义之德，那么廉耻之德也就无法建立，从而也就失去立人的伟大节操。

早在先秦时期，礼义廉耻就被管子称为"国之四维"，即将礼义廉耻共同视为维系国家民族屹立不倒的四根大绳索。之所以要选择这四个德目来充当这项重任，除了每个德目的重要性以外，应该还有个重要原因，就是这四德彼此之间有着内在的逻辑关系以及递进关系。换句话说，这四德实际上是可以相互包含和相互诠释的。中华传统道德表现出的这种特点，其目的是为了突出每个道德的普遍适用性以及每个德目内涵及其意义的丰富性，并通过这种丰富性的展开反过来强化每个道德的本质规定性。

礼义二德之义往往可以互通互释。礼是规则，义是原则，二者含义相互包含，可以相互解释。礼主等差，义主分别，二者含义相互包含，可以相互解释。礼倡节制，义倡适宜，二者含义相互包含，可以相互解释。礼崇让利，义崇轻利，二者含义相互包含，可以相互解释，"见利而礼，义也"（《礼记·乐记》），此之谓也。而"礼义"与"廉耻"，彼此之间更是相互包含，可以相互解释。礼义的重义轻利与廉德之义重合，羞恶之心的义与耻德之义重合。而从《管子》所论"礼义廉耻"上说，这四种道德的内在关系显得更加紧密。《管子·牧民》说："礼不逾节，义不自进，廉不蔽恶，耻不从枉。"意思是说，礼就是不逾越节度，义就是不妄自求进，廉就是不掩蔽错恶，耻就是不趋从歪道。礼义所反对的"逾节"与"冒进"，其实都是在反对一种过度的行为，都是在反对企图对规则和原则的违背的行为。人为什么要"逾节"和"自进"，说到底都是人的自私自利之心在作祟，其结果一定是专做错恶之事，专行歪门邪道。而廉和耻又都是为了防止、阻止这种错恶和歪道的发生。

值得注意的是，礼义廉耻四德都是在同一个"副词"上展开着它们各自的特性，并最终达到它们共同的目标。这个副词就是"不"。一个文明的社会，一个文明的人，一个能够代表这一文明的社会精英分子的士、君子、大人做任何事情都要保持"中节"，而不要过度，"礼不逾节"，此之谓也；做任何事情都要奉行"公正"，而不要自私，"义不自进"，此之谓也；做任何事情都要明白"为善"，而不要掩恶，"廉不蔽恶"，此之谓也；做任何事情都要遵循"正道"，而不要从恶，"耻不从枉"，此之谓也。由此可见，"节制""公正""良善""正道"正是礼义廉耻所要呼唤的四种美德！这种美德的意义和价值也是君子所要追求的！

如果说荀子认为"积礼义而为君子"，那么"积廉耻"又何尝不是"为君子"的标准呢？

### 2. 礼之恭、让、谦、卑与君子之廉

礼的道理和精神虽然有许多，但恭敬、谦让、卑下一定又是礼德的一个极其重要的本质规定，"有礼者，敬人也"（孟子语），此之谓也。修己以敬，对人以恭敬，对己以卑下，先人而后己，既是礼的本质规定，也是君子所贵。子路问君子，子曰："修己以敬。"（《论语·宪问》）"君子无不敬也。"（《礼记·哀公问》）"君子贵人而贱己，先人而后己。"（《礼记·坊记》）"故君子信让以莅百姓。"（《礼记·坊记》）所有这些论述都非常有力地证明了"礼敬""礼让""礼谦"对于君子之德的形成显得多

么重要。而君子之廉，有一个非常重要的属性也正是体现在"廉让""礼谦"之上。

在廉德的宣传上，可能会更多集中在对不求财的"清"、不受贿的"正"、不贪污的"洁"等属性之上，而相对忽视对"廉让""廉谦"属性的突出，而实际上这恰恰最能体现"廉"的品质！从正面讲，一个平时能够处处谦让的人，不处处想着出风头的人，不总是想处于C位的人，一定不是太贪的人，反之，一定是不廉者！故而，君子之廉一定体现在君子之谦上！

作为人之高行的"廉"，其内涵及其精神是丰富多样的，判断一个人是否廉，不是只看他对待外在的物质财货是否追逐和占有，而是要看他对待自己的名声、地位、影响是否非常追求和在意，看他是否能够低调做人，不处处想突出自己、表现自己，看他是否能够真正卑下自己而抬举、尊崇他人。所以，"廉"所强调的"廉让"是既要让利，也要让名；"廉"所强调的"廉谦"是既要卑己，也要尊人。

在说君子廉耻时之所以如此突出强调廉让、廉谦在"廉"文化中的重要性，那是基于这样一种认识：一个人是否具有谦让之德，这是涉及一个的情怀、胸襟、气量的问题，是作为前提式的存在，要引起足够的重视。儒家于此有着非常清晰的认知，它的实行者仍然是君子。君子恭敬节俭以求做到仁，诚信谦让以求做到礼，不抬高自己所做之事，不尊崇自己的身份，虽身居高位但俭省节约，且欲求淡泊，让位于贤人，虚心自谦而推崇别人，小心谨慎而敬畏道义，要求自己以这样的态度事奉国君，有得时这么做，无得时也要这么做，无论得失，持之以恒听从天命。《礼记·表记》说："是故君子恭俭以求役仁，信让以求役礼，不自尚其事，不自尊其身，俭于位而寡于欲，让于贤，卑己而尊人，小心而畏义，求以事君，得之自是，不得自是，以听天命。"恭敬节俭是为了行仁，诚信谦让是为了行礼，小心谨慎是为了行义。这是君子之廉所要提倡的。

不能仅仅将"廉"理解为自己不取、不贪，而是要认识到廉德与仁、义、礼等美德紧密相关。仁、义、礼之所以被称为美德，其本旨要归在于处处为了别人。行仁就是爱别人，就是关心和帮助别人，就是将好处分享给别人，就是不要将不好的事情强加给别人，"仁者爱人也"（孟子语），此之谓也；行礼就是恭敬别人，就是卑弱自己而抬高别人，就是对别人不要傲慢，不要怠慢，"有礼者敬人也"（孟子语），此之谓也；行义就是兼顾别人，就是要以公为原则，而不是只顾自己私利，"义不自进"（管子语），此之谓也。

如何做到爱人、敬人、公平待人这些美德呢？中国传统文化中的儒、道、佛三家都共同指向了一个价值观，那就是少私寡欲，"寡于欲"（《礼记》），此之谓也。寡于欲就是淡泊欲求欲取之心。当然人的"欲"是具有多重性质的，有利欲，有名欲，有情欲，有意欲，有权欲等。这些欲望太多，势必会障碍人的仁、义、礼以及廉德的呈现。修养心性、修养道德、修养性情的方法没有比减少自己的欲望更好的了。这就是孟子"养心莫善于寡欲"这一思想最大的意义之所在！

既然我们明白了"寡欲"不仅仅是指人们要减少对物质利益的追求，也包括要减少对更为丰富内容之欲望的追求，理解了这一点似乎就更能深刻全面地理解孟子对于廉德的定义所包含的丰富内涵及其意义了。孟子说："可以取，可以无取，取伤廉。"（《孟子·离娄下》）意思是说，可以拿，可以收，可以受；可以不拿，可以不收，可以不受；拿了，收了，受了，就损害了廉洁。面对一个东西、处理一件事情，也许你拿了，你收了，你受了，你做了，于情于理上都不会有太大的问题，甚至不会引起人们的指责和非议，然而，这绝对不是孟子所理解的廉德的本质及其精神所在。实际上孟子是在更广泛的意义上来谈"取"和"无取"之廉的。通俗地说，绝对不仅仅是指不捞取，不接受，不拿钱财货物，还指不捞取名声，不接受恭维，不拿要权势，不苟取功名。大家应该有这种认知，对于上述的"取"和"无取"的行为，在一般意义上去理解，可能更多地被归到一个人的思想境界范畴，而少有与廉德要求联系起来。汉人赵岐注《孟子》正是抓住了孟子思想的实质。具体来说，他正是领悟到了孟子是在更广泛、更普遍的意义上去规定廉德的，所以才最终得出了结论：

"廉，人之高行也。"也就是说，廉之所以被视为是人之高行，不只是在他不求不义之财，不受他人之贿，也反映在他不求名、不争权、不贪功、不虚荣。

作为"人之高行也"的化身和代表的真正的士和君子，表现在廉德上，既在于他不贪污、不受贿、不徇私、不枉法，又在于他不求名、不争权、不贪功、不虚荣！你求名了，你争权了，你贪功了，你虚荣了，那你一定伤害到了廉洁了！而当你伤害了这个意义上的廉以后，极有可能走向贪腐！

我们的结论是：如果你少了这些欲望，你就会行仁行义行礼，并最终成为一个淡泊清雅之君子，成为一个真正的廉者。这可能才是倡导廉文化以及君子之廉最应该引起重视的地方。

### 3. 义之德与君子之廉

就廉德之本义来说，首先一定是与"俭""敛"相关，所以廉德表现为不贪求的廉清，不受贿的廉正，不贪污的廉洁，不苟取的廉明，也就是说，廉德表现在一个人对待钱财物的超越性态度。通俗地说，廉德体现在一个对待"利"的超越性。正因为如此，这种德行当然地成为君子之德行！而在儒家思想体系中，与"利"相对的是"义"。"义利之辨"是也。

"义利之辨"的主旨在于要使人们弄清楚，究竟何为人之为人的本质属性？人的意义和价值究竟体现在哪里？也就是说，儒家是想通过比较的方式来呈现人的本质属性和人的意义价值所在，并以对"义利"的不同选择作为分判和分辨君子与小人的标准。这就是大家非常熟悉的那句名言："君子喻于义，小人喻于利。"（《论语·里仁》）儒家所强调的"义以为质""义以为上""以义为利"都是在讨论人性的问题。人性问题所要回答和解决的是，你要知晓人与禽兽的本质区别在哪里，你要知晓决定人之为人的根据和标准是什么，知晓人应当做什么、不应当做什么，知晓人更应当做什么、更不应当做什么。所有这些构成了人之义。儒家坚持认为，无论何种环境，人都需要有意义的生活。追逐意义，而非一味追求物质的满足，是人与动物的根本区别。

知晓这一点对于人类社会的进步和美好有着非常重要的意义。正因为如此，一个文明社会才需要精英分子，因为"关键少数"最先知晓这一点，在社会上形成一种示范性和表率性，通过他们去教化人民，并最终同他们一起和睦家庭、和谐社会、和谐自然。一句话，净化人心，净化社会。由此可见，"君子喻于义"命题的内涵是丰富的。实际上这也是从反面告诉人们，只知晓物利、名利、自利者，那简直太遮蔽人性的光辉了。"义利之辨"通过君子与小人这两个认知主体的不同选择去昭示人的真实性、正当性、正义性、正道性。君子一定是代表着"人间正道"的方向！正因为如此，你就不能仅将君子理解成只是追求"义"而不要"利"的圣教徒。也就是说，知晓"义"的内涵及其意义价值所在并不代表完全否定人有物质利益的追求。关于这一点孔子说得再清楚不过了。孔子说："富与贵是人之所欲也，不以其道得之，不处也；贫与贱是人之所恶也，不以其道得之，不去也。"（《论语·里仁》）不是通过道义而实现的富贵，君子是不会安处的；不是通过道义而摆脱的贫贱，君子是不会接受的。

廉者才可以成为君子。他们之所以在可以取、可以无取的情况下而不取，最重要的是他们"不想这样做"。应当怎么做与不应当怎么做始终是他们的信念和原则。廉者和君子之高行恰恰体现在他们的人性的彰显、人性的自觉。廉者、义士乃真君子也。

孔子在归纳君子有九思中最后特别指出"见得思义"（《论语·季氏》）之思，即见有可得的时候考虑是否合乎道义。《礼记·儒行》也说："见利不亏其义。"仍是在强调面对利益诱惑不要遗弃道义。

《中庸》强调指出："君子素其位而行，不愿乎其外。"通俗地说，"不愿乎其外"，就是你不要多求多得，特别不能通过不正当的手段去多求多得。官员的收入就不可以像商人那样，你不能有一种心理，为什么商人那么有钱，我也要捞取，那就坏事了，你就不是"素其位而行"了，你越界了。一旦如此，你就会走向反面。"中庸"的实质在于有"度"，一旦越过就会发生质变！义德一个非常重要的特点就是让人明白不要做本分以外的事，不要羡慕本分以外的名利。建立了这样一种观念，你就不会羡慕你所不应当取的东西，从而做你应该做的事。如此，廉德、义德以及君子之德就在这种"应当做"中得到重合。

廉者、君子一定是重义轻利者。义者道也，义者正道也。天道之正在于利他而不害，人道之正在于乐道而崇义。廉德的建立一定要有重义轻利之心。换句话说，廉德的建立一定要建立起"一重""一轻"，即"重义轻利"。荀子说："君子之求利也略，其远害也早，其避辱也惧，其行道理也勇。"（《荀子·修身》）君子对于追求利益是淡泊的，对于远离祸害是有预见的。没有这一重一轻，是断断建立不起廉德的！所以"君子喻于义，小人喻于利"（《论语·里仁》）是这一重一轻的最好证明。

重义轻利、见得思义、见利不亏其义、不以利而害义等义德中所包含的廉德的内容，其目的是远离耻辱！这同时也是君子之德行！荀子说："故君子苟能无以利害义，则耻辱亦无由至矣。"（《荀子·法行》）由义知廉即可远耻辱。

所以，如果说"由于义"的目的是知廉，那么"由于义"的目的也是知耻！知廉知耻皆由于义，同理，不廉无耻盖于无义。所以，不廉之人，无耻之徒，实质上就是无义之辈！

### 4. 义之德与君子之耻

义是宜，宜是应当、适当。义是行，行要沿正道，走要循正路。所以，义既是知，又是行。知道"宜"并实践"宜"，这是一种具有特殊意义的"知行合一"。当然，这种"知行"包含了正反两方面的内容。具体来说，正面知道应当怎样做和不应当怎样做；反面知道自己和别人如果应当那样却没那样做，就会感到羞愧和厌恶。

在儒家看来，有义知义这种能力是人的一种特殊"知"的能力。"知"的能力也就是"选择""判断"能力，这种能力应说是人的本质属性之一。荀子指出："人有气、有生、有知，亦且有义，故最为天下贵也。"《荀子·王制》此处的"知"当然是比较低级的"知觉"能力，这种能力也为禽兽所具有。而更高级的"知"表现为"义"。孟子正是将知羞恶之心视为是义的开端，"羞恶之心，义之端也"，此之谓也。

义就是知，就是一个选择判断的道理，知善恶，知是非，最终具体落实到"知廉耻"，"义则是个断制裁割底道理……智则是个分别是非底道理""义则仁之断制也……智则仁之分别也"（《晦庵集》卷74），此之谓也；"义者，仁之断制也；知者，仁之分别"（《朱子语类》卷6），此之谓也；"只有一个去就断割底气象，便是义也"（《二程遗书》卷2），此之谓也。义是通过"裁断"而得到"中""正"的结果！

值得注意的是，"三达德"的仁、知、勇中的知，实际上就是义的内涵。知道应当做什么和不应当做什么就是义。有了义，见了义，当要勇敢而行之，而由之，而为之。所以仁、知、勇实际上就是仁、义、勇。孟子的义德的来源是"羞恶之心"，实际上这就是判断、选择和裁决善恶的一种"良知"。而孟子的智德的来源是"是非之心"，实际上这也是一种判断、选择和裁决是非善恶的一种"良知"。义德与智德都是让人最终选择一个正道、正路！"义，人路也"（《孟子·告子上》），"义，人之正路也"（《孟子·离娄上》），"仁，宅也；义，路也；礼，服也，智，烛也；信，符也。处宅、由路、正服、明烛、执符，君子不动，动斯得矣"（汉代扬雄《法言·修身》），"义者，宜也，断决得中也……智者，知也，独见前闻，不惑于事，见微者也"（《白虎通义·情性》），此之谓也。

中华传统美德中的廉耻二德，可紧紧与"知道"这一人的本性、良能、良知连在一起，因而才有了"知廉耻"的命题。可见，义（高级的"知"）是廉耻是否能实行的前提条件。有了义，你就知道应做什么——廉；你就知道不应当做什么——廉；以及你就知道行廉了就可以远离耻辱，而不行廉就会耻辱加身。知道耻了你就会"义"了，就知道应当做什么和不应当什么，最后就归于"廉"了。因为"耻"是对一切应做而没做、不应做而做的不义之举的情感显现和态度，所以它既是"起始"，又是"护具""护墙"，即最后的阻挡作用。

士与君子的德行和有耻知耻是紧密相连的。子贡问曰："何如斯可谓之士矣？"子曰："行己有耻"（《论语·子路》）对自己的行为能持有羞耻之心。君子要有强烈的是非观念，而不可做"乡愿"。"乡愿者，德之贼。"（《论语·阳货》）"其君子尊仁畏义，耻费轻实。"（《礼记·表记》）君子尊崇仁爱，敬畏道义，以讲究空话废话为耻。对"义"是"畏"的，即指要有"羞恶"心！除了"由义"外，还要"畏义"。这也就是荀子那么强调"君子慎其所立乎！"（《荀子·劝学》）的原因所在，因为在他看来，"行也招辱也"（同上）。行有不宜者，不当者，即是不义者也，而行不义者定会招致耻辱者。知此者，就是知道什么样的行为会给自己带来耻辱，并要以做此不义之事而深感羞愧和厌恶。而现在许多官员在金钱引诱下大乱其心。乱了以后就"变心"，也即"没心"。良心被遮蔽，羞耻之心跑掉了，所以面对不义之财的收取，他们耳朵不红了，心跳不加快了，即没有耻矣，麻木了。将无所不取视为理所当然、情有可原。如此就转化为不以为耻、反以为荣了，从而变成无耻之徒、无义之徒矣！造成这种情况的原因尽管不少，但缺乏君子应有的耻感乃是一个重要原因。

总之，义德兼具廉耻二德的意义。所以"由义"与"畏义"就具有了"知廉耻"的双重意义！君子是知廉行廉的楷模，君子是知耻有耻的表率。"廉，人之高行也"（赵岐语），"行己有耻"可谓士矣（孔子语），"耻之于人大矣"（孟子语），"故君子耻不修"（《荀子·非十二子》），这些都是在突显君子在"知廉耻"中的重要意义啊！

通过上述之论，我们可以清楚地发现，在中国传统文化中，尤其在儒家文化思想中有着大量有关"耻"的内容。换句话说，耻文化已然成为儒家文化思想一个非常重要的文化形态。那种认为耻文化是西方文化的传统而中国传统文化中缺乏耻文化的结论是不能成立的，更不能从主人性本善或主人性本恶作为判断标准来做出有无耻文化的结论。我们已知中国人性论的丰富性和复杂性。作为儒家"道统"的"十六字心传"明确指出人性的善恶相混，

"人心惟危，道心惟微"，此之谓也。即便在明确主人性本善的孟子那里，也有着太多、太深刻的有关耻文化的内容。在判定一种文化属性的时候，"取样"是非常重要的。你不可以尽取些不是主流文化、不是主流价值观的人和事来作为例子和样本，并以此做出对一种民族文化的整体性判断。说得通俗些，有些行为、表现、现象本身就被正统和主流文化所否定。例如社会上一些"无耻"行为的代表，在文学作品中都是从负面、反面来定性的，所以不可以此来判断一种文明的特征。在以儒家为代表的中国传统文化中，"有耻""知耻"以及批判"无耻"等这些构成耻文化的思想一直是中国传统道德文化的主流价值观，且是一以贯之的。在中国最终形成的"博学于文，行己有耻"的士文化、君子文化，与其他中华优秀传统文化一起成为中华文明弥足珍贵的精神财富。

# 尽于忠者为君子

## 众善的基石

齊景公問政孔子曰政在節財公說
欲封以尼谿之田晏嬰進曰夫大儒者
滑稽而不可執法倨傲自順不可以
為下君欲用之以移齊俗非所以先
民也後景公語孔子曰吾老矣不能
用也孔子遂行
贊曰
遲遲去魯　款款就齊
所希行道　于以潛時
用不可封　仕不可苟
接淅而行　富貴何有

学琴师襄图

齐景公问政于孔子,孔子针对齐君奢靡,提出"政在节财"。齐景公很高兴,想要封赐孔子,遭到晏子反对(明版彩绘绢本《孔子圣迹图》)

"忠"作为一种美德在中国传统文化中具有非常重要的地位。在中国漫长的历史发展过程中，在不同的思想流派中，忠德始终受到高度重视。孔子提出了文、行、忠、信作为他教授学生的四个课程内容，称为"四教"，忠在其中。孟子将忠、信、仁、义视为"天爵"，忠在其中。《周礼》将智、仁、圣、义、忠、和视为人应遵循的六种德行，称为"六德"，忠在其中。由宋代人概括总结的八种基本德行是孝、悌、忠、信、礼、义、廉、耻，称为"四维八德"，又称为"旧八德"（"礼义廉耻"被春秋时期的管子称为"国之四维"），忠在其中。近代民主革命的先行者孙中山先生提出忠、孝、仁、爱、信、义、和、平八种德行，又称"新八德"，"忠"依旧在其中。

## （一）忠德是众多美德的基础

在所有构成中华传统美德中，如果要选一个德目可以成为所有美德的共同基础、共同准则的话，那么答案就是忠德。之所以如此，有一个重要的原因，忠德本身是一个解决人心、人德、人行由内到外的德目。因为所有成为道德性的存在，必须关照和解决两个方面的问题，一是内在的心性，二是外在的行为。在中国传统文化中又将其称为"德行"。《周礼》说："德行，内外之称，在心为德，施之为行。"内在的东西是一种凸显品质、品格的存在，它是作为基础性而存在的。有了优良的品质、品性、品格，那么就会有与之相配的"行动"。这就是忠德往往与人的实践活动和具体行为相配合、相结合的原因之所在。有内必有外，有知必有行，有德必有行，知行合一者也，德行一致者也。君子的忠诚，君子的善良，君子的勇敢，君子的中庸，所有这些品格都是通过忠德而得到体现的。忠作为一种德性，还表现在它一定要落实在行动和实践中。这也就是君子为什么强调他的行动力。要明白和理解这一点，又必须知道"忠"字的本义及其多重内涵。

"忠"字是由上面一个"中"字、下面一个"心"字所构成。从其形和声处就可知，"忠"是要解决"心"的位置和状态问题。"中心为忠"表示的是心要处在中间的状态。如果将心处上了就变成"忐"字，而如果将心处下了就变成"忑"，"忐忑"就会心不安。所以《说文解字》说："忠，敬也。从心，中声。"而《周礼大司徒疏》直接就说："中心曰忠。"《玉篇》也以"直"字来训"忠"，"忠，直也"，此之谓也。还有"惟正是忠"之说。中也好，直也好，正也好，它们都是共同强调要让心处在一个不偏不倚的端正的状态之下。除了在心之位置的意义上来解释"忠"字以外，中国古人和思想家还从心之程度的意义上来解释"忠"字。清人段玉裁在《说文解字》补注中说："尽心曰忠。"《增韵》说："忠者，内尽其心，而不欺也。"《忠经·天地神明章》说："忠也者，一其心之谓也。"司马光在其《四言铭系述》中说："尽心于人曰忠。"以上是用一个"尽"字、一个"一"字来表示对"心"之程度的要求。所谓的"尽心""一心"就是要让"心"处于完全的、全备的、彻底的、精一的专注程度。通俗地说，就是全心全意、一心一意为了他者。"心"达到了完全的程度，那么这种程度是对于什么样的心之属性呢？这乃是"忠"字所要回答的又一个问题。《广韵》说："忠，无私也。"《忠经·天地神明章》说："忠者，中也，至公无私也。"《六书精蕴》说："忠，竭诚也。"以上就是我们从心之"中""直""正"的位置，心之"尽""一"的程度，心之"至公""无私""竭诚""不欺"的属性三个方面呈现和解释了"忠"字的本义。

正因为"忠"以"正"而显示了其本质特征，所以作为包括内外德行的忠德自然地具有和承担了所有道德之正的性质和任务。《春秋左传·文公元年》和《孔子家语》都指出："忠，德之正也。"也就是说，忠是德行纯正，或者说忠是体现德性的纯正性。

"忠"的本义以及忠德使得所有德行的纯正和端正本身就说明"忠"具有了成为诸德的基础性、根本性、前提性、内在性、统摄性的功能及其意义，从而使得忠德成为一个整体性范畴。通俗地说，能被称为"美德"的德目，它们首先要符合"中""直""正""尽""一""至公""无私""竭诚""不欺"的属性，否则所有德行都会流于虚伪、变质的境地。实际上古代的许多思想家也清楚地认识到了忠德的这一点。《礼记·礼器》说："君子曰：'甘受和，白受采，忠信之人，可以学礼，苟无忠信之人，则礼不虚道。是以得其人之为贵也。'"诸葛亮在其《兵要》中也说："人之忠也，犹鱼之有渊。鱼失水则死，人失忠则凶。"这都是在强调忠在诸德中的"底色""原味""本体"的作用性。

君子之所以为君子，一个非常重要的条件乃在于君子所必备的内在品质、品格。而君子内在的品质、品格也正是构成了君子"行道德"的"底色""原味""本体"。

"行道德"当然是君子应有的义务和责任，所以我们会认为立于道者为君子，据于德者为君子，依于仁者为君子，由于义者为君子，立于礼者为君子，乐于智者为君子，主于信者为君子，事于孝悌者为君子，行于廉耻者为君子。然而，正如孟子认为君子最根本的标准不在"行仁义"而是在于"由仁义行"一样，君子之所以为君子，并不只是看他是不是"行道德"，而要看他是不是"由道德行"。所谓"由仁义行""由道德行"是强调作为人内在之德的光明和固化。

德是人心的本有属性；德是人情感的欲望；德是人内心自发的行为。孟子说"可欲之谓善"（《孟子·尽心下》），此"欲"不是任何外在的要求和责任，而是发自内心的"自觉自愿"。这是一种人的情感生命的发动，这是一种心之理的光明。所以，"由仁义行""由道德行"强调的是生命情感的发动，心之理的光明，以发自内心的愿望、意愿、欲望去行仁行义，去行道德。

我们要知道，"忠"是从心之"中""直""正"的位置，是从心之"尽""一"的程度，是从心之"至公""无私""竭诚""不欺"的属性三个方面或说层次来呈现其本质属性的。心是大者，此立一切就立。这也就是孟子那么重视"先立乎其大者"（《孟子·告子上》）的原因所在。而能否立其心、存其心、尽其心、养其心，则又成为判断是否君子的根本标准，

"君子所以异于人者，以其存心也"（《孟子·离娄下》），此之谓也。

"尽心""尽己""诚心""成己"是解决"内心"的问题。君子所重正是在于对于自己内在品德、品性、品格的培植。"为人""爱物""成物"是解决"外行"的问题。君子所重也在于要有行动力和实践性。也就是说，以忠为德性的君子，他们的所想所行统统是围绕着如何尽心尽力地为人为物；一心一意地为人为物；至公无私地为人为物；竭诚不欺地为人为物。

明白这一点，就会懂得孔子为什么那么重视"忠"的问题，为什么将"忠"作为君子必备的人格、品格来加以强调和升华。翻开《论语》，这样的记载是很多的。《论语·学而》："曾子曰：'吾日三省吾身：为人谋而不忠乎？'"意思是说，我每天多次自我反省：为别人办事是否做到了尽心尽力、一心一意、至公无私、竭诚不欺了？《论语·学而》："子曰：'君子……主忠信。'"意思是说，作为君子为人处事要以忠信为主。《论语·述而》："子以四教：文，行，忠，信。"意思是说，孔子所教授的内容有四个：文献、德行、忠心、诚信。《论语·子罕》："主忠信。"是说以忠信为主。《论语·颜渊》："子张问崇德辨惑。子曰；'主忠信，徙义，崇德也。'"是说子张问怎样提高道德，辨别迷惑。孔子认为要以忠信为主，使自己遵义崇德而行。孔子这里是强调忠德的具有是提高道德、辨别迷惑的前提，行使美德要以"忠信"为前提。《论语·卫灵公》："子张问行，子曰：'言忠信，行笃敬。'"是说子张问怎样做事才行得通，孔子认为，说话要忠诚守信，行为笃厚严肃。提高道德要忠信，做事行动要忠信，这就是忠信在道德动机、道德行为内外两方面的重要性的表现。这也就是孔子多次提到"主忠信"的原因以及目的和意义所在。

孔子对忠德的重视以及对忠成为君子之德行的强调，是要对忠德基础性、根本性的内在性，与行动性、实践性的外在性之统一性的强化。"在内为德"，这是忠德的内在性要求。君子之所以为君子是要注重内在的修养的，是要在意内心是否端正，内心是否竭诚。"施之为行"，这是忠德的外在性要求。君子之所以为君子是要注重外在的实践的，是要在意行为是否

"为人""为物"的。对他人以忠恕，"然则忠恕，君子之道也"（顾炎武《日知录》），此之谓也；对家庭以孝慈，悌弟，和顺，"君子之道，辟如行远，必自迩；辟如登高，必自卑"（指君子之道的实行是从最近的家庭关系开始，"妻子好合，如鼓瑟琴；兄弟既翕，和乐且耽；宜尔室家……父母其顺矣乎"）（《中庸》），此之谓也；对国家以守职尽责，安民乐民，"嘉乐君子，宪宪令德。宜民宜人"（《诗经》），此之谓也；对天下以人文化成，"是故君子笃恭而天下平"（《中庸》），此之谓也；对天地以参赞化育，"唯天下之至诚……知天地之化育"（《中庸》），此之谓也。要之，只有以诚为质的忠才能贯通内外之道。所以，君子主忠信、贵诚信，"是故君子诚之为贵"（《中庸》），此之谓也。

### （二）忠德是众多美德的集合

忠德不仅是作为中华传统众多美德的基础性存在，而且是作为中华传统众多美德的集合体存在。正因为忠德有此特点，所以才决定了以主道德、行道德为己任的君子是那样重视对忠德的具备和实行。道德所具有的内外统一的特性，即行道德者的内在的自觉性与行道德者的外在的行动性的统一，又集中体现在君子"主忠信"之中。"忠"表示内心的本质状态，"信"表示外在的表现形式。而在儒家思想体系中是通过不同的概念来反映道德的这一内外统一性的特点的。"德行"是这样，"忠信"是这样，"诚"也是这样，"德行，内外之称"（《周礼》），此之谓也；"诚于中，形于外"（《大学》），此之谓也；"诚者……性之德也，合外内之道"（《中庸》），此之谓也。如此就能够理解君子为什么那么重视对"忠信"的崇尚，对"至诚"的崇高之德行的培养了，"君子……主忠信"（《论语》），"是故君子诚之为贵"（《中庸》），此之谓也。

"忠"字的本义的多重性表明它既是作为众多美德的内在性、根据性的存在，也是作为众多美德的集合性、贯通性的存在。以"心"释忠是对忠之内在性、根据性最精当的表达，"中心曰忠"（《周礼》疏语），"尽心曰忠"（《说文解字》补注语），"忠者，内尽其心，而不欺也"（《增韵》），"忠也者，一其心之谓也"（《忠经》），"尽心于人曰忠"（司马光语），此之谓也。以多义释忠是对忠之集合性、贯通性最恰当的表达，"忠，敬也"（《说文解字》），"忠，无私也"（《广韵》），"忠，竭诚也"（《六书精蕴》），"忠，直也"（《玉篇》），"忠者，中也，至公无私也"（《忠经》），"忠，德之正也"（《孔子家语》），此之谓也。

所谓"忠是众多美德的集合体"所要表达的观点及其意义，是"忠"与诸德相配而获得与所配之德相同的"道理"和"精神"。

作为中华传统优秀文化的核心价值观的仁义礼智信，它们各自表征的道理和精神分别是："仁"是个温和慈爱的道理和精神，"义"是个公正适宜的道理和精神，"礼"是个恭敬规范的道理和精神，"智"是个良善判断的道理和精神，"信"是个竭诚笃实的道理和精神。我曾将此做出过这样的概括：仁以爱之，义以正之，礼以敬之，智以善之，信以诚之。而且这种道理和精神都是对人对事而发的。仁要求对人对事要温和慈爱，义要求对人对事要公正适宜，礼要求对人对事要恭敬节制，智要求对人对事要择善而从，信要求对人对事要竭诚笃实。应该强调指出的是，忠乃是包含了仁义礼智信全部道理和精神的一个总体性的德目。

## 1. 忠爱

仁的本质一定是爱，"樊迟问仁，子曰爱人"（《论语》），"仁者，爱人也"（孟子语），"亲亲而仁民，仁民而爱物"（孟子语），"博爱之谓仁"（韩愈语），"仁者浑然与物同体"（程颢语），"仁是个温和慈爱底道理"（朱熹语），"天地万物一体之仁"（王阳明语），此之谓也。所有这些对"仁"的本质及其精神的揭示，都是向人们表明，对亲、对人、对事、对物皆要怀着尽心尽力的心态去给予、去关照、去付出、去帮助、去奉献。这就叫作"仁爱"。

我们通过对"忠"之内涵及其意义的呈现，就可以清晰地发现，尽心尽力为人做事，是"忠"所要表达的第一个意思。"为人谋而不忠乎？"（《论语》），是说帮助别人办事，给别人出主意是否尽心尽力了？而当面对一个不懂人情世故、蛮横无理、不知好歹的人，面对你对他的帮助、对他的关心无动于衷的人，在孟子看来，作为一个君子，对待这种"横逆"之人，你应该不断进行反躬自省、自我查找，看一看自己是否真的从内心到方式都做到了对他人仁爱了呢？孟子这里正是使用了"忠"这个概念来表示尽心尽力以爱人的道理和精神！孟子说："君子以仁存心……仁者爱人……爱人者人恒爱之……有人于此，其待我以横逆……君子必自反也，我必不忠"（《孟子·离娄下》）。

对他人施以仁爱"而不忠乎？""我必不忠"的提醒，充分证明了儒家是将"仁"与"忠"紧紧联系在一起加以讨论的，以此来彰显其共同的价值理念和精神追求，那就是"爱"。这里需要注意的是，此处所论的"仁者爱人""忠者爱人"所要处理的是人与人所形成的平行关系问题。

而忠德所包含的"仁爱"本质，实际上乃是通过不同的对象而体现出来的。具体来说，一是通过对平行关系人的忠，二是通过上对下的忠，三是通过下对上的忠这三种不同的对象和方式来体现其"爱"之精神的。

"尽心为人曰忠。"而人与人的关系也是一个复杂的关系形式，有平行的关系，有上对下而形成的上下关系，有下对上形成的下上关系。如何处理好这看似复杂的关系，中国传统文化正是以一个"忠"字来加以解决。无论你身居什么样的地位，身处什么样的身份，"为他人""为对象"尽其忠，即给他人、给对象以给予，以关照，以付出，以帮助，以奉献，一句话，给他人、给对象以"仁爱"则是不变的道理和精神，"仁者爱人""忠者爱人"，此之谓也。

上对下的忠。如果说在人与人的平行关系的意义上，尽心尽力为人做事之"忠爱"是其所要表达的第一个意思，那么在上对下而形成的上下关系的意义上，尽心尽力为人做事之"忠爱"则是其所要表达的第二个意思。在中国传统文化的理念中，实际上是一直强调上对下的忠爱。《左传·桓公六年》说："上思利民，忠也。"意思是说，在上的统治者、领导者要思考着为黎民百姓、人民群众谋求利益。这种上对下的"忠爱"思想观念构成了儒家思想的价值取向。孔子非常明确地指出，在上者的一切行为都应该以是否使百姓富裕、使百姓得利为旨归。孔子的弟子向孔子请教了这样一个问题，当一个国家人口众多的时候，首先应该做的是什么？孔子明确答道："富之。"（《论语·子路》）依顺着民众的利益而给予民众以利益，这是在上者的义务和责任，"因民之所利而利之"（《论语·尧曰》），此之谓也。孔子认为君子通过修养自己，其最终目的在于使人民获得安乐的生活。"子路问君子。子曰：修己以敬……修己以安人……修己以安百姓。"（《论语·宪问》）虽然孔子认为达到这个境界即便是尧舜也怕难以做到，但是作为一个价值取向和奋斗目标那一定是要有的。而作为儒家亚圣的孟子则非常深刻地指出，统治者、领导者、在上者"得天下"的不变的道理、原则和方法是"得其民"；"得其民"的不变的道理、原则和方法是"得其心"；而最终的"得其心"的不变的道理、原则和方法乃是"得其心有道：所欲，与之聚之，所恶勿施，尔也"（《孟子·离娄上》）。"得民心"就在于百姓想要的就积聚起来给他们，他们嫌弃的、厌恶的就不要强加给他们，如此而已。孟子得出"民为贵，社稷次之，君为轻"（《孟子·尽心下》）的结论，即认为百姓最为重要，其次是社稷国家，再次是君主，正是站在"得天下"与"失天下"的高度来加以认识的。

上对下的"仁爱""忠爱"，在儒家看来，那是作为在上者、为君者的"应当""责任"，也可以说是在上者的本质规定。君臣各有其义，"君臣有义"（孟子语），此之谓也。那作为君之义体现在哪里呢？答案是：仁，"为人君止于仁"（《大学》），此之谓也。也就是说，作为在上者的君主要竭尽仁爱、忠爱之心来对待在下者的臣民。《大学》说："《诗》云：'乐只君子，民之父母'，民之所好好之，民之所恶恶之，此之谓民之父母。"《诗经》用肯定的口吻称赞了君子的形象。在这里值得注意的是，和善快乐的君子之所以被形容为犹如人民的父母，那是有原因的。这是因为，人民所喜欢的，他也喜欢，人民所厌恶的，他也厌恶，这样的君子就叫作百姓的父母官。

"民之父母""父母官"后来多在否定的意义上去理解，被当成是官本位思想和旧社会阶级观念。然而，如果我们结合整个儒家的价值观来分析这一思想，就会得出其中正面和积极的意义。因为儒家始终将"上""君子""为人君""民之父母"的义务和本质规定在"利民""安百姓""止于仁""所欲聚之""所恶勿施""好民之所好""恶民之所恶"之上。也就是说，这种思虑着如何给民众带去利益，让百姓过上安乐的生活，以仁爱为其归止，好人民所好，恶人民所恶的"上""君子""为人君""民之父母"，是任何一个文明社会都希望有的形象。

大家不要一看到"父母"这个词，只想到他们是我们的长辈，更应该想到"父母"这个主体的义务和本质乃是体现在他们的"慈爱"之上啊！"为人父止于慈"（《大学》），此之谓也；"慈母手中线，游者身上衣"（孟郊诗），此之谓也。"慈"者，柔也，善也，仁也，爱也。更重要的是这种温柔、良善的仁爱是出于真心的，此其一；是可以不计较自己的利益得失，全心全意地为对象奉献付出，甚至为了对象可以牺牲自己的，此其二。可以设想下，如果"上""君子""为人君"能够做到这样，将其称为"民之父母"不是再恰当不过的吗？也正是在这个意义上，在现代社会应该呼唤多多出现这样的"民之父母"的君子！

下对上的忠。在下对上而形成的下上关系的意义上，尽心尽力为人做事之"忠爱"则是其所要表达的第三个意思。上下是一对关系性的存在，在中国传统哲学中，尤其是在儒家哲学中，上下、远近、高下是以"阴阳"概念来表示的。阴阳的思想观念强调两个原则，一是阴阳二者的相互依存性，表示你中有我、我中有你，"孤阴不生，独阳不长"，此之谓也。二是阴阳双方有一方是起着带头和表率作用的，这就是在上的"阳"的一方。具体到在上者的君与在下者的臣来说，君

者、领导者首先要尽到应该尽的责任和义务。"君臣有义"是君先尽
其义，而君之义就是"仁"，"为人君止于仁"（《大学》），此之
谓也。

　　而当在上者的君、领导者尽到了自己的"义"以后，作为与此形成相
互依存关系的臣、被领导者理应去尽自己的"义"，如此才能形成阴阳的
感应和互动。通俗地说，上对你"仁"了，你不能没有反应，你就应"有
义"。臣之义正是在于对君的"敬"或说"忠"。在中国传统文化中，
"敬""忠"二字是可以互相解释的，"忠者敬也，敬者忠也"，此之谓
也。所以《大学》是说"为人臣止于敬"，《礼记·礼运》是说"君仁臣
忠"。孔子在《论语·八佾》中又说："君使臣以礼，臣事君以忠。"敬和
忠都是下对上表达的一种"敬爱"的情感。如此一来，"君仁臣敬"或说
"君仁臣忠"之关系及其关系之顺序就得以建立。换句话说，"双向性"
与"一方具有主动性，先行性"于是得以建立起来。对于"忠"所彰显的
"爱"与"敬"之义要作全面性的把握。"爱人者，人恒爱之"，"敬人
者，人恒敬之。"（《孟子·离娄下》）实际上，"爱"的"仁"与"敬"
的"礼"所要表达的都是对对象的尊重。君仁臣礼也好，君礼臣忠也好，遵
循的都是相互尊重的敬爱精神。儒家此一理念皆是建立在"心同理同""情
同理同"基础之上的。无论是上对下还是下对上而形成的关系都是人与人之
间的关系。要建立其良好与和谐的关系，一定要有此人性人情人理之基础！

　　上下的君臣关系中君的带头性和先行性是通过正反两方面体现出来的。
具体来说，君仁了，臣才敬（忠），这是从正面说。而如果君不仁，那么臣
就不会是归止和遵守其"敬忠"之"义"了。孟子非常深刻地揭示了这个道
理。他说："君之视臣如手足，则臣视君如腹心；君之视臣如犬马，则臣视
君如国人；君之视臣如土芥，则臣视君如寇仇。"（《孟子·离娄下》）就
是说，如果君把臣当手足看待，那么臣就把君当心腹看待；如果君把臣当狗
马看待，那么臣就把君当路人看待；如果君把臣当尘土小草看待，那么臣就
把君当仇敌看待。实际上这里在下者的臣所表现出来的态度，也正体现着

忠德的精神。因为忠德的实质乃是"正"也。敬君忠君也有个正与不正的问题。换句话说，下对上的"忠"始终是存在着一个正义之道的问题，这是儒家一个非常重要的传统。孔子明确指出："以道事君，不可则止。"（《论语·先进》）《荀子·子道》说："传曰：'从道不从君。'"《孝经·谏诤》说："故当不义，则子不可以不争于父，臣不可以不争于君。"能够做到这样是需要气节和勇气的，而能具有如此气节和勇气的又唯有君子！由此可见，以上正反两方面意义上的下对上、臣对君所表现出来的"忠敬"思想是具有十分重要的正面和积极意义的。

如果我们在把"下对上"的忠爱扩展一下，这个"上"的对象就成了集体、国家、民族以及由全体人民创造出的一切文化和进行的一切事业。忠于集体、忠于国家、忠于民族、忠于事业于是就成为"下对上"忠爱的另一种表现方式。国家的富强，民族的振兴，文化的繁荣，道德的昌明，人民的幸福，这些关乎"天下"兴旺的伟业，关乎中国美丽的梦想，中华民族的每一位公民都要参与其中，将自己个体的责任与此紧密相连、尽心竭力、尽职尽责为"她"做事，为"她"奉献。实际上这也正是忠德在其本义上要呈现的价值与意义。这种"以天下为己任""以天下为怀"为内容的爱国主义成为具有强烈的超越情怀的"仁人""志士""君子"的一种特殊的品格和高尚的情怀。作为君子没有为自己的一时之忧患的事，有的只是能否终身行仁义、全心为国家的事，"君子有终身之忧，无一朝之患也"（《孟子·离娄下》），此之谓也。

## 2. 忠正

"义者，宜也。"（《中庸》）应当与合宜是"义"的本义，所以应当与合宜构成了"义"的本质内涵。那么什么样的行为及其状态才叫作"应当"与"合宜"呢？答案是"公""平""正"。"义者比于人心而合于众适者也"（《淮南子·缪称训》），"至平而止，义也"（《管子·水地》），"行义以正"（荀子语），此之谓也。"众适"为"公"，"至平"为"平"，"以正"为"正"。所有的"义举"指向的都是这个结果。也就是说，通过"裁制断割"（朱熹语）而使事物合宜就是义的道理和精神。只有将事物分配得无私、公平、公正才可算得上应当与合宜！而忠德在"至公无私""公平公正"意义上实现了与义德的完全重合。"忠者，中也，至公无私。"（《忠经·天地神明章》）"忠，德之正也。"（《孔子家语·弟子行》）在中国传统文化中，"惟正是忠"与"为正而义"两句话往往是连在一起使用的。可知，忠的道理和精神是义正，而义正的本质即在于无私公正！由此，忠德就表现为"义正"之德也，从而实现了忠与"五常"之义德的相融互通。"君子义以为质"（《论语·卫灵公》），"君子义以为上"（《论语·阳货》），"是故君子无所不用其极"（《大学》）反映的正是君子对义德与忠德的坚守。

### 3. 忠敬

忠与礼在"敬"的属性上相合而成为"忠礼"及其"忠敬"精神。礼德在中国传统文化中虽然内涵丰富，但敬则是其最本质的规定。在孟子看来，礼产生于人的辞让恭敬之心，"恭敬之心，礼也"（《孟子·告子上》），"辞让之心，礼之端也"（《孟子·公孙丑上》），此之谓也。他明确指出"有礼者敬人……敬人者，人恒敬之"（《孟子·离娄下》）的思想。《礼记》更直接指出，不管有多少礼的形式，但"可以一言以蔽之：毋不敬"。所谓的"毋不敬"是说身心内外不可有一点不恭敬之意。一句话，"不敬则礼不行"（《左传·僖公十一年》）。而我们又知道，古人是直接以敬释忠的，"忠，敬也"（《说文解字》），此之谓也。在谈论君臣各自要遵循的道德时，也是"敬""忠"二词互换着使用的，"为人君，止于仁；为人臣，止于敬"（《大学》），"君仁臣忠"（《礼记·礼运》）是也。由此，忠德就表现为礼敬之德，从而实现了忠与"五常"之礼德的相融互通。"君子无不敬也"（《礼记·哀公问》）反映的正是君子对礼德与忠德的坚守。

### 4. 忠善

忠与智在"善"的属性上相合而成为"忠智"及其"忠善"精神。善德在"五常"之德中是最难把握的一个德目。有一点值得强调指出，智德在"五常"中不作聪明智慧解，而是在良知判断上获得其义的，"是非之心，智之端也"（《孟子·公孙丑上》），此之谓也。通俗地说，知是知非的智德其实质是教人行善。而教人以善、导人以善乃是忠德所要表达的意思，"教人以善谓之忠"（《孟子·滕文公上》），此之谓也。由此，忠德就表现为智善之德也，从而实现了忠与"五常"之智德的相融互通。通过智德与忠德，从而信奉善行而不招致失败也成为君子的本质规定，"敦善行而不怠，谓之君子"（《礼记·曲礼》），此之谓也。"君子以好善"（《礼记·乐记》）反映的正是君子对智德与忠德的坚守。

### 5. 忠诚

忠与信在"诚"的属性上相合而成为"忠信"及其"忠诚"精神。《说文解字》说："信，诚也。"信与诚可以相互解释。信就是诚，诚就是信。而"信""诚"的意思就是不疑不欺，"信，不疑也"（《字汇·人部》），"信，不欺也"（《礼记正义》孔颖达疏），此之谓也。而忠德在"不欺""竭诚"意义上实现了与义德的完全重合，"忠者，内尽其心，而不欺也"（《增韵》），"忠，竭诚也"（《六书精蕴》），此之谓也。由此，忠德就表现为信诚之德也，从而实现了忠与"五常"之信德的相融互通。"是故君子诚之为贵"（《中庸》）反映的正是君子对信德与忠德的坚守。

总之，忠德具有了仁义礼智信"五常"的全部意义和价值，从而也就体现了忠德是众多美德的集合之特点。君子通过他们的"主忠信"，实际上是在全方位地"据德""敦行"呢！其最终目的当然是成就"美身"的君子之学，"君子之学，以美其身"（《荀子·劝学》），此之谓也。

而集于忠者的君子，将在具体实行"忠恕之道"中去践履着"君子之道"！

## （三）忠恕之道与君子之道

忠德在儒家思想体系中，不仅是作为诸德的基础性存在，也不仅是集合诸德的整体性存在，更重要的是当它与信德一起构成"忠信"、与恕德一起构成"忠恕"以后，遂成为表征儒学的价值取向、价值观念以及思维方式等的重要思想命题，同时也成为践行儒学之道的君子思想的汇集之处，君子"主忠信"（孔子语），"君子……忠恕违道不远"（《中庸》），"然则忠恕，君子之道也"（顾炎武语），此之谓也。关于君子我们说了许多，而如果要以一个怎样的"道"来加以统摄的话，那么答案一定是忠恕之道。也就是说，忠恕之道与儒学之事紧密相连，忠恕之道与君子之道也紧密相连。当然最终的结论是："儒学事实上便是君子之学。"（余英时语）

### 1.忠恕之道与儒学

通过"忠"来谈"忠信"和"忠恕"，那是为了确证什么是儒学这样一个大问题！对于什么是"儒学"，历来定义不一、莫衷一是，然而认为儒学是心性之学，是主张内外的德行之学，是强调内圣外王之学，是重视伦理道德之学，应该是人们的共识。那么构成儒学的这些形式和内容是如何得到反映和体现的呢？

心性之学突出的当然是人的心，而"忠""恕"两个概念都有"心"，而且通过"中"与"如"来表示人心所要安处的状态。"中心"是"忠"，"直心"是"忠"，"正心"是"忠"，"公心"是"忠"，"诚心"是"忠"，"尽心"是"忠"。"如心"是"恕"，"比心"是"恕"，"推心"是"恕"，"宽心"是"恕"。总之，都是人之为人的那个"心"及其产生出的"理"！实际上，孔子及其儒家之所以"主忠信""贯忠恕"，正是要让人们清楚知道儒学所宣扬的就是一种心性之学！当然这个特征被明代的大思想家、大哲学家王阳明清楚明白地揭示出来，"圣人之学，心学也"，此之谓也。

德行之学、内圣外王之学强调的是内外相通，由内而外，"德行，内外之称，在心为德，施之为行"（《周礼》），此之谓也。也就是说，内在的心性表现为德，外在的实施表现为行。《大学》"诚意，正心，修身，齐家，治国，平天下"所展示的就是"内圣外王"的具体情形。"诚意，正心，修身"是主内，"齐家，治国，平天下"是主外。值得注意的是，儒学的这一旨归又正是通过"忠信""忠恕"思想具体呈现出来的。

孔子多次指出他的学说是"主忠信"的，实际上这就是在告诉人们，儒学是一种重内外、重德行、重知行的学说思想。也就是说，"忠"是主内的，"信"是主外的。"忠"是主德的，"信"是主行的。"忠"是主知的，"信"是主行的。"忠"是主内圣的，"信"是主外王的。对于"信"主外这一点我们有必要再说几句。大家知道，"信"虽然是作为一种观念理念性的存在，但它又一定要与具体事物和实际行动联系起来才能够彰显其义，所以有"信用""信事""信物"之说。通俗地说，一切信义都是在具体的行为中才能够体现出来，才可以发生作用的。履行合同，即是信义的行为。所以古人说："定身以行事谓之信。"（《国语·晋语》）意思是说，信即由身而行事。所以，忠信者就是尽心以行事的意思。儒学正是一种"内圣外王"之学，而"主忠信"恰恰是从理论上对这种学说做出了概括。

孔子通过"主忠信"来表示儒学思想的特质。那么如果要问孔子自己一生所追求和实践的"道"究竟是什么，那正是"忠恕"！孔子曾对他的弟子曾子等人说："吾道一以贯之。"（《论语·里仁》）曾子心领神会地将孔子的一以贯之之道概括为两个字——忠恕。曾子说："夫子之道，忠恕而已矣。"（《论语·里仁》）

如果说"忠信"只是在形式上揭示了儒学的"内圣外王"的特质，那么"忠恕"则在形式与内容两方面揭示了儒学之所以为儒学的思想旨归。换句话说，"主忠信"更多反映的是儒学的"形式"，即儒学是主内外德行之学的。如果要使孔子以及儒学思想的具体内容及其性质得到呈现，那么仅有能反映儒学形式的"主忠信"命题显然是不够的。由此，孔子最终选择了"忠恕"从形式到内容呈现他的"一以贯之"的"道"。也就是说，孔子所谓的"一以贯之"的"忠恕"之道，既有在形式上对儒学的体现，更有在内容上对儒学的展开。具体来说，在"忠恕"概念框架下，"忠"是主内、主德的；"恕"是主外、主行的。更为重要的是，儒家是通过对"恕"道正反两方面内容的展开，来实现对构成儒家学说各个重要内容的阐述的。

儒家最终确定和选择了"君子"这个主体与"忠恕"这个内容来反映和体现儒学思想内容及其性质的。换句话说，君子是在推行忠恕之道中来具体展开儒家思想的。

包括孔子思想在内的儒家思想都坚持"一以贯之"的"忠恕"之道。作为儒家最重要的经典之"四书"都强调了这一点。"夫子之道，忠恕而已矣。"（《论语·里仁》）曾子说，他们老师孔子的学说就是忠恕之道呀。"强恕而行，求仁莫近焉。"（《孟子·尽心上》）孟子认为，努力按推己及人的恕道去行事，求仁的道路没有比这更近的了。"所藏乎身不恕，而能喻诸人者，未之有也。"（《大学》）意思是说，如果自身存在着不符合恕道的观念和行为，却能晓喻别人实行恕道，这是从来没有的事。"忠恕违道不远。"（《中庸》）意思是说，如果能实行忠恕之道，那么相距儒家之道就不远了。

忠恕思想包含和表征着儒家思想的主要内容及其精神。这从三个方面得到体现。

其一，忠恕申论的是儒家的心性之学。如果说"忠"是解决每个人自己的"中心"的状态问题，那么"恕"就是解决己与人的"比心"的问题。换句话说，如果说"忠"是解决"己"之心性的问题，那么"恕"就是解决"己人"之心性的问题，"尽己之谓忠，推己之谓恕"（朱熹语），此之谓也。忠者"中心"也；恕者"如心"也。"中心"与"如心"正是心性之学需要解决的问题！儒家千年得以传承和发展的"道统"正是靠着"人心惟危，道心惟微，惟精惟一，允执厥中"这"十六个字诀"来实现的，所以此又被称为"十六字心传"。也正因为如此，明代哲学家王阳明才将儒学概括为"心学"。"圣人之学，心学也。"（王阳明语）在包括孔子在内的整个儒家看来，尽己之心的"忠"与推己之心的"恕"是能够反映儒家心性之学精神的。

其二，忠恕推行的是儒家的仁爱之学。对于"忠恕"究竟包括哪些内容，古今学界都有过不同的看法。最有代表性的是两种观点。一是认为"忠道"是解决"己欲立而立人，己欲达而达人"的问题；而"恕道"是解决"己所不欲，勿施于人"的问题。一是认为"忠道"是解决"在心"的问题，不涉及具体内容；而"恕道"是具体包括了正面的"己欲立而立人，己欲达而达人"与反面的"己所不欲，勿施于人"两项内容。后一种观点的理论根据就是来源于朱熹对"恕"的解释。朱熹说"推己之谓恕"，也就是说，正面的"己欲立而立人，己欲达而达人"与反面的"己所不欲，勿施于人"都是解决"推己及人"的问题。我是持后一种观点的，所以，我坚持认为，作为儒家主体思想的"仁学"是通过"恕道"正反两种意义具体反映出来的。从正面想，从反面想，都存在一个"将心比心"之"如心"的问题。"恕"之"如心"是具有正反两方面意义的。因为事实上也存在这种正反的状况。我想得好，他人同样想得好，这是从正面说；我不想得坏，他人同样不想得坏，这是从反面说。

"如心"之"恕"就是依照和遵从内心、心情、情感而行事，此其一；且是柔弱、善良、亲爱、同情的同心和情感，此其二；更是将这种心和情感传递给他人的举动，此其三；其结果一定是侧重为他人考虑，为他人着想，甚至不执着于自己的利益，此其四。要之，设想我是他，即站在他的立场上去思考事情，并依照和遵从自己内心的柔弱、善良、亲爱、同情之情，将此心此情传递给他人。换句话说，按照此心此情此理去为人处事。如此一来，你一定会善解人意，你一定会成人之美而不成人之恶，你一定会容易原谅别人的过失和错误。

"立"与"达"是自己想要的、喜欢的，"己欲"者也；不喜欢什么，"己所不欲"者也。由此证明"恕道"是包括这"正"面的"喜欢"与"反"面的"不喜欢"二者的。进而据此推论他人会喜欢什么，不喜欢什么。因为自己喜欢什么，而成全别人的喜欢，这就是正面意义上的"推己及人"的"恕"，也就是"己欲立而立人，己欲达而达人"。因为自己不喜欢什么，而知道别人也不喜欢什么，因而不愿意将这些别人不喜欢的事情强加到别人身上，这就是反面意义上的"推己及人"的"恕"，也就是"己所不欲，勿施于人"。通俗地说，好事就推及和成全别人；坏事就不推及和强加给别人。"恕之仁"正是要做到成人之美和不成人之恶！这也是君子所为呢！"君子成人之美，不成人之恶"（《论语·颜渊》），此之谓也。如此就实现了"仁者爱人"（孟子语），"博爱之谓仁"（韩愈语），"仁是个温和慈爱底道理"（朱熹语）的目标。儒家是明确将"恕"与"仁爱"紧密联系在一起的，"恕，仁也，从心，如声"（《说文》语），"仁者，必恕而后行"（《孟子注疏》），"恕者，仁之施也"（二程语），此之谓也。由此可见，恕就是对仁德的施行！

忠恕首先申论的是儒家的心性之学，其次推行的是儒家的仁爱之学，而忠恕再次强化的是儒家的伦理之学。

其三，忠恕推行的是儒家的伦理之学。"教以人伦"（孟子语），即重视伦理建设是儒家一以贯之的思想观念。因为在儒家看来，人的意义和价值的显现，一定要通过提升人道的层次才能够实现。人的生理的欲望，人的情感的需求，人的精神的追求构成了人道的不同的层次的内容，而作为一个人却要超越属于低层次的那些内容。对此，孟子有过精彩的论述，他说："人之有道也，饱食、暖衣、逸居而无教，则近于禽兽，圣人有忧之，使契为司徒，教以人伦：父子有亲，君臣有义，夫妇有别，长幼有序，朋友有信。"（《孟子·滕文公上》）孟子这是在告诉人们一个非常重要的思想观念，虽然衣食住行属于"人之有道也"的不可或缺的存在，但是，如果仅仅停留在此层次上，而不知超越去进行德行教化的话，那就与禽兽没有什么差别了。这引起儒家圣人们的深深担忧，他们要通过专人负责这件事情，具体通过人伦教化来实现人道的升华，于是提出了著名的"五伦"思想。而为了实现相互关系的"五有"，即有亲、有义、有别、有序、有信，儒家提出了各自所要遵循的道德：慈孝，仁敬，义听，惠顺，信。具体来说就是"父慈子孝""君仁臣敬""夫义妇听""长惠幼顺""朋友有信"。在儒家其他经典中又专门提到了"兄弟"一伦，"兄良弟悌"是也。至此，儒家就建立起了伦理道德！伦理道德的建立之目的，在儒家看来是要实现对"人之有道也"的低级层次的超越而获得更高层次的状态，从而获得人生的意义和价值。

儒家特别注重父、兄、君、朋友之伦及其孝、悌、忠、信之德的构建。更为重要的是，儒家又将这一伦理道德紧紧地与忠恕之道联系起来了。《中庸》说："忠恕违道不远。施诸己而不愿，亦勿施于人。君子之道四，丘未能一焉：所求乎子以事父，未能也；所求乎臣以事君，未能也；所求乎弟以事兄，未能也；所求乎朋友，先施之，未能也。"孔子是非常谦逊的人，他以自己为例，认为自己还没做到对父孝、对兄悌、对君忠、对朋友信，但去要求儿子对自己孝，要求弟弟对自己悌，要求臣下对自己忠，要求朋友对自己信。孔子认为自己要求别人做的自己却没有先做到，而自己先没做到的就不应该要求别人做到，否则就是违背了恕道精神，从而没有做到君子要求的"四道"！

实际上，根据我们的研究，儒家的心性之学、仁爱之学、伦理之学主要是通过忠恕之道而得到具体体现的。通过这样的分析，使我们更加理解之所以将"夫子之道"概括为"忠恕而已矣"的道理所在了。正因为忠恕之道具有了摄含儒家主要的问题及其精神的特点，所以也才能够得到孔子及后人的高度评价。"子贡问曰：'有一言而可以终身行之者乎？'子曰：'其恕乎！己所不欲，勿施于人。'"（《论语·卫灵公》）近代思想家严复也曾明确指出："终身可为者惟恕。"而1992年在美国芝加哥召开的世界宗教大会上，这一恕道思想被确立为世界所有人都要遵循的"黄金规则"。

能够成为被普遍接受的"黄金规则",要符合两个前提条件:一个是这条规则一定是符合人性地对待;一个是这条规则一定是最大公约数。也就是说,儒家的恕道之所以被接受正是因为这一思想反映的是人性且具有它的普遍性特征。这也可能是早在1988年那些诺奖获得者发出以下呼吁的真实原因:"如果人类要想在21世纪生存下去,必须回到2500多前的孔子那里去寻求智慧。"因为他们看到,以孔子为代表的儒家智慧正是一种重视人的本真之心性智慧,重视人与人的相处之伦理智慧,重视人性的根本之仁爱智慧。而所有这些智慧在理论上乃是通过具体的忠恕之道,尤其是恕道的正反两方面体现出来的。因为"忠"是解决人的心性根本性、基础性的"中心""诚心"状态问题的。"恕"则是在"忠"的前提下解决人与人的"比心""推心"向外推及问题的。忠恕之道在心性、伦理、仁爱问题上表现出中国文化的独特智慧。

夫子之道忠恕而已,儒家之道忠恕而已,中华文化之道忠恕而已。而这"一以贯之"的"道"是要有一个主体来承载和践履的!这个主体正是作为社会精英的君子!

## 2. 忠恕与君子之道

将忠恕之道与君子之道直接联系在一起而形成一个判断的,是《韩诗外传》里的一句话:"故君子之道忠恕而已矣。"后来明末清初的思想家顾炎武也明确指出,"《中庸》记夫子之言,君子之道四,无非忠恕之事……然则忠恕,君子之道也"(《日知录》)。为了强化这一点,我们可以概括出两个命题。一个是"君子之道,忠恕也",让人们明白,君子之道就是忠恕之道;一个是"忠恕,君子之道也",让人们明白,忠恕之道就是君子之道。

夫子之道乃是儒家一以贯之的道,可以用一个根本原则贯通起来,这个"道"就是"忠恕之道"。如此就将儒学与忠恕之道联系起来了。而君子所弘扬的孝、悌、忠、信之四道,则又是忠恕之事。如此就将君子之道与忠恕之道联系起来了。由此，儒学、忠恕、君子三者遂成为一个儒学思想体系的三个相互联系的环节和要素。"夫子之道，忠恕而已矣。"（《论语·里仁》）"故君子之道忠恕而已矣。"（《韩诗外传》）这是一个"等式"的命题。夫子之道就是儒学之道，夫子之道就是君子之道，夫子之道就是忠恕之道，君子之道就是忠恕之道。由此可见，夫子之道、儒学之道、君子之道共同的合并同类项乃是"忠恕"者也。君子之道全部的价值取向、思维方式、思想观念、道德规范、人文精神最终在"忠"以及"忠恕之道"中得到具体展开和实际运用。

先谈"忠"。"忠"在儒家思想体系中、在君子之道中甚至是起着基础性作用和统摄性作用的。换句话说，作为一般意义上的"忠"是指内在的心性，它是一切伦理道德的基础性存在。唯其如此，君子之道所要解决的当是作为君子的本性问题。所以我们才得出了"根于性者为君子"的结论。有了心性的基础，或说归止了至善的心性，就确定了社会人生的方向，而有了方向和目标就会意志坚定，将"道"作为立志的方向，"知止而后定"（《大学》），此之谓也。唯其如此，君子之道所要解决的当是作为君子的志向问题。所以我们才得出了"志于道者为君子"的结论。任何大道的实行，都需要在具体的实践活动中来实现。将基础性的心性和方向性的大道外化为行动，那么就需要"得道"之"德"来具体实施。唯其如此，君子之道所要解决的当是作为君子的根据问题，所以我们才得出了"据于德者为君子"的结论。

再谈"恕"。《大学》《中庸》《论语》《孟子》四书中都有"恕道"的思想。"推己及人"的方式则又是恕道的基本方式，并通过这种方式来体现出仁爱精神以及君子之道。

"推己及人"也是"将心比心"，以自己的心比照他人的心。通俗地说，即站在别人的立场上，以重视别人的感受为旨归。说到"感受"，一定是包括"好的""坏的"两种不同性质的感受。人人都想"立""达"，所以当你自己立、达了，就要想办法帮助别人也实现立、达。这是恕道正面所要反映的仁爱精神和君子品格，"己欲立而立人，己欲达而达人"（《论语·雍也》），此之谓也。人人都不想坏事加身，所以你自己都不想要和厌恶的事情，你就不要推给别人。在儒家经典中对恕道之旨有着不同的表达方式。其一，我自己不想要的，不要强加给别人，"己所不欲，勿施于人"（《论语·颜渊》），此之谓也；其二，我自己不想要别人那样对我，那么我就不要那样对别人，"子贡曰：我不欲人之加诸我也，吾亦欲无加诸人"（《论语·公冶长》），"是以君子有絜矩之道也。所恶于上，毋以使下"（《大学》），此之谓也；其三，自己没做到的，不要要求别人做到，"是故君子有诸己而后求诸人，无诸己而后非诸人。所藏乎身不恕，而能喻诸人者，未之有也"（《大学》），"忠恕违道不远，施诸己而不愿，亦勿施于人"（《中庸》），此之谓也。如果自己没做到而要求别人去做，这不仅是不宽容的事，而且是非常虚伪的事了。自己不清廉，却到处讲让别人清廉，这种表现不仅是不仁的问题，更严重的是不义的问题，即不知羞耻的问题了。

正因为恕道具有了多层内涵及其意义，所以也才从多方面反映出恕道的仁爱的主旨及其精神！仁爱就是不要把"不好"的东西推给别人，即要成人之美，而不要成人之恶。将自己不喜欢的假冒伪劣产品出售给别人，这样做就叫作"成人之恶"。将自己厌恶的"污名"加到别人身上，这就叫"成人之恶"。而君子是成人之美而不成人之恶，小人反之。"君子有絜矩之道也"，"君子有忠恕之道也"。可见，君子之德行和操守通过"忠"以及"忠恕"而得到了集中体现。

# 十二

## 游于艺者为君子

### 才能的涵泳

孔子學琴於師襄十日不進襄子曰可
以益矣孔子曰丘已得其數也未得其閒曰
可以益矣曰丘未得其志也有閒曰可以
益矣曰丘未得其人也有閒曰有所緒然
深思焉有所怡然高望而遠志焉曰丘
得其為人讓然而黑頎然而長眼如望
洋非文王誰能為此也襄子避席再拜
曰師蓋云文王操也

贊曰

聖德未如　襄是師
曰取其專　沙操乃微
得數得志　緩得其人

学琴师襄图

孔子向师襄学习弹琴，师襄三次告诉孔子可以学习新曲目了，孔子却认为还没有学透彻。后来孔子在演奏中悟出此曲的作者为周文王，令师襄赞叹（明版彩绘绢本《孔子圣迹图》）

中国传统文化在思维方式上一个非常重要的特点，就是主张本体与作用、本体与现象、本性与发用、形上与形下、内与外等的"合一""不二"。所谓的"合一""不二"，就是强调形成关系的双方是相互依存、相互包含、相互贯通而不可分离的。天人关系是这样，知行关系是这样，情景关系是这样，形神关系是这样，德行关系是这样，道器关系是这样，由此形成与西方文化不同的特殊表述方式：天人合一（天人不二），知行合一（知行不二），情景合一（情景不二），形神合一（形神不二），德行合一（德行不二），德艺合一（德艺不二），道器合一（道器不二）。

## （一）道器不二乃君子

"君子不器"（《论语·为政》）是孔子一句非常著名的话，字面意思是指君子不可以像只有某一方面的具体用途的器具那样。也就是说，在孔子看来，作为一名君子不可以拘泥于具体，不可以局限于有形，即不可以被有限的具体器物所限。如果我们再进一步追问的话，必然会领悟到孔子这句名言所蕴含的深义！君子如何才能够做到"不器"呢？答案当然是"道器不二"。实际上，"道器不二"有着以"道"统"器"、"器"以"道"为本的意义。《周易》首次提出"形而上者谓之道，形而下者谓之器"的论断，其义既突出道器不离，更强调以道为体，以道为本。"道"是本体，"道"是根据，"道"是方向。

道是无形的存在，器是有形的存在。任何有形的器物、器件都应以无形的思想、观念、精神和信仰为基础和根据。有了道才会有方向，有了德才会有据守，有了仁才会有依循。而所有这些都构成了"器""艺""才""专"能够游习、展现、表现其性的必要前提。这样的关系恰恰被孔子所突出和强调，并成为以后规定和定义君子的内外属性之原则和标准。孔子说："志于道，据于德，依于仁，游于艺。"（《论语·述而》）"道""德""仁""艺"诸项是统一、合一而不可分离的，而能够将其统一的主体当推君子！这就是我们将有德有才视为对于君子的规定和定义的原因所在。有德有才者谓之君子，如果用现在的话说就指那些德才兼备、德艺双馨、进德修业的人。总之，能将有理想、有境界、有人格、有道德与有才干、有才能、有才艺、有才华完美结合的人就是君子。

"志于道"就是志向于道，内心呈道。这是解决君子内心所系的问题、内心向往的问题，一句话，是解决"方向"问题。道就是本心，就是真性。它湛然光明，寂然不动。此道就是"大学之道"，它包含三项内容：一"在明明德"，二"在亲民"，三"在止于至善"（《大学》）。"至善"就是"至境"，归止于此境即为"志于道"。"据于德"就是据守于德，外行循德。这是解决君子外行所据问题、外行所循问题，一句话，是解决"行为"问题。德就是得于道者，内心得道者也。朱熹说："得之于心而守之不失，则终始惟一，而有日新之功矣。"（《论语集注》）内心得道且求行道于天下即为"据于德"。"依于仁"就是依靠于仁，不违背仁。这是解决君子情感所依问题、与对象相处之道问题，一句话，是解决"准则"问题。仁就是心德之全而能博爱亲近对象。《说文解字》说："仁，亲也。"可见，仁者就是人与所有对象的亲爱、亲近、亲切、亲密、亲热、亲和的相处之道。

而确立了"志于道"的"方向"，树立了"据于德"的"行为"，建立了"依于仁"的"准则"以后，即有了方向，有了行为，有了准则，有了"形而上者"之"道"以后，接下来当然就要解决"形而下者"之"器"的问题了。作为思想、观念、精神、道德、信仰的"道"所要落实的"场所"，被儒家称为"艺"。"游于艺"是也。所谓"游于艺"就是优游于才艺，通过沉潜涵泳才艺来展现和体现大道、广德、至仁。

志道、据德、依仁、游艺是儒学学问之条目，也是君子综合素养之体现。朱熹说："盖学莫先于立志、志道，则心存于正而不他；据德，则道得于心而不失；依仁，则德性常用而物欲不行；游艺，则小物不遗而动息有养。学者于此，有以不失其先后之序、轻重之伦焉，则本末兼该，内外交养，日用之间，无少间隙，而涵泳从容，忽不自知其入于圣贤之域矣。"（《论语集注》）日本学者伊藤仁斋说："道者，人之所由行，故曰'志'；德者，人之所执守，故曰'据'；仁则近而见于行者，故曰'依'；艺，不可不讲，亦不可泥，故曰'游'。此四者，虽有大小之差，然道之本末终始，一以贯之，故夫子次弟言之。"

"道德仁"是君子所务之本；"艺"则是君子所事之余。那么，作为君子之余事的"艺"的内容是什么呢？

## （二）通贯六艺为君子

作为君子之余事的"艺"，当是君子所要必备的素养和所要进行的事业。艺，在儒家那里专指"礼乐射御书数"之"六艺"。朱熹说："礼乐之文，射、御、书、数之法，谓之六艺。"六艺有较为复杂的分类，包括五礼、六乐、五射、五御、六书、九数。六艺是中国古代君子的六门必修课，故称为"君子六艺"。在六艺教育中，"礼乐书数"之教为文，"射御"之教为武，所以六艺教育是典型的文武兼备的教育。六艺是一种艺能、技能的训练：礼节、演礼的技能；乐德、乐语、乐舞的音乐舞蹈的技能；射箭的技能；驾驭马车战车的技能；书写、识字、作文的技能；计算、推演的技能。

在六艺中，"射御书数"侧重于形而下器物意义上的技法。被称为"白矢""参连""剡注""襄尽""井仪"的"五射"实际上都是对不同射箭方式的描述。被称为"鸣和鸾""逐水曲""过君表""舞交衢""逐禽左"的"五御"实际上都是对不同驾驭方式的描述。被称为"象形""指事""会意""形声""转注""假借"的"六书"实际上都是对六种制造汉字方法或说对汉字的不同识字方法的描述。"六书"一词最早见于《周礼·地官》，但没有六书的具体名称，自然也没有对六书的解释了。西汉刘歆《七略》记载："教之六书，谓象形、象事、象意、象声、转注、假借，造字之本也。"东汉许慎在其《说文解字》中指出："周礼八岁入小学，保氏教国子先以六书。一曰指事，二曰象形，三曰形声，四曰会意，五曰转注，六曰假借。"九九乘法表的"九数"实际上都是对数学计算和阴阳风水等术数类活动的描述，包括丈量土地、财物算账、计算天体、推演历法等。

　　六艺中的"礼乐"除了具有器物意义上的技法以外，还包含着自身所具有的形而上道心意义上的文理。在用于祭祀的吉礼、用于丧葬的凶礼、用于田猎和军事的军礼、用于朝见和人际交往的宾礼、用于宴会和庆贺的嘉礼的"五礼"中，在"云门""大咸""大韶""大夏""大濩""大武"的"六乐"中，其实都蕴含着极其丰富的思想文化内涵和精神。我们常常用"礼仪""礼乐"来形容和表述中华文化的内容及其特征，将中国称为"礼仪之邦"，将中华文明称为"礼乐文明"。由此也能证明"礼乐"二艺的重要性。

　　礼渗透在社会制度、待人接物的所有日常生活之中，礼在中国传统社会中是一种无处不在的制度、规矩、规范、准则等的存在。六艺中的礼不仅是指礼仪、礼节这些外在的形式，更为内在和重要的是存在于这些外在形式中的情感、精神、道德和信仰，这是一种对人对事的恭敬和辞让之情。儒家认为，礼德是根源于人的这一生命情感。孟子认为人对他人的恭敬和辞让乃是人天生的性德，礼这一美德恰是由此而萌芽和发端。"辞让之心，礼之端也。"（《孟子·公孙丑上》）"经礼三百，曲礼三千，亦可以一言以蔽之，曰：'毋不敬'。"（朱熹《论语集注》）也就是说，无论礼表现出多少外在的形式和样态，它所要反映和表现的一定是主体对所有需要礼仪、礼节和礼貌之对象的虔诚、恭敬、尊敬、真诚之情感。一句话，通过外在形式是要充分表达对对象的敬爱之情！"有礼者敬人"（《孟子·离娄下》）是对礼之精神的最经典的概括。

　　音乐具有审美、娱乐和教化功能，它在对美好心灵品质的培育与提升中都具有极其重要的作用。音乐是人类表达快乐的一种形式，"夫乐者，乐也，人情之所必不免也"（《荀子·乐论》），此之谓也；音乐具有培养人与人之间彼此尊敬亲和情感的作用。君臣的"和敬"，父子兄弟的"和亲"，长少的"和顺"，皆由乐也。

　　礼乐的教化功能主要体现在对人心灵深处的开发、启迪和激荡。君子所谓的人性就其本质和根源来说是真善美的。也就是说，君子所认为的人性是善的，是美的，"人性本善"是也。"礼"本身正是由人的这一善心善性生发出来的，"君子所谓性，仁义礼智根于心"（《孟子·尽心上》），此之谓也。而"乐"乃是将人性中的善性美性呈现出来、光明出来的"助推器"，"足以感动人之善心"（《荀子·乐论》），此之谓也。音乐是实现使人弃恶从善、追求真善美，从而实现人类自身价值、调和人的性情、做到移风易俗、达到天下安宁、止于美善的重要途径和手段，"故乐行而志清，礼修而行成，耳目聪明，血气和平，移风易俗，天下皆宁，美善相乐"（《荀子·乐记》），此之谓也。

由上可知，相对于"射御书数"来说，"礼乐"在六艺中具有"形而上"的属性，然而在其上还有更"形而上"的存在，那就是"道德仁"三者。如何处理这些关系遂成为君子的任务。

### （三）以仁统艺为君子

在礼、乐、射、御、书、数这"君子六艺"中，"礼乐"二艺兼容形而下之器与形而上之道的双重属性和功能。作为具体的行礼之器，外在的礼节之仪属于"器物""外貌"层面的存在，但是"礼"还有其自身的"理"的内容，这一内容就是"行"，"《礼》言是，其行也"（《荀子·儒效》），此之谓也。作为具体的演奏之器，外在的舞蹈之姿属于"器物""形式"层面的存在，但是"乐"还有其自身的"理"的内容。这一内容就是"和""善"。"《乐》言是，其和也"（《荀子·儒效》），"乐者，圣王之所乐也，而可以善民心"（《荀子·乐论》），此之谓也。作为六艺的"礼乐"所要实现的目的是使民众和谐、人心向善，这一道理是不可变易的。荀子说："乐也者，和之不可变者也；礼也者，理之不可易者也。"（《荀子·乐论》）在儒家看来，通过制礼可以节制事情，通过习乐可以引导心志，"制礼以节事，修乐以道志"（《礼记·礼器》），此之谓也。这一意义上的礼乐乃是一种文明的象征，乃是一种君子的风范。荀子说："故君子耳不听淫声，目不视女色，口不出恶言。此三者，君子慎

之。"（《荀子·乐论》）

在"君子六艺"中，"礼乐"本身所蕴含的"理"相较于"射御书数"来说要丰富得多。虽然"君子六艺"从总体上来说都要以"道德仁"三者为其根本和依据，但是作为一种更能够反映一种文明载体的"礼乐"，它们被提出更高的要求，有了更内在更高远的规定。换句话说，对于"礼乐文明"所要立志的方向，所要根植的内心，所要依凭的道德，必然地要提出更严格的前提式的规定和加强。

具有道器合一、理艺相即特征的"礼乐"之器之艺，其重要性是不言而喻的，但是它毕竟处在"器""艺"的范围之内，毕竟是作为"君子六艺"的课程来加以规定的。这也就决定了这种自身具有"形而下者"属性的"礼乐"，还需要比它更高的"形而上者"的存在加以统摄。换句话说，虽然君子所游之六艺皆需要在"道德仁"的统摄下，但是六艺中的"礼乐"二艺则需要给予更根本、更基础、更普遍、更内在的"形而上"的关照。

"道德仁"三者较之于"礼乐"来说是一种更内在的存在。作为本体存在的"道"，是一切存在的根源和根据。它的特点在于无形无相；作为一切存在的根源和根据存在的"道体"一定要通过具体的万物万事之不同的属性而得到体现。这一属性式的存在就是得道之德，它的特点在于无形而有相。要之，道是体，德是相，二者都是内在的存在。作为体之道和相之德的"道德"要成为有形的存在，成为具体的德行，一定要由一种"行""用"性的存在者出现，这个存在者便是"仁"。由此可见，作为统摄"艺"而存在的"道德仁"于是就通过"道之体""德之相""仁之用"之"体相用"三者体现其性！因为"仁"是半内半外的存在，它又是用之总，所以内在性的"道"与"德"正是依靠着"仁"的发用和行动得到具体外化。

六艺的"礼乐"相对于"仁"是用之别，是行施仁爱之具。"仁"是君子所务之本；礼乐之艺则是君子所务之器、所行之用、所务之事。于是我们就可以看到，孔子在谈到"礼乐"实质的时候，在论述"礼乐"与"仁爱"的关系时，就非常明确地告诉人们，"礼乐"不是指那些纯粹的器物。

"礼云礼云，玉帛云乎哉？乐云乐云，钟鼓云乎哉？"（《论语·阳货》）意思是说，礼呀礼呀，仅仅说的是玉器和丝帛吗？乐呀乐呀，仅仅说的是钟鼓等乐器吗？孔子通过这种反问来揭示礼乐的本质在于超越外在形式的内在精神。而这种内在精神恰恰由"仁"来作为前提的。由此孔子又进一步反问道："人而不仁，如礼何？人而不仁，如乐何？"（《论语·八佾》）意思是说，一个人如果没有仁爱之心，那么怎么来制定礼和遵循礼呢？一个人如果没有仁爱之心，那么怎么来创作和对待音乐呢？仁是礼乐的基础和核心。仁是人成为人的根据所在，"仁也者，人也"（《孟子·尽心下》），此之谓也。仁也是君子成为君子的根据所在，"君子去仁，恶乎成名？"（《论语·里仁》），此之谓也。

对于人来说，其内在的"道"与"德"都是要通过"仁"来得到反映的。"道德仁艺"四者只是"仁"耳。换句话说，人之体、人之相都表现为仁。仁源于德，德源于道。所以，人类的所有活动和行为，都要由仁来加以指导才能够实现其意义和价值。包括"礼乐"在内的君子六艺都是"道德仁"尤其是"仁"的工具。儒家学说、君子六艺均以仁为本。由仁发艺，以艺护仁，以艺养仁，仁艺相得，喻如根干互滋。如此才是君子"游于艺"的最高境界！

实际上，以仁统艺的问题，其实质是在申论"君子不器"的问题。儒家所强调的"君子不器"思想观念，也正是要让人们明白抓住事物的本质和根本更为重要。当然"君子不器"并不是指抛弃"器"，不是简单地否定"器"的问题，而是通过"君子"这样一个超越性的主体来说明，"器"以外、之上的那个更本质的"道"，对更好地"成其器"是非常之重要的。也就是说，通过君子之口，让人们明白，如果要让"器"做得更好，还应该注重"器"之外、之上、之内的"道"的培植！这才是问题的关键所在。虽然说"道器不二"，但道为本质，道为根源，道为关键，道是更根本的本质性存在，是决定一个事物、一种存在能够成为"它"自身全部、自身优质的存在。所以大家要明白的是，儒家所强调的"君子不器"思想是具有哲学意味的。它有两层意思：一层是让你明白"道器"是不可分离的，不能仅注意"器"；一层是让你明白"道"比"器"更根本、更重要，所以要更要注重"道"。这两层的执行者是"君子"，而不是一般人，这就说明"不器"的做法是具有超越性质的，是一种对培植人才提出的更高要求！这是一种主体性精神的培养，是一种独立人格的培植，是一种超越性精神的培育。

# 君子比德于诸物

## 拟人的品格

昭公以鯉魚賜孔
子榮君之賜故名
鯉字伯魚

命名荣贶图

孔子得了儿子，鲁昭公送来一条鲤鱼，于是孔子给儿子取名孔鲤，字伯鱼（明版彩绘绢本《孔子圣迹图》）

何谓君子？君子有多个定义，且有其历史演变，但自孔子以后，整个儒家是将有道者、有德者、有品质者、有人格者、有理想者等称为君子。在儒家经典中虽然对君子之道以及君子之德的内容有过论述，"有君子之道四焉"（《论语·公冶长》），"君子所贵乎道者三"（《论语·泰伯》），"君子道者三"（《论语·宪问》），"君子有三戒""君子有三畏""君子有九思"（《论语·季氏》），"君子有三变"（《论语·子张》），"君子之道四"（《中庸》第13章），但未见对君子下过明确的定义。倒是道家的庄子曾经给儒家所崇尚的君子下了一个明确的定义。庄子说："以仁为恩，以义为理，以礼为行，以乐为和，熏然慈仁，谓之君子。"（《庄子·天下》）是儒家创立了君子之学，形成了君子之道，铸造了君子之德。

## （一）君子之德行与君子之品格

君子在以下德行上得到体现。君子是"志于道"的，"据于德"的，"依于仁"的，"由于义"的，"立于礼"的，"乐于智"的，"主于信"的，"事于孝悌"的，"行于廉耻"的，"尽于忠"的。即君子有十德：仁、义、礼、智、信、孝、悌、廉、耻、忠。

在十德的基础上君子形成了他们的优良品格：君子仁慈宽厚以成己成人；君子义正刚直以重义轻利；君子礼敬谦让以进退有度；君子知是知非以为善去恶；君子信实不欺以待人处事；君子孝亲悌兄以善继人志；君子廉洁清明以奉公守法；君子知耻有耻以勇猛精进；君子忠诚尽心以尽责行事；君子有自强不息之健；君子有厚德载物之顺；君子有文质彬彬之雅；君子有和而不同之量；君子有戒慎恐惧之畏；君子有不偏不倚之中；君子有温润柔软之和；君子有清澈平静之淡；君子有反求诸己之律；君子有高洁不染之风；君子有中空外直之节；君子有清静绝俗之志；君子有自处不争之操；君子有傲骨独立之气。

君子的所有这些品行，儒家经典以及中国文人又是通过中国传统文化的特有的思维方式来加以表达和强化的。这种思维方式就是通过"观物""类物""托物"达到"以通神明之德,以类万物之情"(《周易》)的目的,即实现"托物寄兴""寄情比德"的目的。以"天地万物"和"水陆草木之花"为喻来实现"天人同情""天人共理""天人合德"的目的。

中国的哲学、文字、文学、艺术、技术等都是"具象"的思维以及"类比""合类""合一"的思维。作为中国哲学源头的《周易》观念的产生正是这一特征最好的例证。"古者包牺氏之王天下也,仰则观象于天,俯则观法于地,观鸟兽之文与地之宜,近取诸身,远取诸物,于是始作八卦,以通神明之德,以类万物之情。"这里出现了几个"观"字,还有"取"字,再有"类"字,"通"字。中国先民正是通过"观象、观法、观身、观物"而得出"物之德和物之情"。

中国的文字是"具象"思维的典型代表。"象形""形声""会意"这"三书"无不体现了中国传统文化的这一思维特征。中国的诗词所主张的"赋比兴"也是"具象性"与"通类性"思维的最好例证。如果要用一句话给予概括的话,那就是"比德于物焉"。

中国古代经典就有以天地自然之物比拟君子之品、君子之德的传统。最为中国人熟悉的当是《周易》中的那两句话:"天行健,君子以自强不息;地势坤,君子以厚德载物。"天有刚健之德,地有和顺之德,作为君子应当效法天地之德而去践行"自强不息"与"厚德载物"之人道之德,这是典型的"天人合一"的思维方式。对此《周易》还说道:"大人者,与天地合其德,与日月合其明,与四时合其序,与鬼神合其吉凶。"

对君子文化的研究和论述,在对君子之学、君子之道、君子之德、君子之品等关于价值观念问题的讨论以后,当要对其思维方式进行论述。也就是说,对于一种文化的研究一定要知道其文化的基础和核心是思想,而思想则是由价值观念与思维方式两部分所构成的。

体现在君子文化中,常使用一个非常简单明了的词语来表达和反映这种"天人合一"的思维方式,即"人如物"。具体到君子这个独特的主体,古人就有许多"君子如物"的描述。《诗经》说:"言念君子,温其如玉",

"有匪君子，如切如磋，如琢如磨"。在《礼记》中孔子说："夫昔者君子比德于玉焉。"值得注意的是，用天地自然万物去比喻君子的道德品格，正是采取了"君子比德于物焉"的形式并形成的一种思维方式!

被中国人最为熟知的是"君子如玉""君子如水""君子如射""君子如莲""君子如竹""君子如兰""君子如梅""君子如菊"。被"比德"的诸物究竟有着怎样的"情""德"呢？而如诸物的君子又是如何具体体现出他们的德性的呢？

### （二）比德于诸物的君子之风范

通过比德于诸物来突显君子所具有某些品质和风范，这是中国传统文化思维方式在君子文化中的具体反映。通过这样的类比、比拟、比喻、形容，使得君子的形象更加具象化，更能被世人所传颂，同时也会使世人能够对君子形象产生崇敬感和敬畏感。

为中国人最熟悉的有关君子的两个品质和风范是通过两个"东西"以及两句话来形容和比德的，一句是"君子之交淡如水"，一句是"君子一言，驷马难追"。

#### 1. 君子之交淡如水

"君子之交淡如水"是说君子之间的交往像水一样清淡。这个比喻语出《庄子·山木》，庄子说："君子之交淡若水，小人之交甘若醴。"水没有味道，因而它就能长久保持本色不变，而味道甘甜的醴酒终究容易变质变坏。以水来比德君子，以醴来比德小人。君子德行高尚，小人德行低下。君子因为重义轻利，所以君子之间的交往是超越功利和算计的，注重的是真情实感。水有清澈之性、平淡之性。水的清淡是因为它不含杂质，所以不会变坏，所以可以长久。君子看重的是人与人之间交往的纯洁性、长久性。

实际上中国人最为熟知的一句格言是老子的"上善若水"。以水喻上善，上善比德于水，君子比德于水，充分体现了包括儒家和道家在内的中国

传统文化是有其明确的价值取向的。水是清澈的，水是清淡的，水是纯洁
的，这是一方面；水是利物的，水是处下的，水是不争的，这是另一方面。
在老子看来，正是因为水具有了利物、处下、不争的优良品质，所以水才能
被称为"上善"的存在。也是因为水具备这些美善之性，所以它更接近于
大道，"故几于道"（《道德经》第8章），此之谓也。人与人交往要"若
水"，水淡而无味，但这恰是"道"的味道，"道之出口，淡乎其无味"
（《道德经》第35章），此之谓也。把恬淡无味看成是有味那才是"上善"
的境界，才是"道"的境界，"味无味"（《道德经》第63章），此之谓
也。君子之风应如是，这种风范应该得到弘扬。如何净化当今社会人与人交
往的急功近利性的风气和生态，确实是一项非常必要和重要的事情。通俗地
说，时下小人式的交往蔚然成风，如何以"君子之交淡若水"的德行去替代
"小人之交甘若醴"的行径，应引起社会的重视。

### 2. 君子一言，驷马难追

"君子一言，驷马难追"是说君子一句话说出了口，就是套上四匹马
拉的车也难追上。常用来比喻在承诺之后就不能再收回，一定要算数。这个
比喻语出《论语·颜渊》："夫子之说君子也。驷不及舌。"舌就是说出的
话，驷马套的车都难以追赶上你说出的话。后"君子一言，驷马难追"这一
成语就专门用来形容和表达说话算数、说到做到、一诺千金、不违诺言、信
守承诺、兑现承诺等言行一致的信条和风范。用老百姓的话说就是说了就要
落实。而此又都是通过君子这一主体而体现出来的，当然更是作为中国传统
文化的优良品质被中国人广泛接受。有必要指出的是，我们这是从正面意义
来谈君子言行一致的问题，即是在坚守正义的前提下的信守承诺，"惟义
所在"（孟子语），此之谓也。也就是说，儒家并不主张没有正义为前提而
一味固执地遵守所谓说出的话就一定守信、做了事就一定有结果那样的做
法。在孔子看来，如果这样了，反而是小人之举了。孔子说："言必行，行
必果，硁硁然小人哉。"（《论语·子路》）"硁硁"的意思是浅薄固执。

不问是非曲直而一味固执所谓的说话必定有信用、行动必定有结果的小人做法，这是孔子要反对的。孟子更为明确地主张，"大人者，言不必信，行不必果，惟义所在。"（《孟子·离娄下》）。能够成为大人的人、君子的人一定是"义"字当先的，在此前提下的承诺，才应该坚决信守和兑现的。中华优秀传统文化所要肯定和弘扬的恰是为君子所遵循的诚信观、信义观。

由上可知，人际的交往、人们的守信当存在君子与小人之分的问题。对于一个问题的认知，不能仅从表面的形式来判定其本质所在，而是要透过现象看到本质。水从形式上看是清澈的、平淡的，但其本质是纯洁的，是长久的，是上善的。君子比德于水，正是要彰显君子之超越情怀和风范；醴从形式上看是浓香的、甘甜的，但其本质是易坏的，是短暂的，是不善的。小人比德于醴，正是要披露小人之浅陋动机和做派。君子以义为先，以义为质，以义为重，所以他的"一诺"是价值千金的，"一诺千金"，此之谓也。他的守信，他的说到做到，他的言行一致从而就是不可更改的。君子"一言"比德于"驷马"，正是要彰显君子之德行深厚而又坚定；小人不讲道义，不顾是非，无视曲直，所以他的"言必行，行必果"恰是反映着他的浅薄而又固执。

### 3. 君子如射

"君子如射"是说君子立身处世好像比赛射箭一样。此语及其思想被孔子、孟子等人论及，由此也说明这个比喻受到了儒家的高度重视。儒家欲通过君子比德于射箭来形象地表达君子所应具备的品德以及修行方式。

要理解为什么儒家如此重视"射"之事，那就必须知道儒家所崇尚的"六艺"，即礼、乐、射、御、书、数。判断和衡量一个人是不是君子，除了要看其德性以外，当要看他是否具备一定的文化素养和才艺。所谓君子就是指有德有才的人，这是对君子最简单的定义。孔子认为"士""君子"应该"志于道，据于德，依于仁，游于艺"（《论语·述而》）。这里的"艺"一般认为是礼、乐、射、御、书、数六种技能。作为君子要通过六艺来涵泳自己的道德和学术修养。礼即礼仪，包括吉、凶、宾、军、嘉五种礼，教人如何祭祀祈福、丧葬吊唁、接待宾客、征伐操练以及人际交往中的饮食等，同时还包括忠、孝、仁、智、信等德目及其道理和精神。乐即音乐，射即射箭，御即驾驭马车战车的技术，书即识字、书写、作文方法，数即计算之法。

作为君子六艺之一的"射箭"因为蕴含有不少立身处世交往的道理，而受到先秦儒家诸子的重视。

《论语·八佾》记载，子曰："君子无所争，必也射乎！揖让而升，下而饮。其争也君子。"在孔子看来，君子不争什么，如果有的话，那就是射箭比赛了。而即便是比赛竞争，君子们首先也是相互行礼作揖，然后登堂进行比赛，赛完了则下堂共同饮酒。如果将孔子描述君子间的射箭比赛理解成"君子如射"的话，孔子是要告诉人们，君子竞争也应是讲究礼貌的，也是一种文明的竞争。

明确将君子比德于射箭的是《中庸》。《中庸》说："子曰：'射有似乎君子，失诸正鹄，反求诸其身。'"孔子说，射箭的道理与君子行道有相似之处，如果没有射中靶心，就应该回过头来从自己身上寻找原因。"正"和"鹄"（音gǔ）是两种鸟名，古人在布做成的箭靶子中心画上"正"的图案，在皮革做成的箭靶子中心画上"鹄"的图案，故以"正鹄"作为箭靶中心的代名词。实际上这里明确运用了"君子如射"的比德方式来强调君子在事情没做成功的时候就要自我反省，一切从自己身上找原因。孔子将这种方式叫作"反求诸其身"，亦叫"反求诸己"。

"反求诸其身"作为一种儒家独特的修行方式，强调的是不要将事情没办好的原因推给外在的因素和存在，而是从自身的内因去寻找问题的根源。这是一种责己厚人、严于律己、宽以待人的品格，同时也是一种胸怀和境界。唯其如此，"君子如射"才成为一种修养方式而受到特别的重视和强调。

作为儒家亚圣的孟子就非常全面地论述了这一问题，并通过这些论述又突显出不少儒家的价值观念以及修行方式。孟子说："仁者如射,射者正己而后发。发而不中,不怨胜己者,反求诸己而已矣。"(《孟子·公孙丑上》)意思是说,行仁德的人,好比赛箭的人一样,射箭的人先端正自己的姿态然后放箭。如果没射中,不要怪靶子不正,只怪自己箭术不行,更不埋怨那些胜过自己的人,而是要反过来从自身上去寻求原因。实际上这里通过仁者比德于射箭一事,要表达这样几层观念:其一,端正自己,做好自己;其二,事没做好不要怨天尤人,不要找客观原因和借口;其三,事没做好要反躬自省,反求诸己。由此可见,君子行事当应"自正""自厚""自反"是也。也就是孔子所说的"躬自厚而薄责于人,则远怨矣"(《论语·卫灵公》)。古人亦云:"各自责,天清地宁;各相责,天翻地覆。"

"射有似乎君子"也好,"仁者如射"也好,君子比德于射箭的"君子如射"所反映出的思想观念,实际上是儒家十分重视的一种修养方式。换句话说,儒家所有的道德观念和价值观念都是通过具体的和必要的修养方式来加以保证和实现的。这个修养方式被孟子概括为"行有不得者,皆反求诸己"。孟子说:"爱人不亲,反其仁;治人不治,反其智;礼人不答,反其敬——行有不得者皆反求诸己,其身正而天下归之。"(《孟子·离娄上》)意思是说,你爱别人却没得到别人的亲近,那就应反问自己的仁爱是不是做得不够;你治理别人却没治理好,那就应反问自己的治理才智是不是有问题;你礼貌待人却没有得到相应的回报,那就应反问自己的恭敬是不是真诚。结论是:凡是好的行为得不到好的效果,都应该反过来检查自己是不是做得还不够好。自己行为端正了,天下的人自然就会归服。

实际上,"其身正""其自反"内涵是丰富的,它是对君子德行的要求!

"君子如射"的比德要求君子一是要"其身正",二是要"其自反"。

孔子非常强调"其身正"的重要性。《论语》记载季康子向孔子询问如何为政的问题,孔子是这样回答的:"政者,正也。子帅以正,孰敢不正。"(《论语·颜渊》)又说:"其身正,不令而行;其身不正,虽令不从。"（《论语·子路》）所谓的政治就是统治者端正自己而实现公正。为政者如果自身的行为端正并行事公正，无须下令百姓也会按他的旨意去做，如果自身行为不端并行事不公正，即使三令五申百姓也不会服从。你带头端正又公正，谁敢不端正呢？中国传统政治重视的正是这种"身正民行，上感下化"的上下互动的格局和风气。

"其身正"实际上就是儒家一贯强调的"尽其心者""正其心者""成己""己立""己达"。从反面说，自己如果没有做到，那么就不要去要求别人了。于此，我们马上会想到孔子的"忠恕"之道。"己欲立而立人，己欲达而达人"（《论语·雍也》）正是从正面要求自己首先要做到"立""达"，然后才可以去"立人""达人"；"己所不欲，勿施于人"（《论语·颜渊》）正是从反面要求自己如果没有"正"，没有首先做到，那么就不要要求别人"正"和做到。《中庸》记载了孔子在指出了有道的君子应做到"孝悌忠信"四德后，孔子自谦自己没有首先做到它们，意思是就不应该要求别人做到"子道臣道悌道友道"，"君子之道四，丘未能一焉"，此之谓也。孔子通过解剖自己，是为了告诉世人"忠恕违道不远，施诸己而不愿，亦勿施于人"（《中庸》）。可见，忠恕之道的本旨要归之一正是表现在"其身正"的首要性和必要性。

能否做到"其身正"是决定君子之所以为君子的根据所在。孟子说："君子所以异于人者，以其存心也。以仁存心，以礼存心。仁者爱人，有礼者敬人。爱人者，人恒爱之；敬人者，人恒敬之。"（《孟子·离娄下》）君子之所以为君子，有三条原则：其一"存心"；其二，行仁行礼；其三，具体来说就是爱人敬人。照理说，如果你对他人按照这三条原则去做，那些通情达理之人、知道好歹之人当然会对你回报以同样的情感。然而，在现实中往往会遇到一些不通情达理的人、蛮横不讲理的人，孟子将这种人称为"横逆"者。他们并不会因为你对他们仁爱了，对他们礼貌了，他们就会相应地对你回报以仁爱和礼貌。在儒家看来，在这种情况下更能反映出作为君子的品格和风度，于是提出了"行有不得者，皆反求诸己""君子必自反也"的"其自反"主张。

如果说在"君子之所以异于人者"的四条原则中，第一作为前提的"存心"，第二作为方法的"以仁存心，以礼存心"，第三作为做法的"爱人敬人"属于价值论问题的话，那么作为第四条原则的"自反"则是属于功夫论问题。换句话说，君子不仅因为他们能够保存住良心，以仁以礼来保存良心，以爱以敬去待人处事，而且因为他们具备一定的自反的修养功夫。

孟子主张的这种"君子必自反也"的修养功夫是有着反复多次自我反省过程的。孟子说："有人于此，其待我以横逆，则君子必自反也：我必不仁也，必无礼也，此物奚宜至哉？其自反而仁矣，自反而有礼矣，其横逆由是也，君子必自反也：我必不忠。自我而忠矣，其横逆由是也，君子曰：'此亦妄人也已矣。如此，则与禽兽奚择哉？于禽兽又何难焉？'"（《孟子·离娄下》）如果有一个蛮横不讲理人，你对他爱和敬，他都没有相应的反应，那么在这种情况下，作为一个君子必定自我反省：我一定不够仁爱，一定不够礼敬，否则怎么会在我身上发生这种事情呢？于是君子通过反省后对人更加有爱了，更加有礼了，但是那个蛮横的人依然如故。即使在这种情况下，君子还必定继续反省自己，认定自己一定没有做到尽心尽力的忠，于是君子通过反省后对人更加真心地仁爱和礼敬了，然而这个人依然如故。此时君子就会说，此人不过是个狂妄之徒呢！他的这种行为与禽兽又有什么区别呢？而对于禽兽一样的人的所作所为又有什么可计较的呢？由此可见，孟子虽然认为在"行有不得者"的情况下"君子必自反也"，但也不是一味地"自反"下去。如果你已经做到了尽心尽力地对待那，那人却依然那么横逆，面对此等近于禽兽的狂妄之徒就无须讲什么修养了。由此也说明君子讲道德、行道德不是无条件的。君子也是有原则之人，有是非之人，有气节之人呢！

总之，"君子如射"反映的是君子的胸怀和格局。有了胸怀才能够严于律己；有了格局才能够宽以待人。胸怀决定一个人处人待物的广度；格局决定一个人处人待物的高度。它是一种境界，君子正是追求这种境界的人。

如果说君子比德于水，比德于驷马，比德于射箭，表现的是君子之德行的话，那么"君子比德于玉焉"（《礼记》），君子比德于梅兰竹菊，则表现的是君子之品德和品格！

### 4. 君子比德于玉

对于"君子无故，玉不去身"这句话，中国人太熟悉了，表示君子酷爱玉。在《礼记》中子贡问孔子，为什么君子贵玉而贱珉（近似于玉的美石），孔子回答道："昔者君子比德于玉焉。"也就是说，在孔子看来，玉的许多属性与君子的品德和品格是非常相近的，所以过去的人就用玉来比喻君子所具备的种种优秀品德！至于玉具有怎样的品德是有不同说法的，有五德说，有十一德说。五德是指仁、义、智、勇、洁。东汉许慎《说文解字》说："玉，石之美者。有五德：润泽以温，仁之方也；鰓理自外，可以知中，义之方也；其声舒扬，专以远闻，智之方也；不挠而折，勇之方也；锐廉而不忮，洁之方也。"意思是说，光泽湿润柔和、恩泽万物本是玉石富有仁德的表现；根据玉石的外部特征可以了解它的内部情况，表里如一、内外一致，这是玉石富有义德的表现；因玉质地坚硬细腻，故击之声音舒展清扬，散播四方，听起来积悦，这是玉石富有智慧和远谋的智德的表现；玉有宁折不断而不弯曲的特性，即使被折断也是"宁为玉碎，不为瓦全"，这是坚贞不屈的勇德的表现；玉碎之后，断口虽然锐利，有能力嫉恨报复于人，但玉能保持廉洁而不为之，这是玉富有自身廉洁而不嫉恨于人的廉德的表现。十一德是指仁、智、义、礼、乐、忠、信、天、地、德、道。

西汉大儒董仲舒对玉的品质以及与君子的品德也进行了比较具体的论述。他说："玉有似君子……玉至清而不蔽其恶，内有瑕秽，必见之于外，故君子不隐其短，不知则问，不能则学，取之玉也，君子比之玉，玉润而不污，是仁而至清洁也；廉而不杀，是义而不害也；坚而不硻，过而不濡。"（《春秋繁露·执贽》）董仲舒在这里是将玉与君子之德进行了直接的类比，认为玉和君子是相类似的。玉极其清洁而不遮蔽自己里面有瑕疵污秽，因为缺陷必然会在外面显露出来。与玉之品相似的君子也不会隐藏自己的短处和不足，不知道的事情就向别人请教，不会做的事情就去学习。也就是说，君子的这些品德都是取法了、效仿了、类比了玉的品德。再者，玉润泽而不污秽，这就像君子是具有"仁爱"的品德而极其清洁一样；玉有棱角但不伤害人，这就像君子具有"义正"的品德而不伤害人一样；玉坚硬而不会被磨灭，温润而不柔弱，这就像君子是具有坚强而不屈、温和而不弱的品德。

儒家六经之一的《诗》很早就将君子与玉之德紧密地联系在一起了。《诗经·秦风·小戎》："言念君子，温其如玉。"意思乃是念夫君人品好，性情温和就像玉一样。虽然这里的君子另有其意，但它是将人比德于玉的典型表达。儒家四书之一的《大学》引《诗经·卫风·淇奥》"有斐君子，如切如磋，如琢如磨"，意思是说，有位文质彬彬的君子，好像精心制作骨角那样，既已切好，还要磋平；又好像精心雕刻玉石那样，既已雕琢，还要磨光。《大学》解释道："如切如磋者，道学也；如琢如磨者，自修也。"《诗经》所谓"好像精心制作骨角那样，既已切好，还要磋平"，是说他精益求精的治学态度；所谓"好像精心雕刻玉石那样，既已雕琢，还要磨光"，是说他追求至善的自我修养的功夫。治学强调要切磋；修身强调要琢磨。切磋琢磨是形容对象精益求精的制作方式和过程。治骨曰切，治象牙曰磋，治玉曰琢，治石曰磨。这里有明确将有德有才的君子与玉进行的类比和通德。玉要成为美玉，当需要雕琢，而人要成为修身以德的君子，则需要持久和反复的修养！

作为儒家六经之首的《周易》也将君子与玉进行了比较，提出"谦谦君子，卑以自牧也"（《易传·象传上·谦》），道德高尚的君子谦虚而不傲，谦卑以自守。自牧，自我修养。君子总是以谦卑之心涵养自己，修炼身心。初六对谦卦解释道："谦谦，君子用涉大川，吉。"九三解释道："劳谦，君子有终，吉。"意思是说，君子谦虚再谦虚，即便用以渡过大川险阻，其结果也是吉祥的。功劳之后，还能保持谦虚，这样做能有好的结果。后人又将《诗经》的"言念君子，温其如玉"与《周易》的"谦谦君子，卑以自牧也"合起来成为人们非常熟悉的一句名言："谦谦君子，温润如玉。"

中国人认为黄金有价玉无价，中国人更坚信谦德是一切美德的根本。明代思想家王阳明对此做过非常精彩的论述，他说："谦，德之柄，温温恭人，惟德之基。……故地不谦，不足以载万物；天不谦，不足以覆万物；人不谦，不足以受天下之益。"（《王阳明全集·外集六·书陈世杰卷》）是说谦虚、谦卑、谦恭、谦让是道德的主体和根本，一切道德只以谦德为基础。地如果不谦，就无法承载万物；天如果不谦，就无法覆盖万物；人如果不谦，就无法纳受天下的益处。

"君子比德于玉焉"，比出了"五德"，比出了"十一德"，比出了仁义，比出了谦德。五德中有仁义，董仲舒直接强调玉之德与仁义之德的相似性。而"仁义"是儒家的核心价值观，"儒家者流……留意于仁义之际"（《汉书·艺术志》），此之谓也。五德中有"仁知勇"，而"仁知勇"受到孔子的高度重视，《论语》几处提到了它，同时也将其视为君子之所以为君子的规定。《中庸》更是将其视为"三达德"。"子曰：'知者不惑，仁者不忧，勇者不惧。'"（《论语·子罕》）"子曰：'君子不忧不惧。'"（《论语·颜渊》）"子曰：'君子道者三，我无能焉：仁者不忧，知者不惑，勇者不惧。'"（《论语·宪问》）《中庸》说："知仁勇，天下之达德也。"也就是说，君子所具有的不忧愁的仁德、不迷惑的智德、不畏惧的勇德是君子的三种品格，是普天下应具备的基本品德。而玉和君子所具有的"十一德"更涵盖了君子的所有德行和品德！由此足见"君子比德于玉焉""玉有似君子"之说的重要性！

如果说"君子之交淡若水""君子如射""君子如玉"中所说的君子还是作为主体之人存在的话，那么"莲，花之君子者也""君子兰""梅兰竹菊四君子""花中四君子"则是以"君子"来直接命名诸物了。中国传统文化正是通过这样直接以"君子"命名诸物并以此来突显君子品格的。换句话说，中国人是想通过这样一种特殊的形式，让人们通过"观物"即可"取象"和"联想"到君子的风貌及其品格。这种"君子比德于物"的结果是使"君子"之说更加直观和直接。

### 5. 君子比德于莲

将莲称为"花之君子"的是大家非常熟悉的北宋思想家、文学家周敦颐。他在著名的《爱莲说》中对此作了非常明确的定义，并对莲之属性及其精神作了精彩的论述。他说："予独爱莲之出淤泥而不染，濯清涟而不妖，中通外直，不蔓不枝，香远益清，亭亭净植，可远观而不可亵玩焉……莲，花之君子者也。"周敦颐将莲视为"水陆草木之花"中的"君子"。后来的《幼学琼林》直接指出"莲乃花中君子"。他们所采用的当然也是中国文人惯用的托物寓意、借物抒情、以物比德的手法，从而达到"以通神明之德，以类万物之情"（《周易》）的效果和目的。周敦颐从莲的生长样态和存在状态描绘了莲的气度、莲的风格、莲的情操，一句话，莲的德行。君子向来是被中国传统文化视为有德行之人，有人格之人，有风骨之人，有才情之人，有境界之人，有理想之人。

孔子盛赞"君子不器"（《论语·为政》）的超拔情怀，更肯定"君子喻于义"（《论语·里仁》）的超功利的品格。儒家所说的"君子不器""君子喻于义"不是说君子不要器或君子只求义而不要利，而是说要在"道"的引导和指导下从事具体器物的制作和具体事务的开展。在"义"的范围内开展和从事"利"的事情。这就是大家非常熟知的一句话，"君子爱财取之有道"。因为道理也很简单，只要是人，不可能不想得利，也不可能以贫贱为其生活目标，诚如孔子所说："富与贵是人之所欲也，不以其道得之，不处也；贫与贱是人之所恶也，不以其道得之，不去也。"（《论语·里仁》）意思是说，人人都想富贵，但如果不通过正当的途径得来，君子是不能安享富贵的；人人都厌恶贫贱，但如果不通过正当的途径摆脱，君子是会安于贫贱的。"君子不器"的主旨是在申论着这样一种价值观，君子不应拘泥于手段而不思考其背后的价值目的。这也是一种典型的"道器不二"的思维方式。形而上之道与形而下之器是不可分离的，是紧密联系在一起的，"道器相即"是也。当然，君子所最重当然还是"道"与"义"。在道义指导下的"器""利"才是有价值的，才是善的。反过来说，离却和背离了道义的一切技术创造、一切商业行为都将是"恶"的。这一点西方学者在千年以后也看到了。法国思想家孟德斯鸠就将"没有道德的商业"归纳为人性十恶之一。

《爱莲说》中的"予独爱莲之出淤泥而不染"一句恰恰是要反映儒家一直盛赞的君子的这一价值观。人处红尘之中，身在庙堂之上，然而其心清静明亮，依然坚守道义，遵循仁爱，心系天下，绝不被名利权情所污染，"虽在庙堂之上，然其心无异于山林之中也"（晋代郭象语），此之谓也。

莲"出淤泥而不染"比喻的是一种超凡脱俗的君子品德和风节，而莲"濯清涟而不妖，中通外直，不蔓不枝，香远益清，亭亭净植。可远观而不可亵玩焉"比喻的是一种居功不傲、虚心正直、洁身自好、庄重自重的君子品德和气度。

荀子在其著作中记载了一段孔子对君子的描述。"哀公曰：'善，敢问何如斯可谓之君子矣？'孔子对曰：'所谓君子者，言忠信而心不德，仁义在身而色不伐，思虑明通而辞不争，故犹然如将可及者，君子也。'"（《荀子·哀公》）孔子认为，所谓君子，说话忠诚守信而心中不认为自己有美德，心存仁义而脸上没有炫耀之色，思虑通达而说话不与人争辩，所以从容不迫就像可以被人赶上一样。"花之君子"的莲不也是在经过清水的洗涤后却不显其娇媚吗？"濯清涟而不妖"，此之谓也。谦谦君子，不仅如玉，亦如莲呢！君子以虚心待人、不生是非、正直洁净地与世人相处。这也是人们敬重君子的原因所在。恰如莲之茎空外直，不生枝节，在远处其香气越发清幽，笔挺洁净地竖立在水中尽显其姿，"中通外直，不蔓不枝，香远益清，亭亭净植"，此之谓也。人们可以对君子有不同的态度，甚至对其做出欺骗等不友好的举动，但绝对不可以无理地愚弄和戏弄他们，"君子可欺也，不可罔也"（《论语·雍也》），此之谓也。恰如对于花之君子的莲，人们可以远远地观赏它们，却不可靠近去玩弄它，"可远观而不可亵玩焉"，此之谓也。

君子比德于梅兰竹菊。在中华传统文化中不仅将"水陆草木之花"中的莲称为"花之君子者也"，也就是说，不仅"莲乃花中君子"，而且"梅兰竹菊"也被称为"花中四君子"，所以也可谓"梅兰竹菊乃花中君子"。"梅兰竹菊"指梅花、兰花、竹子、菊花。从古及今，人们对此"四君子"的品质都有不同的概括。或认为它们的品质分别是：傲、幽、坚、淡，或认为是傲、幽、澹、逸。或谓梅傲雪裁冰，高洁傲然；或谓兰幽谷绽放，香雅怡然；或谓竹虚心有节，谦谦淡然；或谓菊凌霜飘逸，孤清悠然。在以上所有这些概括中，我们都能品味和体会到它们品质的高尚和美好。换句话说，梅兰竹菊各自的品质和德行都是美德！唯其如此，文人雅士常以此来象征着君子的美好品行，君子才又比德于梅兰竹菊焉。也就是说，以梅兰竹菊之德来象征和比喻君子之美德。它们包括高洁、清逸、正直、纯洁、坚贞、气节，所以梅兰竹菊其实就是中国几千年来高尚君子的精神表征，正所谓"梅兰竹菊君子气，谦和忍让仁者风"。

梅之迎风傲雪象征君子一身傲骨；兰之空谷幽放象征君子洁身自好；竹之清雅淡泊象征君子谦虚有节；菊之凌寒独开象征君子超然脱俗。虽然梅兰竹菊的品质各有特色、寓意不同，但也多有相融互会之处。梅具不畏严寒与冰霜之品；兰当有斗严寒之能，"长绿斗严寒，含笑度盛夏"（张学良诗），此之谓也；竹又何尝不具岁寒为凋之质，所以与松、梅一起素有"岁寒三友"之称；而菊同样不是具有傲雪凌霜之气吗？梅有俏而不争之品，"俏也不争春，只把春来报"（毛泽东词），此之谓也；兰不也是生于幽崖绝壑不以无人而不芳吗？"君子如兰，空谷幽香"，此之谓也；竹筛风弄月，默默无闻，尽显谦谦之风也；菊更尚特立独行，悠然自得，"菊，花之隐逸者也"（周敦颐语），此之谓也。梅有高洁之性；兰有雅怡之性；竹有清雅之性；菊有飘逸之性。一句话，梅兰竹菊"四君子"皆有淡雅之性也。

所以我们在论述梅兰竹菊"四君子"的品质时，既要看到它们各自所具有的特性，也要看到它们所具有的共性。梅兰竹菊"四君子"的共性正是在于它们的超凡脱俗。

在我看来，梅兰竹菊之所以被称为"花中四君子"，似乎正是这种超越性才真正契合了作为有德有才的君子的德行！这一德行的具体体现就是孔子所认为的"君子不器"（《论语·为政》）。我们在论述君子比德于莲的时候，实际上已对"君子不器"的要义进行了剖析。所谓"君子不器"不能仅仅被理解成不可局限于对有形之器物的追求，不能局限于一才一艺而已，而且要看到孔子是在更深层的意义上指出，作为一个君子要时刻保持对形而上之道的追求的志向，对道义坚守的责任，"志于道，据于德"（《论语·述而》），此之谓也。"君子不器"的精神所在是要在"利名权情欲"面前，在"富贵贫贱威武"面前，在"寂寞无闻不显"面前，仍然能做到"不动心"，保持住对道义追求的恒常之心。我们会发现，梅兰竹菊"四君子"内含的超越情怀，即"君子不器"的形而上者的情怀，较之于莲是有过之而无不及的。梅之"已是悬崖百丈冰，犹有花之俏"的坚韧精神；兰之"生于深林，不以无人而不芳"的自好品质；竹之"咬定青山不放松"的坚定毅力；菊之"此花开尽更无花"的孤清无畏，所有这些无不在充分展示梅兰竹菊"四君子"的超越精神！

梅兰竹菊"四君子"的这种精神又恰是君子品格的写照。君子要"志于道""由于义"，都是抓住了"道义"的超越性。因为"道"与"义"是关乎个人的内心以及个人理想追求的问题。强调"个人"和"内心"，是要表明君子所关心和追求的问题全部是关乎"自己"和"本心"的问题，而不涉及"他人"和"外在"的看法和评价问题，不关涉功利问题，不关涉能否得到相应回报问题。自我选择、自觉追求最为关键，它表明君子是对人性之光明之性的觉解和追求的人。内在光明之性有一个非常重要的特点，那就是它的"超越性"。君子绝对不能够与世俗之气同流合污。君子要成为不俗、异俗和反俗的杰出代表。"君子不器"的意思就是君子不要太俗气，要有高、清、雅、淡之气。具体来说，君子要有不媚世俗的大气，要有不趋炎附势的勇气，要有不畏强权的志气，要有"富贵不能淫，贫贱不能移，威武不能屈"的正气。总之，君子要有超越世俗的情怀，要有突破有形有度的胸怀，要有冲破一切有限的终极关怀。

当然，如果要对梅兰竹菊各自特性及其精神做更详细的展现，则需要分别对"四君子"进行论述才能够做到。

### 6. 君子比德于梅

梅花为"花中四君子"之首，又与松、竹一道被称为"岁寒三友"。梅花傲雪裁冰，冲雪而放，凌寒而开，此显示着梅花的不畏惧冰霜严寒的勇毅品质。这种品质被一首歌词充分表达出来："红岩上红梅开，千里冰霜脚下踩，三九严寒何所惧，一片丹心向阳开"（阎肃《红梅赞》）。冰雪与严寒既用来说明梅花的生存环境，也用来形容梅花的品质精神。苏轼便以"罗浮山下梅花村，玉雪为骨冰为魂"一句将梅花的本质尽显。君子之所以要比德于梅，正是要使君子像梅花那样勇敢和坚贞。君子要具有不畏强暴、不惧强权、不羡富贵的高尚品格。正因为有此品格，才能够展现出君子内心的强大，才能够表现出君子内在的坚毅。另外，正因为"梅花欢喜漫天雪"（毛泽东诗），"凌寒独自开"（王安石诗），才会有它的"香气"，才会有它的"芬芳"。诗人以此告诉人们，人生是需要经过艰苦的锻炼和磨难，才能彻悟人生的意义，领悟生命的真谛。所以中国人总是喜欢用"不经一番寒彻骨，怎得梅花扑鼻香"（黄檗禅师），"宝剑锋从磨砺出，梅花香自苦寒来"（《警世贤文》）等诗句来鼓励人们。这些诗句让人们懂得，成功的取得是需要艰苦努力、勇敢奋斗的。当然，梅花这种坚强勇敢的品格更在于其瘦硬如铁的枝干。梅的枝干苍劲挺拔、宁折不弯，它象征着刚强不屈的意志、坚忍不拔的精神。这种意志和精神也正是君子的人格。这也就是孔子将"勇者不惧"（《论语·宪问》）视为君子三种道及其品格之一的原因所在。不畏寒冬的傲骨、不惧冰霜的勇毅才有了梅花的"暗香"。比德于梅花的君子有不畏强权的骨气、不惧苦难的勇气，才有了君子的"自强"。

梅花不仅有凌寒盛开的"暗香"来，还有不与群芳争奇斗艳的"自香"在。梅花幽微细腻的芳香具体体现在其香气是清峻的，带一丝寒凉，也带有几分冷艳。宋朝卢梅坡对比雪与梅时写道："梅须逊雪三分白，雪却输梅一段香。""暗香""自香"的梅花所要显示的只是自己一如既往不变的香味而已。

虽然梅花承担着"送迎"春天的任务，花开得俊俏美丽，但它无意于与"春天"去竭力竞争，也无意于与"百花"去尽力争斗。梅花的这种品质被古今两大诗人通过相和而完全地彰显出来。宋代诗人陆游在其《卜算子·咏梅》中写道："无意苦争春，一任群芳妒。零落成泥碾作尘，只有香如故。"毛泽东同志在读陆咏梅词时，"反其意而用之"，写出了与陆游咏梅的不同意境，但是在赞扬梅花之"不争"之品质上却是一致的。"犹有花枝俏，俏也不争春，只把春来报。待到山花烂漫时，她在丛中笑"（毛泽东词）。"无意苦争春……只有香如故"与"俏也不争春……她在丛中笑"所赞扬的都是"不争"之德呢！不争有不争强、不争胜、不争先之义，也有虽"昂首怒放花万朵，香飘云天外，唤醒百花齐开放"（阎肃《红梅赞》）之功，却表现出不有、不恃、不宰的胸襟。在这个意义上的"不争"，被道家老子称为"玄德"。老子说："生而不有，为而不恃，长而不宰，是谓玄德。"（《道德经》第51章）具有生养了万物却不据为己有，推动了万物却不自恃对它们有恩惠，使万物成长繁育却不加以主宰控制，这就叫作最幽远深长的德。可见，"君子无所争"（《论语·八佾》）是儒道两家共同的价值观。不争春的低调、不斗艳的沉静才有了梅花的"自香"。比德于梅花的君子，因为有不争的气度、不恃的玄德才有了君子的"自谦"。

如果说君子的"自强"比德的是梅花的"暗香"，君子的"自谦"比德的是梅花的"自香"，那么君子的"自隐"比德的则是梅花的"清香"！

不唯"菊花"被称为"花之隐逸者也"（周敦颐《爱莲说》语），梅花也被称为"林间隐君子""梅花隐君子"。戴复古有诗云:"绝似林间隐君子,自从幽处作生涯。"孤傲、清高、冷峻、超凡、绝尘是对"孤梅"的形容。此种品质于是受到那些崇尚"为人孤洁,不交尘俗"文人的酷爱和向往。这种淡然、清淡和超越、逃避的心态,更暗合了君子独守内心清静、高洁自立的追求。明朝的高启盛称梅花为"山中高士"。他有诗云:"雪满山中高士卧,月明林下美人来。"可见,梅花有着与隐士相似的孤绝、脱俗、超尘、隐世的品格。宋人陈著有诗云:"清当友孤竹,隐当友仙梅。""清香无以敌寒梅"(唐吴融)的"清香"实乃形象着君子的"自隐"人格。孤绝的清淡才有了梅花的"清香"。比德于梅花的君子,超凡脱俗,不羡名利权情才有了君子的"自隐"。

### 7. 君子比德于兰

我们已知"莲,花之君子者也"(《爱莲说》),"莲乃花中君子"(《幼学琼林》),梅兰竹菊乃"花中四君子",而作为"花中四君子"之首的梅花被称为"林间隐君子""梅花隐君子",但在君子比德于诸物之中,也只有"君子如玉""君子如射"和"君子如兰"几种说法。也就是说,直接以"君子如什么"的表达方式的只有"君子如玉""君子如射"和"君子如兰"几句。在"水陆草木之花"中只有兰花被直接表述为"君子如兰"。也就是说,虽然莲、梅、竹、菊之性象征着君子之性,但它们都没有被直接概括为如"君子如兰"的句式。我们不会说"君子如莲""君子如梅""君子如竹""君子如菊"。由此说明"君子比德于兰焉"以及"君子如兰"有着特殊意义。

"君子如兰"是由"芷兰生于深林,不以无人而不芳;君子修道立德,不谓穷困而改节"(《孔子家语·在厄》)这句话改编而来。意思是说,芝兰生长在冷清偏远的山谷深林之中,不因无人欣赏而停止芬芳绽放;君子修养身心,培养道德,不会因遭遇穷困而改变自己的高尚品德和情操。兰花以它特有的叶、花、香独具"四清",分别是气清、色清、神清、韵清，清高遂成为兰花之性及其精神之所在！芝兰之品在于自香，在于清雅，在于高洁。中国人之所以喜欢将"君子比德于兰焉"，恰是看到了兰花之"幽谷无人也自芳"的风骨与君子"不为困劳而改节"的风度高度契合性。如兰的君子之品当然地就表现于他的自尊自爱、洁身自好、不求闻达、持操守节等高风亮节之中。

孟子曾有言："君子之所以异于人者，以其存心也。"（《孟子·离娄下》）是说君子之所以与一般人不同，正是在于君子能够将自己的良心保存住。应强调的是，君子之所以不同于一般人，一个非常重要的品性和情操正是在于他们坚持内心的追求，不管外在的环境如何变化，都不能改变之。这是君子"志于道"的品格特征。君子不但有"朝闻道，久死可矣"（《论语·里仁》）的坚毅，更有在陋巷、饭疏食而不改其志的刚毅。子曰："饭疏食，饮水，曲肱而枕之，乐亦在其矣。不义而富且贵，于我如浮云。"（《论语·述而》）在孔子看来，虽然吃粗粮，喝清水，弯起胳膊当枕头，这其中也有着乐趣。而通过不正当的方式而得到的富贵，对于我来说就像浮云一般。孔子在称赞其弟子颜回的贤德时这样说："贤哉，回也！一箪食，一瓢饮，在陋巷，人不堪其忧，回也不改其乐。贤哉，回也！"（《论语·雍也》）颜回真是个贤德之人啊，每天只吃一碗饭、一瓢水，住在简陋的房子里，别人都会因为受不了这样的生活而感到忧愁，但是颜回却能做到一如既往的快乐。这被称为"孔颜之乐"而被千年传颂。当然这种品质也被视为是君子必备的品格！

君子对于内心精神的追求、对于仁义道德的追求都是始终如一的。也就是说，君子不会因为外在环境和条件的变化而影响到他们的追求。正是"君子"这一名号决定了君子的内在品行。君子是要以其实际行为来维护和坚守着"君子"这一神圣的名号。孔子说："君子去仁，恶乎成名？君子无终食之间违仁，造次必于是，颠沛必于是。"（《论语·里仁》）意思是说，君子如果离开了仁德，又怎么能叫作君子呢？君子没有一顿饭的时间背离仁德的，就是在最紧迫的时刻也按照仁德办事，就是在颠沛流离的时候，也一定会按仁德去办事的。之所以会如此，那一定是"由仁义行"（孟子语）的，即是从内心而发出的心声。唯其如此，君子才能够做到不会因为外在时空及其境遇的变化而改变内心本应具有的追求。"君子如兰，空谷幽香"对应的正是君子无论处于何种环境但终不改其性的超然情怀和应然追求。超然和应然是做人的尊严性的体现。孟子对大丈夫的赞誉正是对这种超然性和应然性的肯定。孟子说："富贵不能淫，贫贱不能移，威武不能屈，此之谓大丈夫。"（《孟子·滕文公下》）。在富贵时不能过度挥霍淫乱，在贫贱时不能放弃自己的原则，在强权下不能撼动自己的意志，这样才是大丈夫。道德伦理意义上的应该怎么样，意思就是不能够和不应该怎么样。君子应该节制，不能够因为富贵而有所改变；君子应该守节，不能够因为贫贱而有所改变；君子应该勇毅，不能够因为强权而有所改变。

因此，后来人们以兰为喻，象征许多美好的事物。人们把君子之间的交情称为"兰交"，将美好的文章称为"兰章"。

君子比德于兰，彰显的是君子甘于寂寞的性格，宁静致远的品格，清雅高洁的人格，"花中真君子，风姿寄高雅"（张学良《咏兰诗》），此之谓也。兰花的高雅、淡泊、守节、不迁之性遂成为君子道德修养的象征，立身处世的准则。

## 8. 君子比德于菊

宋代思想家、文学家周敦颐在《爱莲说》中说道："晋陶渊明独爱菊。"并认为"菊，花之隐逸者也"。因为陶渊明的渲染，菊一直被用来象征文人和君子的人格精神。"采菊东篱下，悠然见南山"已然成为那些淡泊名利的君子所向往的生活方式。宋代诗人黄庭坚更是直接吟出"天寒花更香，岁晚弥芬芳，不与繁华竞，自知能洁白。君子当如菊"的诗句，从而使得"君子当如菊"的思想观念深入人心。菊花有集长寿之花、隐逸之花、君子之花于一身之美名。

如果我们注意的话，被称为"花之君子"的莲和"花中君子"的梅兰竹菊都有一个共同的品性，那就是它们的"清淡""素雅""幽静"。除"竹"没有香味以外，其他诸花均有其"香"，但它们又都以非浓香而显其性的，于是"暗香""清香""淡香""幽香"就成为它们的共性所在。唯其非浓烈性，才以一个"清雅"来称谓之。"雅致"成为它们共同的属性和标志。而与此品性和德性相同的人就被称为"文人雅士"。

菊之清、淡、幽之雅表现在它不与繁华为伍，不与群芳争艳。书法家钟会说菊"早植晚登，君子德也"。这是说虽与众多花卉一同种植，菊花却无意与之争锋，大器"晚登"。百花斗艳乃至纷纷退场之后才姗姗而至，款款亮相，给人以谦让群芳之观感。君子比德于菊之谦让遂有"谦谦君子"之美德形象。以其终不为其美，故能成其美。于是我们才看到晋代诗人袁山松在《菊》诗中就赞美菊花"春露不染色，秋霜不改条"。唐代诗人元稹在《菊花》诗中更直谓"不是花中偏爱菊，此花开尽更无花"。菊花不会因为外境的改变而改变其自身的本性及其品格。春露也好，秋霜也好，皆不能移其性、变其形。菊花的这种品性成为君子精神和人格的象征。所谓人格的崇高正体现在行为的一致性之上呢！我们常以"矢志不渝"来形容君子的精神和人格。君子立誓决不改变自己的志向，无论外境发生怎样的变化和改变。这是一种"志于道"的理想性追求，这是一种"据于德"的毅力性磨炼，这是一种"由于义"的行动性展开。儒家所强调的"君子喻于义"正是反映着这种精神品质和人格魅力。

菊花的自显其性、自展其姿之品象征着君子的独善其身、自得其乐的精神与人格。文人、雅士、君子所崇尚的逸隐的生活方式是基于他们有一颗对世俗之名利的超越和淡漠之心。少私寡欲才能够得见和拥抱素朴之真，"见素抱朴，少私寡欲"（《道德经》第19章），此之谓也。"君子当如菊"呼唤的正是这种绝尘超俗的素朴之境！在中国传统文化中，儒家与道家思想始终对历代文人和君子的精神和人格产生着深远影响。"穷则独善其身，达则兼济天下"（《孟子·尽心上》）的思想观念包含着君子的超世情怀与济世情怀，或说这是君子的两种精神人格。在穷困不得志的境遇下，要洁身自好，独自修养好自己的品德；而在显达得志的境遇下，要立志经世为民，使天下民众以及万物皆受惠益。经营世间，管理世务，济助世人，从而使天下"安平泰"，这是君子济世情怀的表现。作为一名真正的君子，不能没有这种"入世"情怀的。说得通俗些，当君子身处显达之时不能够仅仅只顾及自己的道德完善，而且要兼顾自身以外的他人和社会，多做些利益人生和社会的事情。也就是说，积极投身于社会，为社会大众服务，修己以安人，修己以安百姓，"为天地立心，为生民立命，为往圣继绝学，为万世开太平"（北宋张载语），这些思想观念和价值观是构成君子在显达之时"兼济天下"的精神品质、道德准则和责任意识。这种积极的有为精神又集中体现在作为群经之首的《周易》之《易传》中的两段名言之中："天行健，君子以自强不息"；"地势坤，君子以厚德载物"。自强不息的精神是在入世中体现出来的，厚德载物的精神是在济世中体现出来的。而菊花的傲寒绽放正是象征着君子不畏艰难、不屈不挠的坚毅品格。

然而，人生总不是一帆风顺的，甚至说人生是常处于逆境之中的，不顺心不随意的事情常伴左右。如何面对人生的穷困之境，作为一个真正的君子一定要有不慕荣华、甘于平淡的胸襟，在心中保存着那一份隐退的心愿，并以此作为心灵的慰藉。你未必要有"终身不仕，以快吾志焉"（庄子语）的绝对远离官场的志向，但务必要有不终身为官而淡泊明志的向往。过着隐逸的生活，完全是为了保住自己那分做人的尊严。于是清静高洁就成为君子要坚守的品格。"晚登"甚至"免登"那过于喧闹的官场，不参与影响心性的争斗，应该说是"君子比德于菊"最大的象征意义之所在，"早植晚登，君子德也"，此之谓也；"君子当如菊"，此之谓也。

### 9. 君子比德于竹

竹子与梅、兰、菊并称"花中四君子"，以"淡"而成其品质，又以不畏严寒与梅、松合称"岁寒三友"。文人雅士以及君子以竹喻志，以竹明道，以竹化身。

　　儒家四书之一的《大学》引《诗经》句"瞻彼淇奥，绿竹猗猗。有匪君子，如切如磋，如琢如磨"；提到淇水弯处的碧绿竹林光泽而又茂盛，并与切磋学问、琢磨道德的文质彬彬的君子相连。魏晋时期的"竹林七贤"以竹子来表现其绝尘超世情怀和高洁品质。《世说新语》记载："王子猷尝暂寄人空宅住，便令种竹。或问：'暂住何烦尔！'王啸咏良久，直指竹曰：'何可一日无此君？'"唐代的宋之问在其《绿竹引》写道："含情傲睨慰心目，何可一日无此君。"可见他们对竹子有多么喜爱。更有甚者，北宋大文豪苏东坡这样说道："宁可食无肉，不可居无竹。无肉令人瘦，无竹令人俗。人瘦尚可肥，士俗无可医。"这就将"士"是否俗与有无"竹"联系在一起了。将士、文人以及君子比作竹子，或者说士、文人以及君子之所以喜欢和赞美竹子，是因为竹子的形状、竹子的生长环境、竹子的成长特点、竹子的内在属性等表现出来的品质和精神恰恰契合着、代表着、象征着这类人的道德品格和精神气质。

　　我们对竹子形状的描述是这样的：它直而挺拔，弯而不折，生而有节，且节节升高以及根深而扎实。因而竹子的这种直而挺拔就象征着人的正直而坚韧挺拔；弯而不折就象征着人的顽强而坚定不屈；生而有节且节节升高就象征着人的劲节而自强不息和不断精进。竹子的上述特性在清代人郑燮（郑板桥）的《竹石》一诗中得到了充分反映。诗云："咬定青山不放松，立根原在破岩中。千磨万击还坚劲，任尔东西南北风。"这不正是士人和君子的"志于道，据于德，依于仁，游于艺"（《论语·述而》）、"君子去仁，恶乎成名？君子无终食之间违仁，造次必于是，颠沛必于是"（《论语·里仁》）、"得志与民由之；不得志，独行其道。富贵不能淫，贫贱不能移，威武不能屈，此之谓大丈夫"（《孟子·滕文公下》）的高风亮节之德行的写照吗？

　　我们对竹子生长的描述是这样的：它不惧严寒酷暑，四季常青。因而竹子的这种不惧寒霜、不怕风雨、战严寒、顶酷暑，就象征着人的顶天立地、不畏强暴、不怕困苦、凛然傲骨；四季常青就象征着人的生命顽强，青春永驻。"革命人永远是年轻，他好比大松树冬夏常青，他不怕风吹雨打，他不怕天寒地冻，他不摇也不动，永远挺立在山顶。"（歌剧《星星之火》词）这里虽然唱的是松树，但是与松、梅共为"岁寒三友"的竹子当然地具有这种品质和精神。革命人正是新时代的君子！君子之所以被称为君子，正是体现在他们对高尚精神一以贯之地坚守，矢志不渝地坚持，永不放弃地坚挺。

我们对竹子生成特点的描述是这样的：竹子扎根深，但生长慢。竹子花五年时间才能长三厘米。竹子很少开花，叶茂而空心。因而竹子生长缓慢的特点就象征着人的成长是需要过程的，人的成长进步是需要积蓄力量的，厚积薄发是也；竹不开花就象征着人清淡高雅，不媚华丽，不求虚名，崇尚朴实无华；竹子空心就象征着人的虚心、低调、内敛，虚怀若谷。

我们对竹子的内在属性的描述是这样的：青青翠绿，清雅淡泊，高洁雅致，葱葱郁郁，纤细柔美，秀逸风韵，清丽俊逸，清高超俗等。竹子的所有这些品质和个性于是就用来象征士人之气、文人之雅和君子之风！

这种雅志和风骨就用一个"淡"字来表示。淡是竹的个性，是竹的品质，是竹的精神。有了这个"淡"，方显它的坚韧挺拔和坚定不屈；有了这个"淡"，方展现出它的傲骨高洁和向往高致；有了这个"淡"，方表现出它的不慕奢华和不求虚名；有了这个"淡"，才印证了它的劲节；有了这个"淡"，才确证了它的虚空；有了这个"淡"，才保证了它的洒脱。

无论是"君子比德于水""君子比德于玉"，还是"君子比德于莲""君子比德于梅""君子比德于兰""君子比德于菊""君子比德于竹"，换句话说，无论是"君子如水""君子如玉"，还是"君子如莲""君子如梅""君子如兰""君子如菊""君子如竹"，所有这些比喻、象征都是在突显君子身上所应该具有的对形而上的品质和精神追求的超越情怀，它们是对"君子不器"的最好阐释和最形象的说明。"君子之所以异于人者"（孟子语）的独特且高尚的人格乃是体现在其对所认定的价值和意义的坚守性、一致性以及不变性。这种自由性和自主性人格的保持绝对不会因为外在条件和环境的改变而改变，也不会因为任何艰难困苦的降临而终止。

# 与天合一为君子

## 成人的至境

宋人伐木图

　　鲁哀公三年（公元前492年），孔子离开曹国前往宋国，在大树下习礼。司马桓魋想杀掉孔子，于是砍掉大树，孔子说："上天赋予了我品德，桓魋能把我怎么样呢？"（明版彩绘绢本《孔子圣迹图》）

赞曰

摧浙去森
微服过宋
蠢彼枭狸
欺我麟凤
暴不胜义
直能胜阿
天生圣德
魋如之何

子习礼大树下宋司马桓
魋欲杀孔子拔其树乘子
曰可以去矣孔子曰天生
德于予桓魋其如予何

通过对"君子比德于诸物"的论述,可以清楚地领略到君子那种超越世俗而追求独立的精神人格。诚如《周易·遁·象传》所言:"君子好遁。"即使在这种逃避现实世界的生活方式中君子也从来不感到郁闷。之所以会如此,盖因君子所具有的独立之精神和不惧强权之风骨,"君子以独立不惧,遁世无闷"(《周易·大过》),此之谓也。但我们又说,君子的品行、人格、精神是有其丰富性的。作为有德有才的君子,其品行、人格、精神是体现在方方面面的。他们既有超世的情怀,更有济世的精神,"穷则独善其身,达则兼济天下"(《孟子·尽心上》),此之谓也。当然,构成君子的理想人格更多反映在他们对人的心性的重视,对人的伦理的关怀,对人的道德的热衷,对人的责任的承担,对人的使命的担当,对人类社会的关注,对天地万物的关爱。而所有这些构成了中华传统文化,尤其是儒家文化的精华,其理论表现形式乃是"心性之学"与"天人之学",其理论的表现形态是"天人合一"。于是追求和实现"天人合一"就成为君子的最高理想境界。对于这种"止于至善"境界的向往与追求也正是"君子之所以异于人者"(《孟子·离娄下》)的地方。也就是说,君子之所以为君子,与一般人所不同的地方恰体现在他们有着高于一般人的理想境界的向往与追求!所以《中庸》就明确指出:"故君子不可以不修身;思修身,不可以不事亲;思事亲,不可以不知人;思知人,不可以不知天。"意思是说,要想成为有道德的君子,不可以不修养自身的品德;想要修养自身的品德,就不可以不尽心地侍奉父母;想要尽心地侍奉父母,就不可以不了解人情;想要了解人情,就不可以不知晓天道。所以,顺应天道,止恶扬善就成为君子的理想,"君子以遏恶扬善,顺天休命"(《周易·大有·象传》),此之谓也。

## (一)"明心性"与"一天人"既是大人之学,也是君子之学

如果要问中华传统文化或学问是一种什么样的性质,那么答案就是"心性之学"与"天人之学"。心性之学又被称为"真学问";天人之学又被称为"大学问"。当然,心性之学与天人之学又是相互包含的,是一而二、二

而一的关系。如果给它们一个总的名称，那就是"大人之学"。大人之学是讨论大学之道、圣人之道、圣人之学、圣人之教、大学问的。而以上所有称谓又可以以"君子之学"来加以称谓。因为我们知道，"儒学事实上便是'君子之学'"（余英时语）。

儒学与君子之学重视人的生命方式问题。在儒家看来，人的生命有德性生命与气质生命两种方式。对人生的所有问题的展开，都是建立在对这两种生命形式的认知和作用之上的。《尚书·大禹谟》将这个问题以"两心"来表示。以"人心"来表示人的气质生命，其属性是危殆的，对其应该调节和制约；以"道心"来表示人的德性生命，其属性是微小的，对其应该精一和昭明，"人心惟危，道心惟微。惟精惟一，允执厥中"，此之谓也。在儒家那里，不同的思想家对人身中本存的两种生命方式进行了各具侧重的探讨。

儒家的荀子抓住人的"人心"的一面，并将其规定为"人性"。认为它的表现就是"好利焉""疾恶焉""好声色焉"（《荀子·性恶》），即人性天生就喜好功利，喜欢妒忌，喜爱美声美色。而这些从性质上来说乃是"恶"的。所以荀子得出结论：人性本恶，并竭力主张要限制这一人性的无限膨胀。通过"师法之化""礼义之教"来"化性起伪"，从而使人归于美善。同为儒家的孟子则抓住人的"道心"的一面，并将其规定为"人性"，认为它的表现就是能够生出只有人才具有的种种美德。认为人的这种天生的生命情感即是构成人之为人的"良心"，具体又表现为恻隐之心、羞恶之心、辞让之心、是非之心。所以孟子告诉人们："君子所性，仁义礼智根于心。"（《孟子·尽心上》）"恻隐之心，人皆有之；羞恶之心，人皆有之；恭敬之心，人皆有之；是非之心，人皆有之。恻隐之心，仁也；羞恶之心，义也；恭敬之心，礼也；是非之心，智也。仁义礼智，非由外铄我也，我固有之也。"（《孟子·告子上》）这一道德属性并非是外面强加于我的，而是我天生就具有的人性，从性质上来说是善的。所以孟子得出结论：人性本善。孟子主张人们要"尽其心者，知其性也。知其性，则知天矣"

（《孟子·尽心上》），即通过尽显、存养"良心"，并修养道德，从而使之归于美善。

荀子主人性本恶，孟子主人性本善。他们哪一位说得正确呢？人性究竟是本恶的还是本善的呢？

仔细分析荀子与孟子对"人性"概念的规定，可以看到孟子的进路更有其独特的视角。这里涉及对"人性"这个概念的规定问题。通俗地说，要确定人身上本存的所有属性究竟哪些属于人所独有的本质属性，这才是问题的关键。在孟子看来，所谓的"人性"一定是不仅为人所"本有"的存在，更重要的是为人所"独有"的存在。人性即人之性，它的本质规定是要通过与其属于"同种"但具有"属差"的那个"点"来规定的，从而体现出人之为人的本质。孟子正是按照这个逻辑来寻找到同属于"动物"的人与禽兽之间"差别"所在。所以我们才看到了孟子那句著名的话语："人之所以异于禽兽者几希。"（《孟子·离娄下》）在孟子看来，君子是将区别于动物禽兽的那一点点的"几希"之性视为"人性"的。人身上的那些生理的、物理的自然之性，君子不视之为"人性"，"口之于味也，目之于色也，耳之于声也，鼻之于臭也，四肢之于安佚也，性也，有命焉，君子不谓性也"（《孟子·尽性下》），此之谓也。意思是说，口舌对于味道，眼睛对于颜色，耳朵对于声音，鼻子对于嗅觉，四肢对于安逸，都有所喜好和追求，这些都是人的天生本性的体现，但能否得到，各有命运安排，所以君子不将人的上述天性叫作"人性"。孟子在这里想告诉人们的道理是，尽管追求属于人的自然生理之性是人的天性使然，但绝对不可以以天性为借口而对它们不加以节制而一味地顺从它们。所以从君子的角度来界定"人性"的话，那是不会将人的这些与动物禽兽具有同质性的属性界定为"人性"的。实际上，在孟子看来，人除了这种自然生理之性以外，还有一种为动物禽兽所没有的属性，尽管所占比例非常之小，然而正是靠着这"一点点"的"几希"之性才最终将人与动物禽兽区分开来，即成为构成人之为人的本质属性。说得再通俗些，孟子是将人别于动物禽兽的"良心"视为"人性"，除此之外的那些存在，就不可以视为"人性"。孟子的逻辑实际上非常明确，只有为人所独有的"属性"才可以被叫作"人性"。人之为人的本质规定就在于人是有良心的存在，"人是有良心的动物"，此之谓也。而"良心"这种为人所独有的生命情感又承担着产生也是为人所独有的种种道德的任务，"君子所性，仁义礼智根于心"（《孟子·尽心上》），此之谓也。正是基于这样的逻辑，孟子才得出了"人性本善"的结论。这里要特别留意孟子的"君子所性"与"君子不谓性"两句话。

明白了孟子对"人性"概念的界定和理解，同时也就明白了荀子的"人性"概念与孟子的不同了。荀子将在孟子看来不属于"人性"的人的自然生理心理的那些内容定义为"人性"。也就是说，孟子与荀子，虽然都使用"人性"这个概念，但所指的内容是不一样的。既然内容及其属性特点不一样，那么自然也就决定了性质一定是不一样的。具体来说，孟子将人的德性（"良心"）叫作"人性"，所以得出人性本善的结论；荀子将人的生性（"好利焉""疾恶焉""好声色焉"）叫作"人性"，所以得出人性本恶的结论。

荀子非常深刻地洞察到了，人的"生性"不可以无节制地顺着它，否则种种"恶行"就会表现出来，从而使人的美德丧失。荀子说："今人之性，生而有好利焉，顺是，故争夺生而辞让亡焉；生而有疾恶焉，顺是，故残贼生而忠信亡焉；生而有耳目之欲，有好声色焉，顺是，故淫乱生而礼义文理亡焉……用此观之，然则人之性恶明矣，其善者伪也。"（《荀子·性恶》）在荀子看来，如果人顺着"生而有焉"的诸种之性，那么争夺、残贼、淫乱这些恶行就得以产生，同时辞让、忠信、礼义这些美德就会消亡。结论是：人的本性是恶的，善良行为是人为的结果。知其生性有着只要顺着它就会产生"邪恶"的特性，所以不得不防，不得不节制。这样的人性本恶论所要追求的目标乃是防止恶性的膨胀与呼唤美德的呈现！值得玩味的是，主性恶论的荀子与主性善论的孟子，其思想最后都走向了同一个方向——善。

如果将荀子与孟子对"人性"不同内容加以综合，并以"人性"称谓之，就可以知道，人性中既有"性恶"的成分，也有"性善"的成分。以后的宋明理学则以"天地之性"与"气质之性"将人的这两重属性统合起来了，并得出人性善恶相混的结论。

儒家的天人合一论乃是就如何呈现与恢复天地赋予人的那个"心性"而建立起来的。"尽心知性知天""明明德""率性"于是成为天人合一欲解决的问题。

### （二）"天人合一"是君子追求的最高境界

如前所述，心性之学与天人之学相互包含，是一而二、二而一的关系。心性之学与天人之学的紧密关系也体现着儒家思想的一个非常鲜明的特色。儒家所宣扬的天人合一思想的本旨要归是欲回答和解决"人性"问题、"生命"问题、人生的境界问题。唯其如此，天人合一也才成为君子所要追求和实现的最高境界问题。换句话说，儒家的天人合一思想并不仅仅是关于人与外在的自然环境的关系问题。要准确地把握儒家这一有着特殊意义的天人合一思想，必须要对中国天人之学有个概要了解。

中国天人之学之所以被称为"大学问"，就在于它是一个内容十分丰富又复杂的问题。而造成这一问题的根本原因在于"天"这个概念内涵具有多重性。说得通俗些，在中国传统文化中，"天"在不同时期、不同学派、不同思想家那里有着不同的规定，由此也决定了天人合一具有不同的内涵及其意义。

早在西周时期，"天"就与"帝""上帝"一样获得了"神灵之天""主宰之天"的内涵及其意义。西周的"天命论"所宣扬的"天命靡常"（天命不是永恒的），"惟德是辅"（神只辅助那些有德的君王），"以德配天"（只有那些有德的君王才配得上承受上帝之命），"敬天保民"（崇敬上天，保护民众）中的"天"都是在"神灵之天""主宰之天"的概念框架内使用的。所以，西周天命论所宣扬的"天人合一"论其实质就是神人合一论。当然这一"天"（帝、上帝、神）因为不仅与"德""民"发生着关系，而且具有以德以民为转移的特性，从而使得这种天（神）人合一论带上了无神论色彩。如果更确切地来定性这一思想，它应是一种弱神论思想。而这一思想观念又构成了中国传统文化一个极其重要的思想特征。

到了春秋战国时期，"天"在自然的天地现象意义上被理解，但那个时期的人，却将天地自然界所发生的一些特异现象视为一种神灵的某种意志的表征。那时兴起的星相术、占星术、卜筮术都是这种思想观念的典型代表。所以在这个思维方式下所宣扬的天人合一论就具有了明显的有神论和神秘主义性质。西汉的董仲舒的天人合一思想有一部分就继承了属于上述有神论和神秘主义性质的内容。当然，在这里需要特别强调的是，董仲舒最著名的天人感应论、天人合符论，许多是在自然之天的意义上来讨论天人合一论的。例如，认为人的身体构造与天地四时有着相类性，人的许多疾病与天地气候有着内在的关联性，人的情绪与天地四时的变化有着内在的感应性。而董仲舒在此种意义上的天人合一思想，尽管有些未必符合自然科学的道理，但是就强调人与自然界的现象和环境存在着相互依存和影响的关系这一点，应当说还是有正面意义和价值的。例如他说的"天阴将雨，人之病故为之先动，是阴阳相应而起也"（《春秋繁露》），就是一种客观性的描述。

在自然意义上的"天"的概念及其天人合一思想内涵丰富而复杂。道家在自然之天道的意义上，主张人与天道相合，与天地并生，与万物为一。老子说："人法地，地法天，天法道，道法自然。"（《道德经》第25章）庄子说："天地与我并生，而万物与我为一。"（《庄子·齐物论》）"通天下一气耳。"（《庄子·知北游》）。天地万物包括人在内都是一气所构成，所以彼此共生为一。这是在根源上确证了天人合一思想。实际上在老子那里，"人法地"的思想观念包含着人应当效法自然大地的性质、德性的意味。而人道应该效法天地之道、天地之德的思想观念和思维方式乃是作为群经之首的《周易》所首先具有的。

最有代表性的是《易传》中这样两段话。"夫大人者，与天地合其德，与日月合其明，与四时合其序，与鬼神合其吉凶。"（《周易·乾·文言》）意思是说，德行高尚的人要与天地之生之德相契合，要与日月的光明之性相契合，要与春夏秋冬四时的时序相契合，要与鬼神的吉凶相契合。天地的好生和宽容的仁爱之德，日月的光明磊落之坦荡之德，四时运行的秩序之德，鬼神以降吉凶的公正之德，构成了"大人""君子"的内在品德。"天行健，君子以自强不息。"（《周易·乾·象》），君子效法天之刚健不息之德而做到奋发图强。"地势坤，君子以厚德载物。"（《周易·坤·象》）君子效法地之和顺宽容之德而做到承载万物。这里明确将"天人合德"性的天人合一思想直接与"大人""君子"联系在了一起，从而使得天人合一成为君子所追求和欲实现的最高道德境界。

在中国天人合一思想中，天人合德是一个非常重要的价值观。以前提到的"大人者，与天地合其德"（《周易》语），"天行健，君子以自强不息""地势坤，君子以厚德载物"（《周易》语）等，都是在强调人应该效法外在的天地之德，人要遵循外在的天地之德那样去做人做事。而在儒家思想体系中，还存在另一个意义上的天人合德论，或说天人合一论，那就是试图贯通天性与人性的天人合一论。

《中庸》的第一句话"天命之谓性"就非常明确地呈现了天性与人性的内在关联性。儒家坚信人性是来源于天地的。换句话说，天地赋予了人之性。而孟子所说的"尽其心者，知其性也。知其性，则知天矣"（《孟子·尽心上》）也正是在这个意义上指出了人的心性与天性的关系问题。在孟子看来，完全尽了自己的心，就知道了自己的本性，而知道到了自己的本性，也就知道了天地之性了。

包括儒家在内的中国传统文化都认为天地生万物，天地生人。也就是说，在中国传统文化的思想观念中，绝对不存在西方宗教所宣扬的上帝造万物、上帝造人的观念。中国的这一创生论充分体现出其无神论的精神特质。那么，天地生人，天地赋予人以属性一定是具有不同性质的内容。按照儒家的人性理论，认为人从天地那里同时禀受了一种叫"天地之性"的存在，一种叫"气质之性"的存在。前者被《尚书》表述为"道心"，后者被《尚书》表述为"人心"。而"道心"是"惟微"的，"人心"是"惟危"的。孟子以"道心"来规定"人性"，所以得出人性本善论；荀子以"人心"来规定"人性"，所以得出人性本恶论。宋明理学家，将道心与人心结合起来加以认知人性，用"天地之性"来替代"道心"，用"气质之性"来替代"人心"。认为人从天地那里所禀受的"天地之性"，就其性质来说是纯粹善的；人从天地那里所禀受的"气质之性"，就其性质来说是有善有恶的。所以人性是具有双重性，人性是善恶相混的。人的生命具有两重性，有德性生命，有气质生命。

对于本存于人身上的光明之德性，也即德性生命，是需要光明和呈明的；而对于同样本存于人身上的有善有恶的气质，也即气质生命，是需要革新和中节的。《尚书》的"惟精惟一"与"允执厥中"讲的是这个问题。《大学》的"明明德"与"亲民"讲的是这个问题。《中庸》的"率性之谓道"与"发而皆中节谓之和"讲的是这个问题。《孟子》的"尽心知性知天"与"养心莫善于寡欲"讲的是这个问题。对于人性中的双重属性的用功，对人的生命中的两种属性的用功，其最终要实现的目标和境界一定是要落实在天地给予人的那个光明之德上、至善之性上，"止于至善"（《大学》），此之谓也。

这个光明之德，这一光明性，又被《中庸》规定为"诚"。此诚德、诚性乃天之德性，天将此性又赋予了人。人的全部使命正是体现在对这一天道、天德、天性的思想、呈现、呈明、恢复之上。也就是做到天人合一。这就是《中庸》与《孟子》同样提到的两句话要阐明的道理。《中庸》说："诚者，天之道也；诚之者，人之道也。"《孟子》说："诚者，天之道也；思诚者，人之道也。"（《孟子·离娄上》）"自诚明"之"率性之谓道"的"诚"，与"自明诚"之"修道之谓教"的"明"，于是构成了不同人实现"诚则明矣，明则诚矣"（《中庸》）天人合一的具体途径。可见，儒家所强调的天人合一思想实际上是解决人性与天性的合一问题。这就是我们为什么反复强调的心性与天人、心性之学与天人合一是二而一、一而二的问题的真正原因之所在。

也正是在上述意义上，北宋的张载在中国传统文化历史上第一次明确提出了"天人合一"这个概念。张载说："儒者则因明致诚，因诚致明，故天人合一。致学可以成圣，得天而未始遗人。"（《正蒙》）张载总结了儒家所认为的普通人与圣人实现"诚明"合一，即天人合一的两种方式。通过后天教化而达到"诚"的境界，就叫作"因明致诚"，这是普通人的路径；遵循着先天之诚而将其光明出来的，就叫作"因诚致明"，这是圣人的路径。但人人通过"致学"都可以成圣。由此可见，实现天人合一的问题，是完成人性完全呈现天性、天道、天德的问题，一句话，是完成"成人"的问题。在此基础之上进而完成"成物"的任务。而"君子"在其中扮演了重要角色，"是故君子诚之为贵。诚者，非自成己而已也，所以成物也"（《中庸》），此之谓也。

至此，君子在"成己"（自爱）—"成人"（爱人）—"成物"（爱物）的进程中最终实现和完成了他们的天人合一的最高境界和任务！

# 君子德行的当代意义

## 现实的观照

孔子過蒲適衞與弟子擊磬有
荷蕢而過門曰有心哉擊磬乎
既而曰鄙哉硜硜乎莫己知也
斯已而已矣深則屬淺則揭孔
子曰果哉末之難矣

贊曰

猗與聖心　不忘斯世
轍環天下　莫行厥志
荷蕢何知　蠡測管窺
決去不疑　堅莫雖為

适卫击磬图

孔子在卫国与弟子们击磬。路过的人听出了磬里的救世之心，感慨让他独善其身。孔子听后说："果如其言，不可为则不为，那有何难呢？"（明版彩绘绢本《孔子圣迹图》）

君子文化的全部内容实际上都是根据君子的德行反映出来的。我们将有德有才者称为"君子"，所以君子的本质特征体现在德才兼备、内外一致、心行合一、体用一如等内容和形式中。这是一种完整的、理想的、崇高的人格特征，中国传统文化喜用"德行"一词概括这一人格特征。《周礼》说："德行，内外之称，在心为德，施之为行。"作为内外兼修的君子，其德行必然具有"跨越时空、超越国度、富有永恒魅力、具有当代价值的文化精神"（习近平语）的意味。在比较广泛层面上研究和揭示君子德行的当代意义是十分重要的。

## （一）君子重心性修养的当代意义

中国君子文化的展开始终与其相对的"小人"相伴。既然君子常与小人对称，所以我们当可以将君子称为"大人"。君子有方向、有理想、有境界，德行不可不谓之高，所以君子当又可被称为"高人"。君子向以"上达"为其价值取向，所以君子还可被称为"上人"。合而言之，君子乃可统称为"高大上"之人。如果将上述对君子所有称谓用最简单和最通俗的称呼，那就是"好人"。

文明社会一定是一个好人居多的社会，高扬君子德行，提倡君子文化就是高扬、提倡做好人文化，就是全面建设文明社会之必需。君子德行是要解决一个社会的文明方向的大问题。文明首先是人的文明，而人的文明又在于心性的文明。换句话说，心性文明是所有文明内容及其形式的基础性的文明建设。一个社会要真正实现物质文明、精神文明、政治文明、社会文明、生态文明，一定是要建立在心性文明的基础之上的。

心性文明建设就是心性修养的问题。心性修养属于如何观人生和观价值的问题。现在许多人三观出了问题，其根子就是心性出了问题。我们共产党人强调"不忘初心"，其意义正是体现在心性修养上。共产党人首先是人性光辉的体现者。人性的光辉，儒家给它一个概念叫作"明德"。光明这一光辉的德性是"大学之道""大人之学""君子之学"的首要纲领性任务，

"大学之道，在明明德"（《大学》），此之谓也。

儒家的心性论是通过君子之观得以建立的。换句话说，关于人性的问题是通过君子的认知得到反映的。在孟子那里有两个命题，一个是"君子所性"，一个是"君子不谓性也"。实际上，孟子正是通过这两个命题讨论什么是人性的问题，也可以说是在讨论人的生命存在两种方式的问题。

心性修养问题就是修身问题。不但要理解"故君子不可以不修身"（《中庸》）的重要性，更要知道要修的对象——身是怎样的。人的身，或说人的生命，其实由两种属性所构成。早在《尚书·大禹谟》中就指出了这一问题，"人心惟危，道心惟微。惟精惟一，允执厥中"，此之谓也。通俗地说，《尚书》认为，人身上有人心与道心两种存在，这两种存在的属性是不同的，人心是危殆的，道心是精微的。这句话共16个字，后被认为是儒家千年传承的"十六字心传"。孟子以君子之口来明晰地区分人身的两种属性或说两重生命。简单地说，孟子认为君子是不将人的生理性的欲望称为"性""人性"的，"君子不谓性也"（《孟子·尽心下》），此之谓也。君子将能够产生仁义礼智等道德的良心才称为"性""人性"，"君子所性，仁义礼智根于心"（《孟子·尽心上》），此之谓也。如何对待这两种存在，尤其是如何对待构成和决定人之为人之根据的那个"良心"，于是产生了一般人与君子两种不同的态度和方式，"人之所以异于禽兽者几希，庶民去之，君子存之"（《孟子·离娄下》），"君子所以异于人者，以其存心也"（《孟子·离娄下》），此之谓也。

明确了人生和生命的结构，就知道如何进行心性修养了。心性修养就是对人身上的两种存在的用功和作用。从正面说，对"君子所性"的"良心""道心"及其所由产生的道德要保存和光明，"君子存之"，此之谓也；而对"君子不谓性也"的"人心"及其所由产生的情欲要减少和节制，"养心莫善于寡欲"（《孟子·尽心下》），此之谓也。

现实中的许多人，包括那些贪腐分子，为什么会犯罪？从心性修养上说，正是将其光明之心性遮蔽了，而又将其情欲之心性膨胀了。由于这个基础出了问题，三观必然会出现问题。君子重人的心性修养是培基固本的工作，其现实意义十分巨大。

实际上在这里应提出这样一个问题，当下中国最需要呼唤的是什么东西？当然这个问题的答案与当下中国最缺乏的是什么的答案是一样的。当下中国最缺乏的是做人的良心以及由此产生的仁爱之心，所以我们最要呼唤的是良心和仁爱。良心在人身上具体表现为恻隐之心、羞恶之心、辞让之心、是非之心之"四心"。而在这"四心"中，"恻隐之心"又是最为首要和关键的，由此产生的仁德自然也就成为首要和关键的了。

"仁"被称为所有德目的"全体大德"。也正因为儒家都看到了这一点，所以他们会用不同的概念来揭示产生这一"全体大德"的生命情感，于是就有了"恻隐""怵惕""不忍""恻怛"等概念的提出。具体理解这些概念的内涵是十分重要的，因为这对"良心""仁"的深入理解是非常重要的。恻者，悲痛、伤痛也；隐者，伤痛也；怵者，恐惧也；惕，感到害怕也；怛者，忧伤、悲苦也；不忍者，不忍做伤害别人的事也。综合诸义，它们都突出了"悲""痛"之感情。选用一个最通俗的词来表达，那就是"疼"。想到、看到"他者"受苦受难以及遇到伤痛和生命之忧之危的时候觉得"心疼""忍受不了""看不下去"。我们常说的"同情心"也正是表达这种对"他者""别人"的"心疼"之生命情感。"良心"，说到底就是一种"疼心"，而"仁"说到底就是一种"疼"。正因为如此，中医把人没有疼痛感的状态叫作"麻木不仁"。麻木就是没有感觉，不仁就是感觉不到疼。

现在社会上出现的症状正是孟子说的那种状况，即良心的疼痛感消失了、丧失了、丢掉了、放逸了。一句话，人之为人的这种本性、情感跑掉了！所以孟子大声疾呼："学问之道无他，求其放心而已矣。"（《孟子·告子上》）在孟子看来，学问的道理和终点没有别的，就是把丢失的知疼知痛的良心找回来罢了。明代思想家王阳明在解释到孟子这句话的时候，将范围扩大到《中庸》的那段名言"博学之，审问之，慎思之，明辨之，笃行之"。也就是说，在王阳明看来，《中庸》所说实际上都紧紧围绕"求其放心"的问题。他说："孟氏所谓'学问之道无他，求其放心而已矣'者，一言以蔽之，故博学者，学此者也；审问者，问此者也；慎思者，思此者也；明辨者，辨此者也；笃行者，行此者也。"（《紫阳书院集序》）后又直接提出"事功即是学问"的思想。重温孟子和王阳明此论，真是百感交集、感慨万千啊！

"学问"实指一切事功，所有的做人做事之理，最终要指向和达到的目标就是把人丢失的良心找回来！一个社会最为担忧的和可怕的事情正是从事社会工作的人将其知疼知痛的良心丢失掉。尤其是最不应该"麻木"的行业及其从业者竟然也麻木了，没有心痛之情了。例如，作为人类灵魂工程师的老师对他们的学生不心疼了，作为白衣天使的医生对他们的病人不心疼了，作为维护公平公正的司法者对更需要帮助的弱势群体不心疼了，作为领导群众的干部对平民百姓的疾苦不心疼了。一句话，"士""君子"如果没有对受到损害和伤害的人和事感到痛苦难受，没有心疼感了，乃是社会最大危机啊！

君子就是一个社会精英、良心的代名词。说得通俗些，君子是社会良心存在的保证。要让良心首先在少数精英身上重新找回来，然后再以先进带后进。也要在生命攸关的部门、行业中培植出君子来。这是在建设中华现代文明中非常迫切的任务。

所以我们当下最需要呼唤：归来兮，良心；归来兮，仁心；归来兮，心疼心！

### （二）君子尊道贵德的当代意义

知晓心性的构成是为了发现人生的意义。而在君子看来，人生的意义和价值正是体现在要有道、要有德！尊道贵德也是心性修养的主要内容，同时也是君子德行的重要体现。

心性是对人的内在本质属性的指谓，它的任务是表征人之为人的根据及其精神。心性作为人生的最根本的体性，它是更内在、更无形的存在。正因为如此，人的这种心性又需要通过和借助另一种也属于内在的和无形的存在来给以"具象化"些，这个存在正是"道"与"德"。通俗地说，人的心性是要通过和借助"道"与"德"来得到反映。虽然道德也是对人的内在本质属性的指谓，但相对于"心性"而言，"道德"又显得具体了些。如果使用中国哲学的概念术语来表述这种关系，那么"心性"是表示"体"的存在，"道德"是表示"相"的存在。

这里讨论的"道德"实际上又具有两层含义。一种含义是表示人所具有的向善、向上的属性及其能力，它是要解决人生的志向、人生的境界、人生的目的等问题；一种含义是表示人由心性所产生的种种具体的道德德目，例如仁义礼智信、孝悌廉耻忠。所以我们在论述君子尊道贵德的当代意义问题的时候，是围绕上面两个层次来展开的。之所以强调这一点，是让我们在读儒家经典的时候，要区分儒家是在什么概念框架内去使用"道德"这个概念的，从而才能明白君子所尊所贵之道德所具有的具体内涵及其意义之所在。

"君子所性"实际上也应该从两个层面的含义去理解和解读。一种含义是"人之所以异于禽兽者几希"（《孟子·离娄下》）、"君子之所以异于人者，以其存心也"（同上），表示的是人区别于禽兽的体性；一种含义是"仁义礼智根于心"（《孟子·尽心上》），表示的是区别于禽兽的德性。

君子除了要保存住作为人之为人的那一点点的"几希"之性，还要将这种体性化作人的内在的一种意向和功能，最后要将这种人的体性德性化作人的既内在又外在的种种道德规范和行为。

由人的心性而具备的"道"是人的一种最为神圣和宝贵的属性。它对于人来说是一刻也不能够离开的，如果离却了它或说人缺乏了它就不能够称其为人了。这就是《中庸》"道也者，不可须臾离也，可离非道也"这句话所要表达的真正含义及其意义之所在！孔子所强调的"志于道"（《论语·述而》），"君子谋道不谋食……君子忧道而不忧贫"（《论语·卫灵公》），孟子所强调的"君子之志于道也"（《孟子·尽心上》），《中庸》所强调的"君子遵道而行"都是在突显君子所具备的伟大志向和崇高境界。人性的光辉表征正在于人内心"有道"啊！儒家用"君子"这个主体作为道的承担者和体现者，其深刻的意义在于想告诉世人，唯有真正的人、纯粹的人才能够做到为了实现其心中的方向、理想、境界、信仰，可以义无反顾，可以奋不顾身，可以视死如归。明白了这一点，我们再来体会孔子的那句名言"朝闻道，夕死可矣"（《论语·里仁》），就会产生出更加强烈的心灵震荡。

一个人如果只有实现和达到方向和境界的道，却没有为此凝聚能量以及发出能动的力量，那么道就会永远处在一个悬空无法落实的状态，所以德是用来显道的。由人的心性而具备的"德"同样是人的一种最为神圣和宝贵的属性。它对于人来说是一刻也不能够离开的，如果离却了它或说人缺乏了它就不能够称其为人了。这就是《中庸》"故曰苟不至德，至道不凝焉"这句话所要表达的真正含义及其意义之所在啊！因为没有德，道也不能凝聚而获得成功，所以"尊德性""慎乎德""积德"就成为君子之必须矣，"故君子尊德性而道问学"（《中庸》），此之谓也；"是故君子先慎乎德"（《大学》），此之谓也；"故君子务积德于身，而处之以尊道"（《荀子·儒效》），此之谓也。

一切学问的最终目的只有一个，那就是使自己身心都处在一个美好的状态，使自己成为一个有道德的人，"君子之学也，以美其身"（《荀子·劝学》），此之谓也。

有了内在的道德情感，又有了外在的道德规范，一个人想不成功都是不可能的，"得乎哉？"（《荀子·修身》），此之谓也。一个人如果内外都具备了道德的情感和规范，想不成功，那怎么可能呢？我们共产党人，我们共产党的各级领导干部，当你们的良心处于光明的状态，或"不忘初心"的话，你内心有道的方向、境界、信仰，你内心有德的激情、能量和动机，那么你就会真正按照一切美德去行动，你一定会同情民众的疾苦，一定会帮助民众排忧解难，一定会牢记你的使命担当。只要心动就会行动，这就是君子"尊道贵德"以及王阳明"知行合一"思想要告诉我们的道理。这也是君子"尊道贵德"思想所具有的当代意义。君子有心，君子有道，君子有德，才会有君子具体的道德行为！

### （三）君子重家国情怀的当代意义

家国情怀一直是中华优秀传统文化所大力弘扬的价值观念。实际上，家国情怀是一种伦理精神和责任精神。家是家庭成员之间的伦理关系及其责任；国是这个国家全体人民与这个大集体的伦理关系及其责任。无论是家还是国，所构成的关系一定是要建立在两种情感之上的，一是有亲，一是有义。而"亲"和"义"合起来就是"爱"的情感！所以我们说，所谓家国情怀就是每个个体对你的对象的一种认同，并促使其发展的思想和理念。对家要有情怀，对乡土、国家、民族、天下要有情怀。这种情怀是一种感情，是一种依靠，是一种关爱，是一种希望。在中国传统文化中最能体现家国情怀的主体当推君子。君子人格有其多重规定及其意义，其中有一种叫家国情怀。

在儒家文化思想体系中，家与国作为两个社会存在实体，具有一体同构而相互摄含的关系。"身修而后家齐；家齐而后国治；国治而后天下平"（《大学》），这一被概括为"修齐治平"的思想及其逻辑次序最典型地表达了"家国一体"的格局。儒家经典通过不同的方式反复强化着这种内在的逻辑关系。"宜其家人，而后可以教国人"（《大学》），"宜兄宜弟，而后可以教国人"（《大学》），"一家仁，一国兴仁；一家让，一国兴让；一人贪戾，一国作乱"（《大学》）。孟子以下之论实际给予了总结："人有恒言，皆曰，'天下国家。'天下之本在国，国之本在家，家之本在身。"（《孟子·离娄上》）孟子这段话，从后往前推即是"修齐治平"的逻辑关系。而能够做到和实现"修齐治平"都是一个"情"在联结贯通，强调的是一种发自内心的真实情感，"允忠允诚"是也。

这种真实的生命情感正是"仁"！"修身""慎乎德""修道"最后都落实在一个"仁"字上，"修道以仁"（《中庸》），此之谓也。仁爱是以一种以"公"而克"私"、以"大我"超越"小我"的情怀和胸怀为其旨归的。"齐家"的前提正在于克服和超越人天生所具有的偏私之情，做到中正公平地看待事物，处理人和事。具体来说，要做到超越人的"之其所亲爱而辟焉，之其所贱恶而辟焉，之其所畏敬而辟焉，之其所哀矜而辟焉，之其所傲惰而辟焉"的习气和情感，而最终做到"故好而知其恶，恶而知其美者"（《大学》）。意思是说，对于自己所亲近或怜爱的人，人往往会过分地亲近怜爱他，因而不可避免地会有所偏爱；而对于自己所鄙视和厌恶的人，人往往会因心有成见而过分地鄙视厌恶他，因而也不可避免地会有所偏恶；对于自己所畏服恭敬的人，人往往会过分地畏服恭敬他，因而不可避免地会有所偏敬；对于自己所怜悯同情的人，人往往会过分地怜悯同情他，因而不可避免地会有所偏护；对于自己所傲视和怠慢的人，人往往会过分地傲视和怠慢他，因而不可避免地会有所偏轻。所以说，喜欢一个人而同时又能认识到他的缺点，憎恶一个人而同时又能认识到他的优点，能够这样中正公平地对人对事才是有德者的体现，才是仁爱的反映。

儒家反复强调要建立牢固的"家国情怀"，其基础和根本则是落实在"修身""修德"之上的理念，所要解决的正是建立起"大我"和"公我"的人格，"自天子以至于庶人，壹是皆以修身为本"（《大学》），"是故君子先慎乎德"（《大学》），"故为政在人，取人以身，修身以道，修道以仁"（《中庸》），"故君子不可以不修身"（《中庸》），此之谓也。

修了身，齐了家，那就要将"大我""公我"之心之情向着更广泛的领域去推及，于是就有了"治国""忠国"的情怀。而君子则是实现这一推及的责任主体和行动楷模，"乐只君子，邦家之基"（《诗经·小雅·南山有台》），此之谓也。作为有德有才的君子、士，他们深深懂得，只有国安，才有家安，才有身安，"天下大乱，无有安国；一国尽乱，无有安家，一家尽乱，无有安身"（《吕氏春秋·有始览第一·谕大》），此之谓也。所以

"不可以不弘毅"就成为君子、士的责任和使命！博大的胸怀与远大的理想构成君子的人格。明代思想家王阳明说："世之君子惟务致其良知，则自能公是非，同好恶，视人如己，视国犹家，而以天地万物为一体。"（《传习录》）

君子人格所具有的家国情怀，应成为我们每个共产党人必备的素养和品格。在当今呼唤君子的家国情怀乃是对人之为人的真实情感的呼唤，是人实现其人生意义的重要表现。将自己的德行修养好，将自己的家庭经营好，并最终将自己的情感落实到全心全意为国家、为民族、为人民服务的伟大事业中，以此成全我们的伟大人格。爱国是一种更崇高的仁爱精神、博大胸怀和使命担当，它是人性光辉的呈现。

### （四）君子重天下大同理想的当代意义

儒家提出的"得天下有道"（《孟子》），提倡的"平天下"（《大学》），"天下为公"（《礼记》），"天下文明"（《周易》），"化成天下"（《周易》），"天下大同"（《礼记》）等已然成为中华民族的共同价值观和理想追求，由此形成的"先天下之忧而忧，后天下之乐而乐"（范仲淹语），"天下兴亡，匹夫有责"（顾炎武语）等观念已深入人心。

对"天下"的修养，对"天下"的关怀，对"天下"的责任，都建立在"普""大""共""同"观念之上。所以老子才说"修之于天下，其德乃普"（《道德经》第54章），《礼记·礼运》才说"大道之行也，天下为公"。在中华传统文化的语境中，"天下"的内涵具有的是"道德""人心""文化""文明"等意义。而如果从"空间"上给予"天下"定义的话，那也是从"最广泛"的意义上规定的。也就是说，中华传统文化中的"天下观"所要表征的是在最广泛的空间里、在最普遍的意义上、在最共同的追求上的一种文化和文明的价值指向和归止。

唯其如此，才能读懂富有中华传统文化特色的"天下观"。所谓"平天下"是指让全社会的人都享有平等、平安、公平、和平的局面。所谓"化成天下"是指将全社会的人都获得符合人性的对待。每个人心性得到净化、气质得到变化，每个人都要成就道德、成就人格。所谓"天下为公"是指全社会中的人皆应具备"公"的意识，即在任何处境下都要做到"选贤举能，讲信修睦"，都要做到"人不独亲其亲，不独子其子"。所谓"天下大同"是指全体社会人员都享有"老有所终，壮有所用，幼有所长，矜、寡、孤、独、废疾者皆有所养"的权力和福利。所谓"得天下有道"是指得到全体人民的拥护，得到普遍人心的归向，全体人民所欲的满足以及全体人民所不欲的不强加。"得其心有道：所欲与之聚之，所恶勿施。"（《孟子·离娄上》）所谓"先天下之忧而忧，后天下之乐而乐"是指在天下人忧愁之前就忧愁，在天下人享福之后才享福。考虑的是万民之忧乐，其最终目的是要为全体人民谋福利、求福祉！所谓"天下兴亡，匹夫有责"是指涉及一个国家、一个民族、一个社会的道德、人心、文化、文明这些大厦根基问题时，全社会的每一个人都应负起自己的责任，绝对不可以因为你身处社会的底层而去推卸你应尽的责任。"天下兴亡"是涉及全社会所有人的事情，不分地位高低、贫富贵贱都应负起这份责任。简言之，"天下兴亡，匹夫有责"所要呼唤的是"天下兴亡，人人有责"。

君子的人格正是体现在其"公德""同德"之上的。君子要具有"公天下之心"。"君子之为学，非利己而已也"（顾炎武语），"世之君子惟务致其良知，则自能公是非，同好恶"（王阳明语），此之谓也。

全社会、全人类普遍价值的建立，全社会、全人类共同理想的追求，需要有君子的垂范和引领。诚如《中庸》所言："是故君子动而世为天下道，行而世为天下法，言而世为天下则。远之则有望，近之则不厌。"君子的行动能恒久地成为天下共行的道理，他的行为能恒久地成为天下的楷模，他的言论能恒久地成为天下的准则。离他远的人怀有仰慕之心，离他近的人毫无厌倦之意。君子早有誉满天下的美名，其全部的原因就在于他具备伟大的人格和宽广的胸怀，"君子未有不如此而蚤有誉于天下者也"（《中庸》），此之谓也。君子能够做到敦厚恭敬，全社会的人就会效法他们而最终实现全社会的平安、平等、公平、和平，"是故君子笃恭而天下平"（《中庸》），此之谓也。

君子之所以被称为君子，一个最重要的原因在于君子有着宽广和博大的胸怀，有着深邃和高远的理想。君子在交流中一定会有不同，互鉴中一定是各有其美，包容中一定是承认差异。所以这些都要有一种"和而不同"的气度，都要有一种"坦荡荡"的胸襟，"君子和而不同"（《论语·子路》），"君子周而不比"（《论语·为政》），"君子坦荡荡"（《论语·述而》），此之谓也。正是这些心系"天下"的君子情怀，才有了我们现在提出的全球文明倡议，主张要以文明交流超越文明隔阂，以文明互鉴超越文明的冲突，以文明包容超越文明优越，这都与君子人格有着某种内在的关联性。

天下是所有人的天下，天下之事是所有人之事，实现所有人的整体利益和普遍幸福，就叫作天下大道、天下大同。中国共产党人乃是当代的君子，所要实现的事业是"天下大道"和"天下大同"。"全心全意为人民服务"是其宗旨；"人民就是江山，江山就是人民"是其信念。

伟哉，君子！大哉，君子！